JN412676

기초부터 배우는
중국차

茶道 (CHA DAO)

Copyright © 2015 by 王建荣(WANG JIAN RONG)

All rights reserved

Korean translation copyright © 2018 by KOREA TEASOMMELIER INSTITUTE.

Korean language edition arranged with PHOENIX SCIENCE PRESS,LTD

through Eric Yang Agency Inc.

이 책의 한국어판 저작권은 PHOENIX SCIENCE PRESS, LTD와의 독점 계약으로 한국어 판권을
한국 티소믈리에 연구원에서 소유합니다. 저작권법에 의하여 한국 내에서 보호를 받는 저작물이므로
무단 전재와 복제를 금합니다.

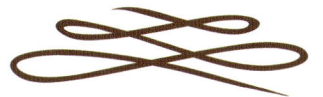

기초부터 배우는

중국차

왕젠룽(王建榮) 지음

김정경·안유리 옮김

정승호 감수

한국 티소믈리에 연구원

차를 마시는 것은 쉽지만, 차를 아는 것은 어렵다. 차를 마시는 사람에게 있어 차는 그저 갈증을 덜어 주고 피로를 해소시켜 주는 음료일 뿐이지만, 차를 아는 사람은 좋은 차의 참맛을 음미해 낼 수 있을 뿐만 아니라, 차를 통해서 인생의 지혜까지 깨우칠 수 있다.

차를 마시는 것으로부터 차를 알기까지는 얼마나 먼 과정일까? 이 책은 그 과정을 간단하면서도 흥미롭게 풀어 낸다. 초보자들에게 시급한 각종 난제들, 예를 들면 좋은 물을 선택하는 법, 좋은 차구를 사용하는 법, 차를 잘 우려내는 법 등에 대한 상세한 해답을 제시함과 동시에 차에 관한 기초 지식, 역사와 문화, 감별과 보관, 보건과 양생 등의 각 방면에 대해 독자의 눈앞에 체계적으로 펼쳐 준다. 차를 좋아하는 사람이 차를 아는 사람으로의 변모는 서서히 일어나는 일이며, 그 과정에서의 관건은 차의 진의(眞意)를 파악하는 데에 있다.

이 책에 실린 수백 장의 정밀하고도 생생한 삽화는 각종 명차(名茶)의 건조 찻잎, 찻물, 우린 찻잎을 명확하게 보여 줌으로써 독자들이 찻잎의 구체적인 특징을 올바르게 이해하고, 찻잎의 우열을 더욱더 신속하고 정확하게 감별해 낼 수 있도록 하였다.

또한 좋은 차를 쉽게 우려낼 수 있도록, 차를 우리는 과정을 한 단계씩 일목요연하게 정리하였고, 자주 쓰이는 차구(茶具)의 선택과 사용법에 대해서도 간단하고 쉽게 배울 수 있도록 하였다. 더불어 차구의 아름다운 이미지는 시각적인 향연을 선사해 준다.

차에 대한 지식이 쌓여 갈수록 차에 대한 이해가 더욱 깊어지고, 차의 예술적인 경지를 맛볼 수 있다. 차도(茶道) 전문가와 함께 차를 우리고 마시는 과정을 통하여 당신도 차도의 고수(高手)로 빠르게 성장할 수 있으며, 달면서도 맑고 진한 차의 맛으로부터 인생의 쓸쓸함과 달콤함을 깨우칠 수 있게 될 것이다.

왕젠룽(王建榮)

중국차엽박물관 관장
중국국제차문화연구회 상무이사

지난 10년간 세계 차(茶, tea) 시장은 두 배로 급성장하였습니다. 그 원인은 차의 생산 및 소비의 세계 1위국인 중국의 차 소비가 두 배로 늘어났기 때문입니다. 이런 추세를 바탕으로 세계 유수의 전문 기관과 차 전문가들은 앞으로 10년 뒤 차 시장이 지금보다 두 배로 성장할 것으로 내다보며, 특히 중국은 녹차의 생산과 소비에서 세계 1위뿐 아니라, 홍차, 보이차, 우롱차 등의 생산과 소비도 급성장할 것이라고 보고 있습니다.

이와 같이 소비자들이 차의 건강 효능에 대한 인식이 확산되어 세계 차 소비 시장이 급성장하고 있는데, 특히 중국에서는 최근의 급격한 경제 성장으로 인해 차의 국내 소비량이 큰 폭으로 증가해 젊은 층들을 중심으로 차 문화에서도 새로운 바람이 불고 있습니다. 이로 인해 17세기 동양에서 서양으로 전해진 뒤 19세기에 꽃을 피웠던 서양에서의 차 문화는 21세기에 동서양으로 확산되었고, 종주국인 중국에서는 차에 대한 재해석으로 다시 부활하는 '차의 제2르네상스기'에 놓여 있습니다.

이 책은 초보자들이 중국차를 구입하기 전에 꼭 알아야 할 사항과 전문가의 차 구입 노하우와 함께 백차, 녹차, 홍차, 황차, 흑차, 청차의 6대 분류와 또한 화차의 중국차에 대한 내용을 풍부히 수록하고 있습니다. 특히 보이차는 특성상 흑차에서 따로 분류해야 한다는 과학자들의 연구와 주장도 담고 있어 앞으로의 귀추가 주목됩니다.

또한 중국차를 우리는 데 있어 꼭 필요한 차구의 선택과 관리를 비롯해, 좋은 물 구하기, 차를 우리는 법과 차예(茶藝), 차의 보관법 등 실용적인 지식과 함께 차의 역사와 중국 유명 차인들과 차 풍습들도 소개해 약 5000년 역사의 중국차에 담긴 심오한 문화를 접해 볼 수 있습니다.

끝으로 오늘날 세계 차 시장의 성장을 견인하는 건강적인 효능에 대해서도 중국차를 중심으로 최신 과학으로 입증된 내용들을 소개해, 중국차를 즐기는 사람들의 궁금증도 시원하게 풀어줄 것으로 기대됩니다.

이 책이 부디 중국차의 세계에 처음 입문하려는 분들이나 티소믈리에를 비롯해 중국차를 전공하려는 식음료 분야의 종사자 분들에게 오늘날 새로운 차 문화의 르네상스를 이끌 중국차에 관한 인식을 넓혀 주고, 이를 통해 동양에서 시작한 차의 문화와 서양에서 꽃 피운 차 문화를 이제 다시 해석하는 데 큰 도움이 될 것으로 기대합니다.

정승호

사단법인 한국티(TEA)협회 회장
한국티소믈리에연구원 원장

찻잎 감상 및
구입을 위한
최신 가이드

서호용정 (西湖龍井, Xi Hu Longjing)

차 분류	녹차.
정통 원산지	저장성(浙江省) 항저우시(杭州市).
참고 가격	명전특급(明前特級) 800元(위안)/50g, 일급(一級) 100위안/50g.
건조 찻잎	편평하고 곧으며, 깨진 잔을 접합할 때 쓰이는 못인 '완정(碗釘)'과 모양이 비슷하다.
찻빛	벽록색(碧綠色)으로 명량(明亮)(맑고 윤기가 있음)하다.
향기	향긋한 난꽃향이 느껴지고, 맑고 높은 향이 오랫동안 지속되며 가슴 속 깊이 스며든다.
맛	산뜻하고 순수하며 감미롭고 청량하다. 마신 뒤 은은하며 쓰지 않고, 뒷맛이 조화롭게 남는다.
우린 찻잎	세눈(細嫩)(가늘고 연함)하고 균일하며, 송이를 이루고 싹이 곧다.

벽라춘 (碧螺春, Bi Luo Chun)

차 분류	녹차.
정통 원산지	장쑤성(江蘇省) 쑤저우시(蘇州市).
참고 가격	특급 200위안/50g, 일급 50위안/50g.
건조 찻잎	조색(條索)(차엽이 말려 들어간 형상)이 가늘고 소라처럼 말려 있으며, 백호(白毫)로 덮여 있다.
찻빛	벽록색으로 맑고 투명하다.
향기	청향(淸香)(청아하고 순수한 향)이 우아하다.
맛	농욱(濃郁)(진하고 깊음)하고 감미로우며, 산뜻하면서 침이 돌게 한다.
우린 찻잎	가늘고 균일하며 연하다. 싹이 크고 잎이 작으며, 연녹색을 띠고 부드럽다.

황산모봉 (黃山毛峰, Huang Shan Mao Feng)

차 분류	녹차.
정통 원산지	안후이성(安徽省) 황산시(黃山市).
참고 가격	특급 150위안/50g, 일급 50위안/50g.
건조 찻잎	조색이 가늘고 편평하며, 모양이 작설(雀舌)(참새의 혀) 같다.
찻빛	맑고 윤기가 있다.
향기	청향(淸香)이 높고 오랫동안 지속된다.
맛	산뜻하고 진하며 순후(醇厚)하고(순수하고 농후함), 뒷맛이 감미롭고 달다.
우린 찻잎	연한 황색을 띠고 부드러우며, 튼실하고 송이를 이룬다.

백호은침 (白毫銀針, Bai Hao Yin Zhen)

차 분류	백차.
정통 원산지	푸젠성(福建省) 푸딩시(福鼎市), 난핑시(南平市) 정허현(政和縣).
참고 가격	일반적으로 50~100위안/50g.
건조 찻잎	아두(芽頭)가 튼실하고 백호가 촘촘하며, 바늘처럼 곧고 은처럼 희다.
찻빛	살구색으로 명량(明亮)하다.
향기	호향(毫香)이 있다.
맛	순후하고 회감(回甘)(차를 마신 뒤 입안에 감도는 단맛)이 있다.
우린 찻잎	눈균(嫩勻)하고(엽질이 가늘고 연하며 균일하고, 색택이 조화로움), 녹황색을 띤다.

군산은침 (君山銀針, Jun Shan Yin Zhen)

차 분류	황차.
정통 원산지	후난성(湖南省) 웨양시(岳陽市) 둥팅호(洞庭湖) 준산(君山).
참고 가격	특급은 약 200위안/50g.
건조 찻잎	아두가 튼실하고, 긴실(緊實)하며(조색의 느슨한 정도가 적합하고, 무게감이 있음) 곧고, 백호가 가득 덮여 있으며, 황금색을 띠며 밝은 광택이 있다.
찻빛	등황색을 띠며 밝고 맑다.
향기	맑고 순수하다.
맛	달고 청량하다.
우린 찻잎	연한 황색을 띠고, 균일하게 밝다.

곽산황아 (霍山黃芽, Huo Shan Huang Ya)

차 분류	황차.
정통 원산지	안후이성 휘산현(霍山縣).
참고 가격	특급은 일반적으로 약 50위안/50g.
건조 찻잎	모양이 작설 같고, 연녹색의 호(毫)로 덮여 있다.
찻빛	황록색을 띠고, 명량하다.
향기	청향이 오랫동안 지속된다.
맛	신선하고 순수하며 농후하고 회감이 있다.
우린 찻잎	황록색을 띠고 연하며 균일하다.

안계철관음 (安溪鐵觀音, An Xi Tie Guan Yin)

차 분류	청차(우롱차).
정통 원산지	푸젠성 안시현(安溪縣).
참고 가격	특급 청향형(淸香型) 철관음은 일반적으로 약 70위안/50g.
건조 찻잎	조색이 긴결(緊結)하고(팽팽하게 말려 있고 견고함), 구불구불하며 무게감이 있다. 잎자루는 청색이고 중심부는 녹색을 띠며 잠자리 머리 모양과 비슷하다.
찻빛	명량하고, 호박(琥珀)처럼 진하고 선명한 금황색을 띤다.
향기	진한 향이 오랫동안 지속되고, 화향(花香)이 있다.
맛	순후하고 감미로우며 신선하고, 입에 넣은 뒤 회감이 꿀맛을 띤다.
우린 찻잎	비후(肥厚)하고(아두가 튼실하고 엽질이 풍만하며 두툼함) 명량하며, 비단 같은 광택이 있다.

대홍포 (大紅袍, Da Hong Pao)

차 분류	청차(우롱차).
정통 원산지	푸젠성 우이산(武夷山).
참고 가격	특급은 일반적으로 약 200위안/50g.
건조 찻잎	조색이 긴결하다.
찻빛	등황색으로 명량하다.
향기	진한 난꽃향이 있고, 향이 높으며 오랫동안 지속된다.
맛	순후하고 회감이 있다.
우린 찻잎	홍색과 녹색이 엇갈려 있고, 전형적인 '녹엽홍상변(綠葉紅鑲邊)' (가장자리에 홍색의 테를 두른 푸른 잎)이 있다.

기문홍차 (祁門紅茶, Keemun)

차 분류	홍차.
정통 원산지	안후이성 치먼현(祁門縣).
참고 가격	특급은 일반적으로 50~120위안/50g.
건조 찻잎	조색이 긴세(緊細)(팽팽하게 말려 고 가늘고 작음)하고 빼어나게 길며, 황금색의 아호(芽毫)가 뚜렷하고, 봉묘(鋒苗)(가늘고 여리며 팽팽하게 말려 있고 끝이 뾰족함)가 수려하다.
찻빛	홍염(紅艶)하고(붉고 선명함), 명량하다.
향기	청향(淸香)(청아하고 순수한 향)이 오랫동안 지속되고, 사과, 난초향과 비슷한 첨화향(甛花香)(달콤한 꽃향)이 있다.
맛	순후하다.
우린 찻잎	연하고 부드러우며, 붉고 명량하다.

보이생차 (普洱生茶, Sheng Pu-erh Tea)

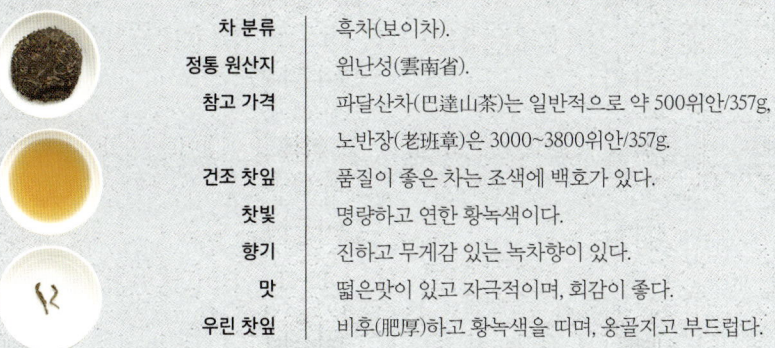

차 분류	흑차(보이차).
정통 원산지	윈난성(雲南省).
참고 가격	파달산차(巴達山茶)는 일반적으로 약 500위안/357g,
	노반장(老班章)은 3000~3800위안/357g.
건조 찻잎	품질이 좋은 차는 조색에 백호가 있다.
찻빛	명량하고 연한 황녹색이다.
향기	진하고 무게감 있는 녹차향이 있다.
맛	떫은맛이 있고 자극적이며, 회감이 좋다.
우린 찻잎	비후(肥厚)하고 황녹색을 띠며, 옹골지고 부드럽다.

보이숙차 (普洱熟茶, Shou Pu-erh Tea)

차 분류	흑차(보이차).
정통 원산지	윈난성(雲南省).
참고 가격	궁정보이차(宮廷普洱茶)는 70~90위안/357g.
건조 찻잎	조색이 세긴(細緊)하고(조색이 작고 가늘며 팽팽하게 말려 있음),
	균칭(勻稱)하다(모양, 크기, 무게 등이 비슷함).
찻빛	홍농(紅濃)하고(홍색이 어둡고) 명량하다.
향기	독특한 진향(陳香)(이전 해 또는 더욱 이전에 생산된 뒤 일정한 기간을
	거쳐 오래된 차에서 나는 특유의 향)이 있다.
맛	순후하고, 순활(順滑)하며(거칠지 않고 매끄러움), 회감이 좋다.
우린 찻잎	홍갈색을 띠고, 유연하지 않다.

말리화차 (茉莉花茶, Jasmine Tea)

차 분류	화차.
정통 원산지	푸젠성 푸저우시(福州市), 장쑤성 쑤저우시.
참고 가격	일반적으로 약 30~100위안/100g.
건조 찻잎	조색이 긴세(緊細)하고 균정(勻整)하다.
찻빛	황녹색이고 명량하다.
향기	향기롭고, 선령(鮮靈)하다(맡자마자 향이 느껴지고 신선함).
맛	순후하고, 신선하면서 상쾌하고, 향긋한 맛이 있다.
우린 찻잎	황녹색이고 부드럽다.

차(茶)의 평가 용어

외형(外形) 용어

조색(條索)   협의적으로는 찻잎이 유념(揉捻) 과정을 거쳐서 외형이 휘말리거나 비틀어진 형태로 광의적으로는 차의 외형(外形)을 뜻한다. 폭이 좁고 긴 조형(條形), 구부러진 권곡형(捲曲形), 과립형(顆粒形) 등이 있다.

세눈(細嫩)   일아일엽(一芽一葉)(어린 싹 하나에 어린 잎 하나) 또는 일아이엽(一芽二葉)의 생잎으로 제조된 것이 대부분이고, 외형이 팽팽하게 말려 있고 가늘고 작다. 호첨(毫尖)(솜털이 있는 여린 싹)과 봉묘(鋒苗)(가늘고 여린 싹의 끝부분)가 보인다.

긴세(緊細)   외형이 가늘고 작은 것을 표현하는 용어로, 원료로 쓰인 생잎이 연한 것임을 의미한다. 조색의 폭이 좁고 가늘며, 팽팽하고 단단하게 말려 있다. 싹에 솜털이 많고 봉묘가 있다.

긴수(緊秀)   생잎이 연하고, 조색이 가늘고 팽팽하게 말려 있는 정도가 뛰어나다. 봉묘(鋒苗)가 뚜렷하게 보인다.

긴결(緊結)   조색이 팽팽하게 말려 있고 견고하지만, 생잎의 연한 정도가 약간 부족하고, 이엽, 삼엽의 성숙한 잎이 많은 편이다. 무게감이 있으며, 싹의 솜털이 보이지만 봉묘가 적다.

긴실(緊實)   생잎의 연한 정도는 부족하지만, 유념 기술이 양호하여 조색이 적당히 말려 있고, 무게감이 있으며 봉묘가 적게 보인다.

신골(身骨)   잎의 연한 정도와 두께, 무게감을 말한다. 일반적으로 아엽(芽葉)이 연하고 도톰하며 무게감이 있는 것을 '신골이 좋다'고 표현한다.

조실(粗實)   원료로 쓰인 생잎이 비교적 성숙하여 연하지 않다. 대부분 삼엽, 사엽으로 가공되지만 유념(揉捻) 과정을 충분히 거치면 팽팽하게 말 수 있다. 조색이 굵고 크며, 신골이 약간 가볍다.

조송(粗松)   원료로 쓰인 생잎이 성숙하고 뻣뻣하여 잘 말리지 않는다. 조색이 느슨하고 틈새가 크며, 표면이 거칠고 신골이 가볍다. '조로(粗老)'라고도 한다.

장결(壯結)   조색이 튼튼하고 긴결하다.

장실(壯實)   조색이 팽팽하게 말려 있고 옹골지다.

심아(心芽)   경엽(莖葉)으로 발육되기 전의 연한 싹, 일반적으로 솜털이 많아서 흰색을 띤다.

현호(顯毫)   아첨(芽尖)(싹의 뾰족한 끝부분)이 있고, 솜털이 풍부한 것을 일컫는 용어이다. 호(毫)는 금황색, 은백색, 회백색 등이 있다.

중실(重實)   조색이나 과립(顆粒)이 긴결(緊結)하고, 손으로 가늠해 보면 무게감이 있다.

균정(勻整)   찻잎의 모양, 크기, 굵기, 길이, 무게가 전체적으로 균일하다.

탈당(脫檔)   찻잎이 균정(勻整)하지 않아, 모양이나 굵기가 적합하지 못하다.

단괴(團塊)   찻잎이 뭉치거나 둥글게 덩어리진 것을 말한다. '원괴(圓塊)' 또는 '원두(圓頭)'라고도 한다. 유념(揉捻) 과정을 거친 뒤에 뭉쳐진 찻잎이 완전히 풀어지지 않아 형성된 것이다.

단쇄(短碎)   조형(條形)이 짧고 부서진 것을 말한다. 부서진 단면이 불규칙하여 균일한 느낌이 부족하다.

노근(露筋) 잎자루와 잎맥이 충분히 유념(揉捻) 과정을 거치지 않아 잎몸이 부서지면서 잎맥이 드러난 상태를 말한다.

황두(黃頭) 노쇠한 잎이 유념(揉捻) 과정을 거칠 때 덩어리지면서 노랗게 변색된 것을 말한다.

쇄편(碎片) 찻잎이 부스러지면서 생긴 가볍고 얇은 조각을 말한다.

말(末) 찻잎이 눌려 부스러지면서 생긴 분말을 말한다.

괴편(塊片) 노쇠한 찻잎이 유념(揉捻) 과정 중 마찰하면서 생긴 거칠고 가벼운 조각이다.

단편(單片) 유념(揉捻) 과정을 거치지 않은 거칠고 노쇠한 찻잎 한 장을 말한다.

홍경(紅梗) 붉은색을 띠는 줄기를 말한다.

파구(破口) 찻잎이 잘 절단되지 않아서 절단면이 거칠고 매끄럽지 못한 상태를 말한다.

색택(色澤) 용어

묵록(墨綠) 짙은 녹색에 약간의 먹빛을 띠며, 균일한 광택이 있다.

취록(翠綠) 비취빛이 도는 녹색으로 광택이 있다.

회록(灰綠) 약간의 회색빛이 도는 녹색이다.

철수색(鐵銹色) 녹슨 철과 비슷한 짙은 홍색으로 어둡고 광택이 없다.

초록(草綠) 거칠고 노쇠한 잎이 초청(炒靑) 과정을 적당히 거치지 못해 잎이 지나치게 건조해졌을 때 나타나는 풀빛을 말한다.

사록(砂綠) 황갈색이 비치는 녹색으로 개구리 피부색과 비슷하고 윤기가 있다. 고급 청차의 색택이다.

청갈(靑褐) 회색빛의 윤기가 도는 청갈색이다.

선피색(鱔皮色) 사록에 황색을 띠고, 선어(鱔魚)(드렁허릿과의 민물고기)의 색과 비슷하다. 선피황(鱔皮黃)이라고도 한다.

합마배색(蛤蟆背色) 찻잎의 뒷면에 두꺼비 피부의 돌기 같은 흰색 점이 있는 상태이다.

광윤(光潤) 색택이 선명하고 윤기가 있다.

고암(枯暗) 잎이 노쇠하여 색택이 건조하고 어두우며 광택이 없다.

화잡(花雜) 찻잎의 색과 연한 정도가 일정하지 않아 색택이 고르지 못하다.

향기(香氣) 용어

청향(淸香) 향이 청아하고 순수하다.

유아(幽雅) 향이 뛰어나고 부드러우면서 단아한 꽃향기가 난다.

순화(醇和) 향이 순수하며 진하지도 옅지도 않고 잡냄새가 없는 정상적인 향을 말한다. 순정(純正)이라고도 한다.

소채향(蔬菜香) 야채, 특히 공심채(空心菜)를 뜨거운 물에 데친 뒤에 나는 향과 비슷하다. 녹차를 평가할 때 자주 사용된다.

첨향(甛香) 꿀, 시럽 또는 말린 용안(龍眼)의 향과 비슷하다. 밀당향(蜜糖香)이라고도 한다.

초미향(炒米香) 볶은 쌀의 향과 비슷한 향이다. 찻잎을 가볍게 홍배(烘焙)하거나 덖을 때 난다.

미향(米香) 홍배 과정을 적당히 거친 찻잎에서 풍기는 배화향(焙火香)을 말한다.

고화(高火) 건조 또는 홍배의 과정에서 온도가 너무 높아 찻잎이 타지는 않았지만 누른 향이 나는 상태를 말한다.

화미(火味) 초청, 건조 또는 홍배의 과정이 적절하지 않아 찻잎에서 탄내가 나는 것을 말한다. 초미(焦味)라고도 한다.

청미(青味) 풀잎 냄새와 비슷한 냄새이다. 찻잎의 초청 또는 산화가 부족할 경우에 생길 수 있다.

민미(悶味) 채소를 삶거나 뜸들일 때 나는 냄새와 비슷한 냄새이다. 숙미(熟味)라고도 한다.

탁기(濁氣) 찻잎에 다른 냄새가 섞여 있어서 혼탁하고 산뜻하지 않는 느낌을 말한다.

잡미(雜味) 찻잎 본연의 향이 아닌 다른 냄새가 나는 상태를 말한다. 이미(異味)라고도 한다.

찻빛 용어

탕색(湯色) 우린 찻물의 찻빛이다.

염록(艶綠) 찻빛이 약간의 황색을 띠는 비취색으로 맑고 투명하며, 선명하면서도 밝고 아름다운 윤기가 있다. 고급 녹차의 찻빛이다.

녹황(綠黃) 찻빛이 황색빛을 띠는 녹색이다.

황록(黃綠) 찻빛이 녹색빛을 띠는 황색이다. 밀록(蜜綠)이라고도 한다.

천황(淺黃) 찻빛이 옅은 황색이다.

금황(金黃) 찻빛이 황색에 약간의 감귤색을 띠는 색상이다. 맑고 투명하며 밝고 우아하다. 황금색과 비슷하다.

등황(橙黃) 찻빛이 주로 황색이고 약간의 붉은빛을 띠는 색상이다. 잘 익은 감귤색과 비슷하다.

등홍(橙紅) 찻빛이 홍색에 가까운 짙은 황색이다.

홍탕(紅湯) 홍배가 과했거나 묵은 차의 찻빛으로, 연한 홍색 또는 어두운 홍색을 띤다.

응유(凝乳) 찻물이 식은 뒤 연한 갈색 또는 감귤색으로 찻물이 혼탁해지는 현상을 말한다. 품질이 우수하고 맛이 강렬한 홍차에서 자주 보인다.

명량(明亮) 찻빛이 밝고 투명하다.

혼탁(渾濁) 찻빛이 맑지 않고, 침전물 또는 부유물이 많다.

혼암(昏暗) 찻빛이 밝고 투명하지는 않지만, 부유물이 없다.

찻물의 맛 용어

자미(滋味) 찻물의 맛을 뜻한다.

농렬(濃烈) 맛이 강렬하여 자극성과 수렴성이 강하다.

선상(鮮爽) 신선하고 청량하다.

첨상(甛爽) 달콤한 느낌이 있고 청량하다.

감활(甘滑)   감미로우며 매끄럽다.
순후(醇厚)   감미롭고 순수하며 농후하다.
순화(醇和)   감미롭고 순수하지만 진하지 않다.
평담(平淡)   맛은 정상적이지만 연하여 농후한 느낌이 부족하다. 담박(淡薄)이라고도 한다.
조담(粗淡)   맛이 싱겁고 목 넘김이 거칠며 매끄럽지 않다.
조삽(粗澁)   떫은맛이 강하고 거칠며 매끄럽지 않다.
청삽(靑澁)   떫은맛이 강하고 풀 맛을 띤다.
고삽(苦澁)   쓰고 떫은맛이 강하여 입이 마비되는 느낌이 있다.
수미(水味)   찻잎에 습기가 차거나 건조가 부족하여 차의 맛이 약하다.

우린 찻잎 용어

엽저(葉底)   우린 찻잎을 말한다.
세눈(細嫩)   엽질(葉質)이 가늘고 연하며 부드럽고, 색이 선명하고 밝다.
유연(柔軟)   엽질이 부드럽고 연하다.
균제(勻齊)   크기, 연한 정도, 색상이 균일하다.
눈균(嫩勻)   엽질이 가늘고 연하며 부드럽고 색상이 균일하다.
비후(肥厚)   아두(芽頭)가 튼실하고, 엽질이 풍만하며 도톰하다.
비눈(肥嫩)   아두가 튼실하고 엽질이 도톰하며 부드럽다.
개전(開展)   우린 찻잎이 완전히 펼쳐져 있고, 엽질이 유연하다.
탄장(攤張)   엽질이 거칠고 노쇠한 한 장의 찻잎을 말한다.
수박(瘦薄)   아두가 왜소하고, 잎이 빈약하다.
조로(粗老)   엽질이 거칠고 크며 뻣뻣하고, 잎맥이 두드러진다.
파쇄(破碎)   우린 찻잎이 부스러져서 온전하지 못하다.
화잡(花雜)   우린 찻잎의 색택이 일정하지 않다.
초엽(焦葉)   타서 검어진 엽편(葉片)이다.
눈녹(嫩綠)   엽질이 가늘고 연하며 부드럽고, 색택이 연한 녹색으로 밝다.
눈황(嫩黃)   연녹색으로 밝고 윤기가 돌며, 전체적으로 흰빛을 띠는 황색이다.
홍량(紅亮)   붉고 밝지만 선명함이 부족하다.
화청(花靑)   산화 부족으로 우린 찻잎이 청색을 띠거나 청색의 반점이 있다.
홍갈(紅褐)   홍색빛이 도는 갈색이다.
청록(靑綠)   우린 찻잎에서 보이는 짙은 녹색인 묵록(墨綠)색이다.
홍경(紅梗)   녹차에서 우린 찻잎의 줄기가 붉게 변한 것을 말한다.
홍엽(紅葉)   녹차에서 우린 찻잎의 엽편이 붉게 변한 것을 말한다.

Contents

Part 01 차의 구입을 위한 준비 지식

Part 02 전문가의 차 구입 방법

Part 03

녹차(綠茶)

백차(白茶)

황차(黃茶)

Part
05

청차(靑茶)/우롱차(烏龍茶)

홍차(紅茶)

Part 07

흑차(黑茶)

Part 08

차의 역사

Part 15

차인(茶人), 차사(茶事), 차속(茶俗)

Part 16

차와 건강

Chinese Tea Story

Part

OI

차의 구입을 위한
준비 지식

중국은 차의 본고장답게 지금도 오래된 차나무들이 자생하고 있으며,
현재에도 다양한 차들이 탄생한다. 인생을 살면서 향명(香茗)*을 알면
얼마나 알겠는가, 오직 한 잎의 찻잎를 아는 데서 그 첫걸음이 시작될 뿐!

* 향명(香茗) : 어린 새싹으로 만든 고급 차.

차의 이름은 어떻게 짓는가?

차의 이름은 외형과 색, 향, 맛, 차나무의 품종 등에 따라서, 또는 산지명이나 채엽 시기, 가공 기술, 유통 과정 등에 따라서 정해진다.

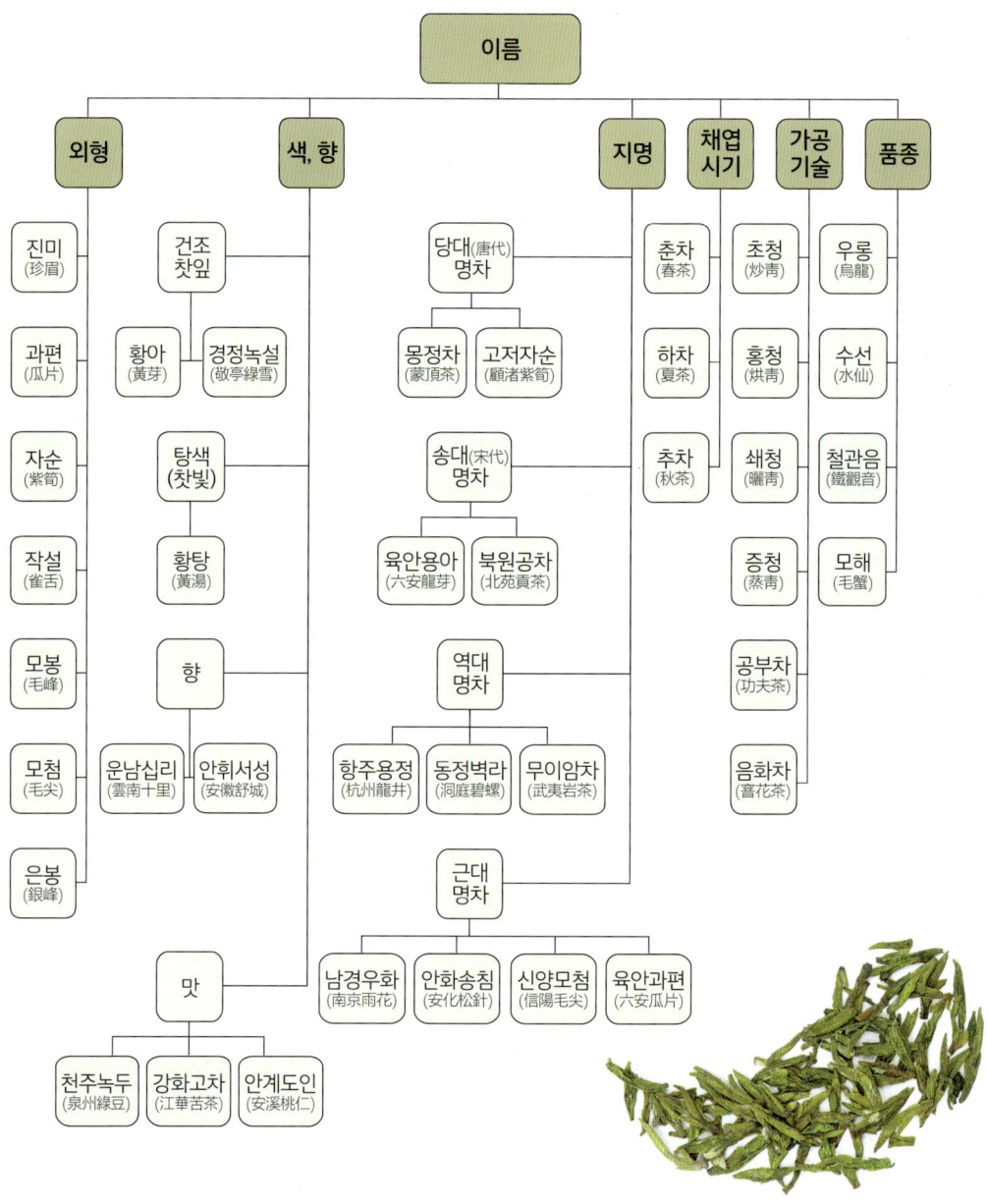

이름

외형
- 진미(珍眉)
- 과편(瓜片)
- 자순(紫筍)
- 작설(雀舌)
- 모봉(毛峰)
- 모첨(毛尖)
- 은봉(銀峰)

색, 향
- 건조 찻잎
  - 황아(黃芽)
  - 경정녹설(敬亭綠雪)
- 탕색(찻빛)
  - 황탕(黃湯)
- 향
  - 운남십리(雲南十里)
  - 안휘서성(安徽舒城)
- 맛
  - 천주녹두(泉州綠豆)
  - 강화고차(江華苦茶)
  - 안계도인(安溪桃仁)

지명
- 당대(唐代) 명차
  - 몽정차(蒙頂茶)
  - 고저자순(顧渚紫筍)
- 송대(宋代) 명차
  - 육안용아(六安龍芽)
  - 북원공차(北苑貢茶)
- 역대 명차
  - 항주용정(杭州龍井)
  - 동정벽라(洞庭碧螺)
  - 무이암차(武夷岩茶)
- 근대 명차
  - 남경우화(南京雨花)
  - 안화송침(安化松針)
  - 신양모첨(信陽毛尖)
  - 육안과편(六安瓜片)

채엽 시기
- 춘차(春茶)
- 하차(夏茶)
- 추차(秋茶)

가공 기술
- 초청(炒靑)
- 홍청(烘靑)
- 쇄청(曬靑)
- 증청(蒸靑)
- 공부차(功夫茶)
- 음화차(窨花茶)

품종
- 우롱(烏龍)
- 수선(水仙)
- 철관음(鐵觀音)
- 모해(毛蟹)

시장에서 접하는 '7대 차류(茶類)'는 무엇인가?

7대 차류(茶類)는 보통 녹차(綠茶), 홍차(紅茶), 청차(靑茶)(우롱차 포함), 백차(白茶), 황차(黃茶), 흑차(黑茶)(보이차 포함), 화차(花茶)를 지칭한다. 그중에서도 녹차, 홍차, 청차, 백차, 황차, 흑차는 기본차에 속하고, 화차는 재가공차에 속한다.

기본차	녹차	초청(炒靑) 녹차	미차(眉茶)	초청(炒靑), 특진(特珍), 풍미(風眉), 수미(秀眉), 공희(貢熙) 등.
			주차(珠茶)	주차(珠茶), 우차(雨茶), 수미(秀眉) 등.
			세눈(細嫩) 초청	용정(龍井), 대방(大方), 벽라춘(碧螺春), 우화차(雨花茶), 송침(松針) 등.
		홍청(烘靑) 녹차	보통(普通) 홍청	민홍청(閩烘靑), 절홍청(浙烘靑), 휘홍청(徽烘靑), 소홍청(蘇烘靑) 등.
			세눈(細嫩) 홍청	황산모봉(黃山毛峰), 태평후괴(太平猴魁), 화정운무(華頂雲霧), 고교은봉(高橋銀峰) 등.
		쇄청(曬靑) 녹차	전청(滇靑), 천청(川靑), 섬청(陝靑) 등.	
		증청(蒸靑) 녹차	전차(煎茶), 옥로(玉露) 등.	
	홍차	소종(小種) 홍차	정산소종(正山小種), 연소종(煙小種) 등.	
		공부(功夫) 홍차	전홍(滇紅), 기홍(祁紅), 천홍(川紅), 민홍(閩紅) 등.	
		홍쇄차(紅碎茶)	엽차(葉茶), 쇄차(碎茶), 편차(片茶), 말차(末茶) 등.	
	청차(우롱차)	민북(閩北) 우롱	무이암차(武夷岩茶), 수선(水仙), 대홍포(大紅袍), 육계(肉桂) 등.	
		민남(閩南) 우롱	철관음(鐵觀音), 본산(本山), 모해(毛蟹), 황금계(黃金桂) 등.	
		광동(廣東) 우롱	봉황단총(鳳凰單叢), 봉황수선(鳳凰水仙), 영두단총(嶺頭單叢) 등.	
		대만(臺灣) 우롱	동정우롱(凍頂烏龍), 포종(包種), 우롱(烏龍) 등.	
	백차	백아차(白芽茶)	백호은침(白毫銀針) 등.	
		백엽차(白葉茶)	백모단(白牡丹), 공미(貢眉) 등.	
	황차	황아차(黃芽茶)	군산은침(君山銀針), 몽정황아(蒙頂黃芽) 등.	
		황소차(黃小茶)	북항모첨(北港毛尖), 위산모첨(溈山毛尖), 온주황탕(溫州黃湯) 등.	
		황대차(黃大茶)	곽산황대차(霍山黃大茶), 광동대엽청(廣東大葉靑) 등.	
	흑차(보이차)	호남(湖南) 흑차	안화흑차(安化黑茶) 등.	
		호북로청차 (湖北老靑茶)	포기로청차(蒲圻老靑茶) 등.	
		사천변차 (四川邊茶)	남로변차(南路邊茶), 서로변차(西路邊茶) 등.	
		전계흑차 (滇桂黑茶)	보이차(普洱茶), 육보차(六堡茶) 등.	
재가공차	화차	말리화차(茉莉花茶), 주란화차(珠蘭花茶), 매괴화차(玫瑰花茶)(장미차), 계화차(桂花茶) 등.		

중국의 10대 명차(名茶)에는 어떤 것이 있는가?

중국의 10대 명차로는 서호용정(西湖龍井), 동정벽라춘(洞庭碧螺春), 황산모봉(黃山毛峰), 여산운무(廬山雲霧), 육안과편(六安瓜片), 군산은침(君山銀針), 신양모첨(信陽毛尖), 무이암차(武夷岩茶), 안계철관음(安溪鐵觀音), 기문홍차(祁門紅茶)가 있다.

서호용정(西湖龍井)

외형	편평하면서 곧고 기다랗고, 녹색에 황색 기운 감돈다.
찻빛	옥빛이 도는 녹색, 맑고 밝은 빛을 띤다.
향	난향과 같은 향이 지속된다.
맛	산뜻하고 순수하며, 감미롭고 청량하다. 뒷맛이 은은하고 쓰지 않다.
우린 찻잎	가늘고 연하며, 싹(芽)과 잎(葉)이 한 줄기에 송이를 이룬다.

벽라춘(碧螺春)

외형	전체적으로 균일하며, 가늘게 휘말린 모습이 소라의 껍질을 닮았다. 푸른색을 띠고, 백호(白毫)로 덮여 있다.
찻빛	옥빛이 도는 녹색으로 맑고 투명하다.
향	청아하고 순수한 향이 꽃과 과일향처럼 우아하다
맛	진하고 깊은 맛이 감미로우면서도 신선하다. 뒷맛이 오래 남는다.
우린 찻잎	가늘고 연하면서 균일하다. 부드러운 연녹색의 싹은 크고 잎은 작다.

황산모봉(黃山毛峰)

외형	가늘고 편평하며, 참새의 혀, '작설(雀舌)' 모양이다. 금황색의 어엽(魚葉)이 있다. 어엽은 비늘 모양의 측엽인 인엽(鱗葉)으로 싹은 튼실하면서 균일하고, 상아색의 호(毫)가 많다.
찻빛	맑고 윤기가 있다.
향	청아하고 순수한 향이 오래 지속된다.
맛	신선하면서 진하고, 순수하면서 농후하다. 뒷맛은 감미롭고 달다.
우린 찻잎	연황색을 띠고 튼실하여 송이를 이룬다.

여산운무(廬山雲霧)

외형	싹이 튼실하고 잎이 두툼하여 매우 수려하다. 백호(白毫)가 있다. 비취빛의 녹색이다.
찻빛	맑고 윤기가 있다.
향	청량하고 지속적이다.
맛	깊고 중후하다. 신선하고 청량하면서 감미롭고 순수하다.
우린 찻잎	연녹색으로 맑고 윤기가 있어, 진한 빛의 옥이 담긴 모양새이다.

육안과편(六安瓜片)

외형	낱 잎들로만 구성되어 있다. 녹색이고 윤기가 돌며, 서리가 앉은 듯하다.
찻빛	맑은 살구색으로 깨끗하고 투명하다.
향	청아하면서 순수하다.
맛	산뜻하고 순수하며 감미롭다.
우린 찻잎	황록색으로 형태가 온전하고 가지런하며 송이를 이룬다. 여러 회 우려도 향미가 여전하다.

군산은침(君山銀針)

외형 새싹의 끝부분인 아두(芽頭)가 튼실하다. 적당히 느슨하고 무게감이 있다.
곧게 뻗은 찻잎은 백호(白毫)로 뒤덮여 있고, 금황색에 윤기가 돌아 빛난다.
찻빛 등황색으로 밝고 맑다.
향 맑고 순하다.
맛 달고 청량하며 감미롭고, 순수하지만 강하지는 않다.
우린 찻잎 연한 황색으로 균일하게 밝다.

신양모첨(信陽毛尖)

외형 가늘고 동글며 잘 말려 있고 곧다. 비취빛이 도는 녹색이고, 백호가 보인다.
찻빛 연녹색을 띠고, 밝고 투명하다.
향 신선하고 진하며, 익은 밤향이 지속된다.
맛 신선하고 진하며 청량하다. 입안을 감도는 회감이 있다.
수차례 우려도 맛이 여전히 진하다.
우린 찻잎 연녹색이고, 가늘고 연하며, 모양과 크기가 균일하다.

무이암차(武夷岩茶)

외형 튼실하게, 팽팽하게 휘말려 있어 견고하다. 가늘고 길게 비틀어진 조형(條形)이다.
찻빛 황금빛의 황색이다.
향 진하고 신선한 꽃향이 난다.
맛 감미롭게 퍼지면서 뒷맛이 길게 지속된다.
우린 찻잎 부드럽고 밝은 색상이며, 찻잎의 테두리가 약간 붉은색이다.

* '무이암차'는 민베이(閩北, 민북), 푸젠성(福建省) 북부의 우이산시(武夷山市) 우이산(武夷山) 암괴 지대에서 생산되는 우롱차류의 총칭이다. 주품종으로는 대홍포(大紅袍), 백계관(白鷄冠), 무이수선(武夷水仙), 무이육계(武夷肉桂) 등이 있다.

안계철관음(安溪鐵觀音)

외형 단단하게 동글게 말려 있고 무게감이 있다. 잎자루는 청색, 찻잎의 중심부는
녹색이며, 잠자리 머리 모양과 비슷하다. 사록색(砂綠色, sand green,
황갈색이 비치는 녹색)을 띠고, 찻잎에 서리가 내린 듯하다.
찻빛 금황색으로 밝고 투명하다. 진하고 선명해 호박색처럼 보인다.
향 진하게 오래 지속되면서 뚜렷하고 조화롭다. 난꽃, 생땅콩, 야자의 향이
청아하고도 순수한 느낌이다.
맛 감미롭고 순수하면서도 농후하여 신선하다. 뒷맛이 감미롭고 달다.
우린 찻잎 두터우면서도 부드럽고 밝다. 물결 모양을 띠고 비단 광택이 있어
'주단면(綢緞面)'이라고 한다.

기문홍차(祁門紅茶)

외형 작고 가늘면서 팽팽하게 휘말려 있으며, 기다랗다. 황금색의 싹에 솜털이
뚜렷하고, 싹의 끝부분인 '봉묘(鋒苗)'가 수려하다. 색상은 검고 윤기가 있다.
찻빛 붉고 선명하면서 밝고 투명하다.
향 청아하면서 순수한 향이 오래 지속되고, 사과향, 난꽃향과 같은 꽃향이 난다.
맛 감미롭고 순수하면서도 농후하여 뒷맛이 깊다.
우린 찻잎 연하고 부드러우며, 색상이 붉고 밝다.

중국의 4대 차산지(茶産地)는 어디인가?

예로부터 중국의 차 생산지, 즉 차구(茶區)는 시대마다 다르게 구획되어 왔다. 오늘날 차구의 구획에 의하면, 중국의 4대 차구는 강남차구(江南茶區), 강북차구(江北茶區), 서남차구(西南茶區), 화남차구(華南茶區)로 구분할 수 있다.

강남차구	위치 : 양쯔강(揚子江) 중하류 남부	
	해당 지역 : 저장(浙江), 후난(湖南), 장시(江西) 등의 성(省)과 환난(晥南), 쑤난(蘇南), 어난(鄂南) 등.	중국의 주요 차 생산지로 중국 내 연간 총생산량의 약 3분의 2를 차지한다.
	차종 : 녹차, 홍차, 흑차, 화차 및 각양각색의 특종(特種) 명차. 서호용정(西湖龍井), 황산모봉(黃山毛峰), 동정벽라춘(洞庭碧螺春), 군산은침(君山銀針), 여산운무(廬山雲霧) 등.	
강북차구	위치 : 양쯔강 중하류 북안(北岸)	
	해당 지역 : 허난성(河南省), 산시성(陝西省), 간쑤성(甘肅省), 산둥성(山東省)과 환베이(晥北), 쑤베이(蘇北), 어베이(鄂北) 등의 지역.	강수량이 적고 강수일이 일정하지 않아 차나무가 가뭄의 영향을 받는다.
	차종 : 주로 녹차.	
서남차구	위치 : 중국 서남부 지역	
	해당 지역 : 윈난성(雲南省), 구이저우성(貴州省), 쓰촨성(四川省)과 시짱자치구(西藏自治区)의 동남부.	중국에서 가장 오래된 차의 생산지.
	차종 : 홍차, 녹차, 타차(沱茶), 긴압차(緊壓茶)(특히 전차(塼茶)), 보이차 등.	
화남차구	위치 : 중국 남부 지역	
	해당 지역 : 광둥성(廣東省), 광시성(廣西省), 푸젠성(福建省), 타이완(臺灣), 하이난성(海南省).	중국에서 차나무의 생장에 가장 적합한 지역.
	차종 : 주로 홍차, 우롱차, 화차, 백차, 육보차(六堡茶) 등.	

교목차(喬木茶)란 무엇인가?

교목차는 줄기가 길고 굵은 차나무에서 자라난 찻잎이다. 교목형 차나무는 높이 수십 미터까지 자라는데, 사람이 나뭇가지에 올라 찻잎을 따야 하는 경우도 있다.

대부분 윈난성(雲南省, 운남성)의 일부 차산지에 분포되어 있고, 그 대부분은 야생 노차수(老茶樹)로, 줄기가 매우 굵어 여러 사람이 손을 맞잡아야만 안을 수 있다. 그 밖에 교목과 관목(灌木)의 중간인 반교목형(半喬木型)의 차나무도 있는데, 운남대엽종차(雲南大葉種茶)와 복정대백차(福鼎大白茶)가 대표적이다.

관목차(灌木茶)란 무엇인가?

관목차는 교목차와 상대적인 개념의 찻잎이다. 관목형 차나무는 높이가 비교적 낮으며, 주줄기가 없고 잔가지가 많다. 평지에서 인공 재배에 적합해 중국에서 가장 많이 재배한다. 중국의 강남 지역은 관목차의 주산지이다.

고수차(古樹茶)란 무엇인가?

고수차는 100년 이상된 교목형 차나무에서 채엽한 찻잎이다. 고수차나무는 윈난성의 차 산지에만 극소수로 분포되어 있다. 연간 생산량이 제한되어 있어 가격대가 비교적 높다. 다른 차에 비해 여러 회 우려도 향미가 여전하고, 식감도 더 순수하고 농후하다.

고산차(高山茶)란 무엇인가?

고산차는 해발고도 800m 이상의 산간지에서 채엽한 찻잎이다. 해발고도가 높은 곳은 일조량이 풍부하고 일교차가 커서 찻잎의 광합성에 유리하다. 이 같이 독특한 지리적인 환경과 기후적인 조건의 영향으로 새싹은 튼실하고 마디 사이가 길며, 녹색을 띠고 융모가 많다.

평지차(平地茶)란 무엇인가?

평지차는 해발고도가 낮은 지역에서 채엽한 찻잎이다. 고산차와는 상대적인 개념의 차이다. 새싹은 작고, 우린 찻잎은 얇지만 단단하다. 찻잎은 편평한 모양이고, 색상은 황녹색을 띠는데 윤기가 부족하다. 평지차의 제품은 찻잎이 가늘어 두께감이나 무게감이 적다. 향은 약하고 맛은 연하다.

대지차(臺地茶)란 무엇인가?

대지차는 오늘날의 다원에서 채엽한 찻잎이다. 밀식(密植) 재배와 인위적인 방법으로 생산량을 지나치게 늘렸기 때문에 노수차에 비해 맛이 연하고 품질이 떨어진다.

춘차(春茶), 하차(夏茶), 추차(秋茶)는 무엇인가?

춘차, 하차, 추차는 채엽 시기와 계절에 따라 이름이 붙은 것이다. 3~4월에 채엽한 것을 '춘차', 5~7월에 채엽한 것을 '하차', 8~10월에 채엽한 것을 '추차'라고 한다.

채엽 계절에 따라 찻잎은 어떻게 달라지는가?

찻잎은 채엽 계절에 따라 춘차, 하차, 추차로 구분된다. 봄의 찻잎은 짙은 녹색을 띠고 잎이 크며 부드럽다. 춘차는 맛이 진하고, 향이 높다. 농약 잔류량도 적다. 그 이유는 중국 내 대다수의 차구(茶區), 특히 유명 녹차 차구의 지역들은 춘차 생산 기간에 기온이 비교적 낮아 병충해의 피해가 적어 농약을 사용하지 않는 데 있다.

하차는 품질이 춘차보다는 낮다. 특히 녹차가 그러하다. 여름철에는 기온이 높고 새싹이 빨리 자라 찻잎 내부 유효 성분의 함량이 상대적으로 적어서, 춘차보다도 향이 낮고 맛도 약하다. 또 햇빛이 강해 폴리페놀(polyphenol) 함량이 증가하면서 쓴맛이 난다. 섬유질이 풍부하고 찻잎의 두께(葉肉, 엽육)가 얇으며, 찻잎의 재질(葉質, 엽질)도 거칠고 단단하다. 그러나 홍차의 경우 폴리페놀의 함량이 많은 것이 산화에 유리하여 오히려 하차가 품질이 더 좋다고 할 수 있다.

추차는 품질이 춘차와 하차의 중간이다. 찻잎의 성장 기간이 춘차보다 짧고, 유효 성분이 상대적으로 적어 향이나 맛이 춘차에 비해 못하다. 엽육과 엽질은 하차와 비슷하고, 외형은 뻣뻣하여 잘 말려 있지 않다. 기온이 높고 강우량이 적은 해에는 차나무에 수분이 적어 종종 새싹의 크기가 작아지고 길이도 짧아진다.

삼전적취(三前摘翠)란 무엇인가?

'삼전적취'는 춘분(春分)과 청명(清明), 곡우(穀雨)의 각 절기 전에 딴 찻잎을 지칭한다. 이때 딴 것은 싹이 가장 연하고 찻잎의 품질이 가장 우수하여 특별히 '삼전적취', 즉 '세 절기 전에 따 낸 비취빛의 잎'이라고 한다.

명전차(明前茶), 우전차(雨前茶)는 무엇인가?

명전차는 중국 강남 차구에서 청명 이전에 채엽하여 생산한 춘차이다. 우전차는 강남 차구에서 청명과 곡우(穀雨) 사이에 채엽해 생산한 춘차이다. 명전차는 주로 녹차와 일부 홍차만을 일컫는 말로, 철관음, 대홍포, 보이차 등에 대해서는 명전차나 우전차라는 표현을 사용하지 않는다.

'녹색식품(綠色食品)'으로 표시된 차는 유기농 차인가?

녹색식품과 유기농 식품은 중국 국가 기관의 인증을 거친 식품으로, 녹색식품에 비해 유기농 식품의 인증이 더 엄격하다. 본질적인 면에서 녹색식품은 일반 식품이 유기농 식품으로 발전하는 과정에 있는 과도기적인 제품이다. 따라서 녹색식품의 표시가 유기농 차를 뜻하지는 않는다.

일아일엽(一芽一葉) 등의 표현은 무슨 뜻인가?

찻잎은 규격에 따라 단아(單芽), 일아일엽(一芽一葉), 일아이엽(一芽二葉), 일아삼엽(一芽三葉), 일아사엽(一芽四葉) 등으로 구분된다.
일아일엽은 참새의 혀, 즉 '작설' 모양이다. 일아이엽은 찻잎이 펴진 정도에 따라 개면엽(開面葉, 새싹의 성장이 성숙하고, 싹의 생잎이 보임), 소개면(小開面, 첫 잎이 두 번째 잎 면적의 절반에 해당), 중개면(中開面, 첫 잎이 두 번째 잎 면적의 3분의 2에 해당), 대개면(大開面, 첫 잎이 두 번째 잎의 면적과 비슷)으로 구분된다.
일아삼엽은 시장에서 가장 흔히 보이는 중급 품질의 찻잎이고, 일아사엽은 '노쇠한 찻잎(粗茶)'이다.

일아일엽(一芽一葉)　　　일아이엽(一芽二葉)　　　일아삼엽(一芽三葉)　　　일아사엽(一芽四葉)

다양한 채엽 방식. 싹과 잎의 수에 따라 구분된다.

Chinese Tea Story

Part

02

전문가의
차 구입 방법

사람들은 좋은 차를 사고 싶어 한다.
그렇다면 좋은 차란 과연 무엇인가? '차는 천 가지의 맛이 있으니
입에 맞는 것이 보배'라는 말이 있다. 전문가의 의견은 단지 참고 사항일 뿐,
중요한 것은 '자신에게 가장 잘 맞는 차가 제일 좋은 차'라는 것이다.

차를 구입할 때 가장 중요한 기준은 무엇인가?

차의 품질이 우수한지는 미각을 통해 검증할 수 있기 때문에, 차를 구입할 때는 반드시 마셔 본 뒤, 자신에게 잘 맞는 차를 선택해야 한다. 자신이 마시기에 좋은 것이 찻잎을 살 때의 전제조건이면서 가장 중요한 기준이다.

차를 구입할 때는 먼저 찻잎의 종류를 선정하고, 색, 향, 맛, 외형의 네 측면에서 품질을 판단한 뒤, 최종적으로 자신에게 가장 잘 맞는 것을 선택한다. 그러나 사람들은 차를 구입할 때 찻잎을

차를 구입하기 전에 시음하는 모습.

평가할 만한 전문 지식을 갖추지 못해 선정에 어려움을 느낀다. 구입 기준을 간단한 예로 들면, 마시기에 좋은 차는 맛이 청량하고, 쓴맛과 떫은맛이 없으며, 향도 오래 지속된다.

차는 가격이 높을수록 좋은 것인가?

찻잎의 품질과 가격에는 필연적인 관계가 있는 것은 아니다. 다만, 동일한 종류의 찻잎을 놓고 보았을 때, 가격이 비쌀수록 품질과 등급이 더 높다. 그러나 찻잎의 가격은 매년 시장의 수급과 상업적 투기나 원가 등의 요소에도 영향을 받아, 찻잎의 가격만 보고서 품질의 우수성을 판단할 수는 없다.

신차(新茶)가 진차(陳茶)보다 더 좋은가?

신차는 그해 봄에 채엽해 생산된 차, 진차는 이전 해나 더 이전에 생산된 뒤 일정 기간이 지나 오래된 차이다. 결국 신차와 진차는 상대적인 것이다. 보통 진차보다 신차의 품질이 더 좋다. 특히 녹차가 그렇다. 그러나 신차보다 진차의 품질이 더 좋은 것도 있다. 예를 들면 보이차나 무이암차는 진차가 향이 더 진하고 맛이 순수하고 농후하다. 따라서 신차와 진차의 구별만으로 차의 좋고 나쁨을 직접 판단할 수는 없다. 신차와 진차를 비교할 때는 차가 어떤 종류인지를 먼저 살펴보아야 한다.

보이차는 붉고 진하며 맑은 찻빛일수록 오래 숙성된 것이다.

신차와 진차를 감별하는 방법은?

신차와 진차는 색상과 윤기, 찻빛, 향, 맛, 우린 찻잎의 다섯 측면에서 구분할 수 있다.

	건조 찻잎의 색상	찻빛	향	맛	우린 찻잎의 색상
신차	선녹(鮮綠)색, 광택이 있다.	옥빛이 도는 녹색이다.	청아하고 순수한 향, 난꽃향, 익은 밤향 등 진한 향이다.	감미롭고 진하며 청량하다.	선녹색으로 밝고 투명하다.
진차	황색을 띠며, 어둡고, 광택이 없다.	진한 황색이다.	향이 낮다.	순수하고 농후하지만 청량하지는 않다.	진한 황색으로 어둡고, 투명하지 못하다.

춘차가 추차, 하차에 비해 확실히 더 좋은 것인가?

춘차는 맛이 신선하면서 진하고 청아하면서 순수하다. 향은 농후하다. 하차는 맛이 쓰고 떫으며, 향은 춘차만큼 농후하지 않다. 추차는 맛과 향이 춘차, 하차의 중간 정도로 부드럽다. 녹차는 춘차의 품질이 가장 좋다. 춘차의 녹차는 맛이 좋고 향이 농후하며 영양도 풍부해 건강에도 도움을 준다. 하차는 홍차가 좋은데, 색상이 붉고 윤기가 돌며, 맛이 농후하다. 춘차, 하차, 추차는 각각 특성이 있어 우열을 판단하기가 쉽지 않다.

기문홍차(祁門紅茶)의 하차는 붉은빛이 선명하고 밝고 투명하다.

춘차, 하차, 추차를 감별하는 방법은?

	외형	찻빛	향	맛	우린 찻잎
춘차	새싹이 옹골지며, 팽팽하게 휘말려 두껍고 무겁다.	짙은 녹색, 윤택이 있다.	진하다.	진하고 감미롭다.	부드럽고 맑고 윤기가 있으며 도톰하다. 새싹이 많고 잎맥이 조밀하다.
하차	느슨하게 휘말려 있다.	색이 고르지 않다.	연하다.	떫다.	아엽의 목질이 뚜렷하고 질감이 뻣뻣하며, 잎맥이 잘 보이고, 동록(銅綠)색 아엽이 섞여 있다.
추차	가늘고 길며 느슨하게 휘말려 있고, 잎맥이 많고, 가볍고 얇다.	색이 연하다.	부드럽다.	부드럽고 약간 달다.	부드럽고 동록색 아엽이 섞여 있다. 잎 크기가 불균일하고, 대협엽이 많으며, 잎둘레의 톱니 모양이 분명하다.

좋은 차로 속여 파는 조악한 차를 식별하는 방법은?

녹차에서는 붉은 줄기나 붉은 잎이 포함된 것, 홍차에서는 찻잎에 녹색이 보이는 것, 찻잎의 색이 자연스럽지 못한 것, 연기, 탄내, 곰팡내, 잡냄새가 나는 것, 이물질이 든 것, 찻빛이 혼탁한 것 등은 조악한 차에서 볼 수 있는 특징이다. 이런 차는 뜨거운 물로 우려내면 맛이 비교적 쓰고 떫다.

색상이 자연스럽지 못한 조악한 녹차.

품질이 좋은 서호용정.

착색시킨 차를 식별하는 방법은?

착색시킨 차는 인공 염색한 것으로서 색상이 전반적으로 균일하지 못하다. 이런 차를 식별하는 방법은 간단하다. 깨끗한 백지에 찻잎을 가볍게 비빈 뒤, 색이 묻어 나는지를 살펴본다. 색이 묻어 나오면 착색시킨 차이다. 또 찻물을 보고 식별할 수도 있다. 찻잎을 충분히 우려낸 뒤 찻빛이 혼탁하고 찻잔 바닥에 염료가 가라앉아 있다면 착색시킨 차이다.

반드시 원산지의 차를 선택해야 하는가?

차의 품질과 특성은 원산지의 지리, 기후, 재배 품종 등 테루아적인 요인에 영향을 받는다. 원산지가 아닌 곳에서 생산된 차는 품질이나 감촉, 맛, 향 등에서 조금 미흡할 수 있다. 결국 원산지의 차는 품질이 더 보장되는 것이다. 원산지의 차를 구입하면 가짜 상표가 부착된 조악한 차도 피할 수 있다. 서호용정, 벽라춘, 안계철관음, 기문홍차 등 대부분의 중국 차들은 원산지를 등록해 보호하고 있다. 차를 구입할 때는 겉포장의 QS와 생산지의 표시를 반드시 확인해야 한다.

포장재에 기재된 QS 표시.

여행 중 현지에서 차를 구입해도 좋은가?

여행 중 현지에서 차를 구입할 경우, 아래의 사항에 유의해야 한다.

① 여행 가이드가 추천한 차는 구입하지 않는 것이 좋다. 이러한 차는 대부분 품질이 좋지 않고, 가격도 비합리적이다. 현장에서 덖은 차는 포장의 밀봉 상태가 좋지 않아 찻잎이 금방 변질될 수도 있다.
② 출처가 불분명한 차를 구입해서는 절대 안 된다. 예를 들면 길거리에서 팔거나 봇짐상이 파는 차의 경우, 품질이 보장되지 않는다. 오염 여부도 육안으로 확인이 불가능하다. 포장재에 QS 표시가 있는 차를 사야 품질을 보장받는다.

초보자는 왜 차성(茶城)에서 차를 구입하지 않는 것이 좋은가?

중국에서는 차를 전문적으로 취급하는 시장을 '차성(茶城)'이라 한다. 이곳 상인들은 차를 판매할 때 손님이 차를 아는 사람인지를 떠보기 위해 가장 싸고 맛 없는 차를 먼저 권한다. 손님이 차에 대해 잘 모르는 눈치면 저급 차를 고급 차로 속여 팔고, 차에 대해 잘 아는 사람이라 생각되면 좋은 차를 내놓고 적정선에서 판다. 그러나 초보자는 차의 품질을 감별하기가 어렵기 때문에 차성에서 구입하지 않는 것이 좋다.

마켓에서 판매하는 차는 구입해도 좋은가?

마켓에서 판매하는 차는 포장이 잘되어 있고 QS 표시가 있으면 구입해도 좋다. 단, 차의 생산일과 유통 기한을 꼼꼼히 살펴보고, 기한이 지난 차는 구입하지 않도록 한다. 일반적으로 마켓에서 파는 차는 중·저급이 많아 고급 차를 원하는 소비자라면 마켓에서 구입하지 않는 것이 좋다.

마켓에 진열된 차. 포장과 품질이 보장되고 가격도 합리적이지만 품질이 보통이다.

한 거래처에서 차를 사는 것이 좋은 이유는?

차를 한 거래처에서 계속 구입하면 차의 가격 변동에 대해 잘 알 수 있다. 또한 단골 손님이 되면 좋은 차가 출시되었을 때 상점 주인으로부터 즉시 추천을 받아 합리적인 가격으로 구입할 수 있다.

'삼무(三無)'의 차를 피하는 방법은?

겉포장에 '생산일', '품질검사인증', '공장명·주소'가 명시되어 있지 않은 '삼무(三無)'의 차는 유통 기한이 지났거나 독성이 있을 수도 있어 잠재적으로 안전성에 문제가 있다. 차를 구입할 때는 반드시 겉포장에 생산일, 품질검사인증, 공장명과 주소가 표시되어 있는지를 확인해야 한다. 또한 정상적인 판매 경로를 통해 찻잎을 구입하고, 포장되지 않은 차나 출처가 불분명한 차는 구입하지 않아야 '삼무(三無)'의 차를 피할 수 있다.

인터넷상에서 차를 구입하는 것은 믿을 만한가?

인터넷상에서도 차를 구입할 수 있지만, 먼저 합리적으로 구입하는 방법을 아는 것이 중요하다. 인터넷상에는 차를 판매하는 상점이 많기 때문에 여러 상점들을 비교해 자신이 원하는 차의 대략적인 가격대를 알아보는 것이 좋다. 가격이 그보다 낮으면 품질이 안 좋거나 출처가 불분명한 것일 수도 있어 신중하게 구입하도록 한다.

산지에서 차를 구입하는 것이 가장 합리적인가?

차를 자주 마시는 사람이라면 산지에서 판매하는 차를 사는 것도 좋은 선택이 될 수 있다. 단골손님이 되면, 전화 한 통만으로 차를 우편으로 받을 수도 있어 시간도 절약되고 매우 편리하다. 무엇보다도 산지의 차는 품질이 보장되는 장점이 있다.

차를 구입할 때 유명 상표의 차를 구입해야 하는가?

유명 상표의 차는 품질을 신뢰할 수 있지만 가격이 높은 편이고, 일반적인 산차(散茶)는 가격은 적당하지만 품질이 제각각이다. 여기서 산차는 낱 잎으로 흩어져 있는 상태의 차를 말한다. 초보자의 경우에는 품질이 비교적 보장되는 유명 상표의 차를 구입하는 것이 좋다. 구매력이 있는 소비자라면 유명 상표의 차를 선택하는 것이 가장 좋다. 차를 잘 알거나 자주 마시는 사람들은 고품질의 차를 선호해 유명 상표의 차를 주로 구입한다.

차를 구입할 때 유의해야 할 인증에는 어떤 것이 있는가?

차는 특수 식품에 속하므로 겉포장에 반드시 QS 표시가 있어야 한다. 또한 유명 상표의 차는 대부분 지리표지보호(地理標志保護, GI) 표시가 있다. 지리표지보호는 제품의 품질, 명성, 기타 특징들이 생산지의 자연환경과 인문 환경에 의해 결정되어, 관련 기관의 허가를 얻어 생산지명으로 이름이 붙는 제품을 보호하기 위한 제도이다. 따라서 차를 구입할 때 겉포장에 지리표지보호의 표시가 있는지도 살펴보아야 한다.

그 밖에 중국 국가식품인증기관의 인증을 받은 차라면 겉포장에 녹색식품의 표시와 유기농 식품(차)의 표시가 있을 수 있다.

QS 표시   녹색식품의 표시   유기농 차의 표시

차는 처음 출시되었을 때 구입하는 것이 가장 좋은가?

일반적으로 시장에 처음 나온 차는 특히 명품차는 가격이 비싸고 가격대가 불안정해 대부분의 소비자들은 구입에 어려움이 있다. 따라서 일정 기간이 지난 뒤 가격대가 안정되었을 때 구입하는 것이 좋다. 반면 신차를 원하는 소비자라면 찻잎이 시장에 나왔을 때 곧바로 구입하도록 한다. 시장에서는 일정 기간이 지나면 각양각색의 찻잎이 섞여 버려 신차와 진차를 분간해 내기가 어렵기 때문이다.

차를 구입할 때 상점을 몇 곳 이상 둘러보는 것이 좋은가?

대다수 소비자들에게는 차의 품질을 감별하는 일이 쉽지 않다. 따라서 차를 구입할 때는 적어도 세 곳 이상의 상점을 둘러보고 상품을 비교해 볼 필요가 있다. 선택지가 많을수록 조악한 차를 구입하는 일을 피할 수 있는 확률도 높아지기 때문이다.

명전차(明前茶)를 과신해서는 안 되는 이유는?

명전차는 춘차에 속한다. 보통 차 중에서는 춘차가 품질이 가장 좋다. 단, 명전차는 중국 강남차구의 녹차에 한해 일컫는 말로, 철관음(청차)이나 대홍포(청차), 보이차(흑차) 등에서는 명전차의 개념이 없다. 명전 녹차의 품질이 가장 좋기는 하지만, 일부 불법 상인들은 명전차의 과신을 이용해 종종 저급 차를 명전차로 속여 팔기도 한다. 명전차를 맹목적으로 추구하다 보면 가짜 명전차를 살 수도 있다.

불완전한 차를 감별하는 방법은?

불완전한 차를 감별하려면, 먼저 각 차의 대략적인 특징을 알고 있어야 한다. 녹차는 비산화차로 맛이 청량하고 향이 맑으며 내포도(耐泡度)가 낮다. 여기서 내포도는 차를 우리는 횟수가 늘어남에 따라 맛이 변화하는 정도이다. 홍차는 완전 산화차로 촉감이 부드럽고 감미로우면서 농후하다. 꽃향, 과일향, 소나무향, 꿀향, 말린 용안향이 뚜렷하다. 우롱차는 부분 산화차로, 맛이 감미롭고 농후하며, 향은 진하면서 내포도가 좋다. 백차는 맛이 청량하면서 감미롭고 농후하며, 맑고 달콤하다. 향은 잡냄새가 없고 순수하지만 강하지는 않다. 흑차는 맛이 농후하고, 특히 뒷맛은 감미롭고 독특한 진향(陳香)이 있다. 진향은 오래된 차에서 나는 특유의 향을 이르는 말이다. 황차는 맛이 달콤하면서 청량하다. 향은 맑고 순수하여 청순하다. 이와 같은 기본적인 지식을 갖춘다면, 훨씬 쉽게 불완전한 차를 감별할 수 있다.

매가오용정　　　　　　매가오명전용정
(梅家塢龍井)　　　　　(梅家塢明前龍井)

명전용정차가 더 푸르고, 찻물도 더 연하다. 찻빛은 연녹빛이 좋고, 우린 찻잎은 균일하면서 송이를 이룬다.

찻물, 향, 맛을 살펴보면 불완전한 차인지 아닌지를 알 수 있다.

차를 고를 때 확인해야 할 3요소는?

찻잎을 고를 때 확인해야 할 3요소는 다음과 같다.

① **보기**   건조 찻잎의 외형과 찻빛, 우린 찻잎을 살펴본다. 건조 찻잎의 외형은 색상과 윤기, 재질, 균일성, 휘말린 정도, 견고함, 현호(顯毫, 융모가 많음)의 유무 등을 본다. 또한 찻빛은 색상이 밝고 투명한지, 우린 찻잎은 가늘고 연한지, 균일하고 온전한지를 본다. 또한 우린 찻잎의 색상은 일정한지와 탄 얼룩, 붉은 잎맥, 붉은 줄기 등이 있는지 본다.

1. 찻빛을 본다. 색상이 밝고 투명한지 살핀다.

② **맡기**   건조 찻잎의 향을 맡고 잡냄새가 있는지 확인한다. 그 뒤 충분히 우려내 따뜻한 찻물의 향을 맡는다. 향으로는 첨향(甛香, 꿀, 시럽, 말린 용안의 향과 비슷함), 불의 향인 화향(火香), 청아하고 순수한 청향(清香), 꽃향(花香), 밤향, 과일향 등이 있다. 그리고 찻물이 식었을 때 찻잔의 뚜껑이나 바닥의 잔향도 맡아 본다.

2. 향을 맡는다. 어떤 향인지 가늠한다.

③ **맛보기**   찻물의 맛을 본다. 찻물 맛 용어로는 강렬하고 자극적이면서 수렴성이 있는 '농렬(濃烈)', 신선하고 청량한 '선상(鮮爽)', 달콤하면서 청량한 '첨상(甛爽)', 감미롭고 순수하면서 농후한 '순후(醇厚)', 감미롭고 순수하지만 덜 농후한 '순화(醇和)'가 있다. 그 밖에도 떫은맛이 강해 입이 마비되는 느낌의 '고삽(苦澀)', 맛은 정상적이나 연하여 농후한 느낌이 부족한 '담박(淡薄)', 부드럽지 못하여 건조하면서도 떫은맛인 '생삽(生澀)'이 있다.

3. 찻물을 마시면서 어떤 맛인지 음미한다.

차를 구입할 때 살펴보아야 하는 것은?

차를 고를 때 주로 보아야 할 것은 찻잎의 외형이다. 찻잎의 건조 상태가 양호한지, 찻잎의 형태와 색상과 윤기가 온전한지를 살펴본다. 형태, 색상, 윤기가 온전하고 균일하면 비교적 좋은 차이다. 건조 찻잎에 줄기, 부서진 찻잎, 찻가루가 적게 섞인 것일수록 좋다.

차를 구입하기 전에 시음해 보아야 하는 이유는?

차가 우수한지는 최종적으로 맛을 보고 평가해야 한다. 상점에서는 차를 무료로 시음할 수 있도록 해 주기 때문에 차를 구입하기 전에는 반드시 찻물의 맛과 입안에서의 촉감을 확인해야 한다. 맛을 볼 때는 소량의 찻물을 입에 머금고 혀끝으로 자세히 음미하여 감미롭고 순수한지, 꿀이나 시럽, 용안의 향과 비슷한지, 순수하고 농후한지, 맛이 연하고 농후함이 덜한지, 신선하고 청량한지, 떫은맛이 강한지 등을 평가한다. 이때는 혀의 감각기관을 충분히 활용하고, 특히 혀의 몸통과 혀뿌리를 활용해 차의 맛을 음미해야 한다.

좋은 차의 특징은?

차는 그 종류에 따라 찻빛과 맛의 특징이 서로 다르지만, 좋은 차는 종류를 불문하고 찻빛이 한결같이 밝고 투명하다. 고급 녹차는 연녹색이나 황녹색으로 밝고 투명하다. 맛은 청량하고 뒷맛이 농후하다. 고급 홍차는 붉은빛이 선명하고 밝고 투명하다. 맛은 농후하고 강렬하며 청량하다. 좋은 우롱차는 청갈색에 윤기가 있고, 맛은 감미롭고 순수하며 농후하다. 향은 진하고 강렬하다.

향을 맡아 차를 식별하는 방식에는 무엇이 있는가?

향을 맡는 작업을 '문향(聞香)'이라고 한다. 문향에는 '건문(乾聞)', '열문(熱聞)', '냉문(冷聞)'의 세 방식이 있다. 건문은 건조 찻잎의 향을 맡아 묵은내나 곰팡내가 있는지, 잡냄새가 있는지를 판별하는 것이다. 열문은 따뜻한 물에 우린 뒤 찻물의 향을 맡는 것이다. 품질이 좋은 차는 잡냄새가 없고 정상적인 향이 나면서 강하지 않아 심신을 안정시킨다. 차의 향이 연하거나 또는 없거나 심지어 잡냄새가

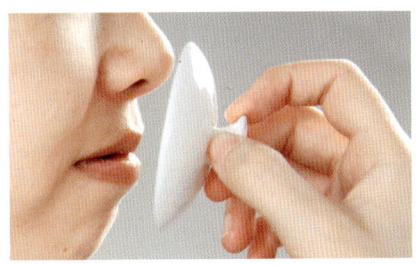

뚜껑에서 잔향을 맡아 보는 냉문(冷聞).

나면 좋은 차라고 할 수 없다. 냉문은 더운물로 찻잎을 우린 뒤 식을 때까지 기다렸다가 찻잔의 뚜껑이나 바닥의 잔향을 맡는 것이다. 찻물의 온도가 높을 때는 드러나지 않았던 향까지도 냉문을 통해 맡을 수 있다.

차의 건조 상태를 확인하는 방법은?

차의 건조 상태를 판단할 때는 손가락으로 찻잎을 살짝 집어 본다. 잘 부스러지면 건조 상태가 양호한 것이고, 그렇지 않으면 습기로 눅눅해진 것이다. 습기는 차의 품질에도 크게 영향을 줄 수 있다.

건조 상태가 좋은 차. 찻잎을 손가락으로 살짝 집어도 잘 부스러진다.

처음 차를 구입할 때 참고할 사항은?

차를 처음 구입하는 사람이 찻잎을 고를 때는 '일포법(一泡法)'이라는 방식으로 시도해 볼 수 있다. 일포법은 적당량의 찻잎을 더운물에 우려내고, 5~10분 뒤 찻물이 자신의 입에 잘 맞는지 확인하는 방법이다.

차시(茶匙)를 사용해 찻빛을 살펴본다. 찻빛이 혼탁하면 찻잎을 뜨거운 솥에서 건조시키는 '초청(炒靑)'이 부족한 것이고, 연하면 채엽한 찻잎의 여린 정도와 산화가 부족한 것이다. 찻잎이 누르스름하고 산산이 부서지면 과도하게 덖은 것이다. 훌륭한 찻물은 찻빛이 밝고 투명하면서 농후하다.

그리고 찻물의 향도 맡아 본다. 좋은 차는 찻물이 식어도 고유의 향이 난다. 소량의 찻잎에 물을 많이 부은 뒤 오랫동안 우려내면 찻잎의 장단점이 잘 드러난다.

충분히 우린 뒤 찻물의 향이 높고 풍부하며, 맛도 순후하고 고삽(苦澁)하지 않으며, 뒷맛이 좋고, 더욱이 가격까지 합리적이면 곧바로 구입해도 좋다.

일포법(一泡法)

1. 맛보기.

2. 살펴보기.

3. 맡아 보기.

차를 구입할 때 최종적으로 고려해야 할 사항은?

차를 구입할 때 최종적으로 고려해야 할 사항은 첫 번째, 자신의 입맛에 잘 맞는가이다. 차의 좋고 나쁨이 개인적인 평가로 결정되지는 않지만, 자신에게 잘 맞는 차가 가장 적합한 차이기 때문이다. 예를 들면 입맛이 싱거운 편이면, 서호용정을 선택했을 때 그 청량하고 진한 맛에 적응하기가 쉽지 않을 수 있다.

두 번째, 자신의 체질에 맞아야 한다. 체질에 맞는 차를 고르는 것은 매우 중요하다. 녹차는 성질이 차가워, 특히 몸에 열이 많거나 위장에 열이 많은 사람에게 적합하다. 우롱차는 성질이 순하여 헛배가 부르거나 소화불량을 겪는 사람에게 적합하다. 홍차는 성질이 따뜻하여 몸이 차거나 허약한 사람에게 적합하다.

맛이 그윽한 서호용정. 차분한 사람이 깊이 음미하는 것이 좋다.

03

녹차(綠茶)

「서호(西湖)는 서시(西施)*에 견주고자 하니, 예로부터 아름다운 차는
아름다운 여인을 닮았구나.」 한 수의 차련(茶聯)*은 감상하는 이에게
차선(茶仙)이 옅은 안개를 헤치고 살포시 다가오는 모습을 떠올리게 한다.
녹차는 이 '아름다운 여인' 중에서도 교초(翹楚)*이다. 그 잎의 푸르름은
티 없이 맑고, 그 찻물의 비취빛은 투명하기가 이를 데가 없으며,
그 향의 단아함은 입안 가득히 여운을 남긴다. 첫눈에 반해 버리는 것이다.

* 서시(西施) : 중국 춘추시대 월나라의 미녀로 중국의 4대 미녀 중 한 명.
* 차련(茶聯) : 중국에서 차를 주제로 한 대련.
* 교초(翹楚) : 여럿 중에서도 가장 뛰어남.

좋은 녹차를 감별하는 3대 요소는?

좋은 녹차는 건조 찻잎, 찻물, 우린 찻잎의 세 측면에서 품질을 감별한다. 그중 찻물과 우린 찻잎은 건조 찻잎을 우린 뒤에도 살펴볼 수 있다. 고급 녹차와 저급 녹차의 특징은 다음과 같다.

고급 녹차

저급 녹차

	고급 녹차	저급 녹차
건조 찻잎	형태가 단정하고, 밝고 선명한 녹색. 광택이 있고, 향이 농후하다.	노르스름하면서 어두운 녹색이고, 광택이 없고, 향이 낮고 묵직하다.
찻물	비취빛이 도는 녹색, 청아하고 순수한 향, 난꽃향, 익은 밤향, 맛은 감미롭고 진하며 청량하다.	녹색이 변색되어 황색을 띠고, 맛은 적당하지만 청량하지 못하다.
우린 찻잎	선녹색으로 밝고 윤기가 있다.	빛이 바랜 황색 기운이 돈다.

가정에서 녹차를 우릴 때 적당한 찻잔은?

일반 가정에서 녹차를 우릴 때는 일자형으로 바닥이 두툼하고 열에 강한 무색의 유리잔이나 개완(蓋碗)을 사용하는 것이 적합하다.

유리잔에 녹차를 우리면, 찻잎의 형태와 찻빛을 잘 볼 수 있고, 찻잎이 위아래로 일렁이는 모습도 볼 수 있다. 또한 유리잔은 재질이 안정적이어서 끓는 물로 우려내도 유해 물질이 나오지 않고, 맛에도 영향을 주지 않는다.

개완을 사용해 서호용정과 같은 고급 녹차를 우릴 때는 더운물을 부은 뒤 곧바로 잔 뚜껑을 편평하게 덮지 않도록 해야 한다. 뚜껑을 비스듬히 덮어 놓아야 찻잎이 열기에 익어 누렇게 변하는 현상도 방지할 수 있다.

개완의 뚜껑을 비스듬히 덮어 놓은 모습.

녹차를 우릴 때 적당한 물의 온도는?

고급 녹차는 물론이고, 싹과 잎이 가늘고 연한 명차는 끓는 물로 우리지 않는다. 물의 온도는 80도 정도가 적당하고, 최고 85도를 넘기지 않도록 한다.

그러나 중저급 녹차는 100도의 끓는 물로 우려낸다. 온도가 낮으면 찻잎 중 유효 성분의 침출이 적고, 맛이 연해지기 때문이다.

찻잎이 여리고 푸를수록 물의 온도를 낮게 잡는다. 적당한 온도로 우려낸 찻물은 연한 녹색으로 밝고 투명하다. 맛은 신선하고 청량하며, 향은 잡냄새가 없고 정상적이며 강하지 않다. 우린 찻잎은 밝고 윤기가 감돈다.

온도 80도의 물로 우려낸 녹차. 연녹색의 찻빛이 맑고 윤기가 있다.

녹차는 보통 몇 회 정도 우려내 마시는가?

녹차에 함유된 폴리페놀, 카페인, 아미노산, 비타민 등의 영양분을 충분히 섭취하려면 보통 2~3회 정도 우려내는 것이 좋다. 처음 우릴 때는 찻잎 전체의 영양분 중 약 80%가, 두 번째로 우릴 때는 약 95%가 침출된다. 그리고 세 번째에는 침출량이 매우 적어진다. 또한 우리는 횟수가 늘수록 향과 맛이 연해져, 녹차는 보통 세 번 우려내 마신다.

녹차를 작은 차호에 우리면 더 좋은 이유는?

보통 등급의 녹차는 적당히 성숙한 찻잎으로 만들어 내포성이 강하지만, 외형, 색, 향, 맛 등은 고급 녹차에 비해 약간 떨어진다. 따라서 작은 차호(小壺)를 사용하여 우려내는 것이 더 적합하다.

작은 차호를 사용할 때는 차호와 찻잔의 용량에 주의해야 한다. 두 잔 정도 우릴 때는 차호만으로 우려내도 되지만, 그 이상 우릴 때는 농도가 균일하도록 공도배(公道杯)를 함께 사용하는 것이 좋다.

보통 등급의 녹차를 작은 차호에 우린 모습. 볼록한 자기 차호에 우리는 것이 가장 좋다.

녹차의 대표적인 상품은?

중국의 대표적인 녹차로는 서호용정(西湖龍井), 벽라춘(碧螺春), 황산모봉(黃山毛峰), 몽정감로(蒙頂甘露), 태평후괴(太平猴魁), 육안과편(六安瓜片), 여산운무(廬山雲霧), 신양모첨(信陽毛尖), 무원명미(婺源茗眉), 안길백차(安吉白茶) 등이 있다.

중국의 10대 명차에 속하는 여산운무(廬山雲霧).

좋은 녹차가 생산되는 지역은?

중국 녹차는 주로 강남 차구, 강북 차구, 서남 차구에서 생산된다. 그중 저장성, 안후이성, 장쑤성 등 3성에서 생산되는 녹차가 품질이 가장 좋다. 서호용정, 황산모봉, 벽라춘 등이다.

녹차가 출시되는 시기는?

녹차는 종류에 따라 출시되는 시기에 다소 차이가 있다. 춘차는 3월, 하차는 5월 중순, 추차는 8월 하순에 출시된다. 추차 중 일부는 중국 국경절(10월 1일) 이후에 출시된다.

유명 상표의 녹차를 구입할 때 원산지를 확인하는 이유는?

오늘날 유명 상표의 녹차 중에는 익명의 녹차에 해당 상표를 붙여 판매되는 것도 있다. 업체가 원산지가 아닌 지역에서 비교적 낮은 가격에 찻잎을 구입해 현지에서 가공한 뒤 유통시킨 것이다.

명차의 맛은 원산지의 토양, 습도, 일조량 등 기후 조건과 밀접한 관계가 있어 대다수의 명차들은 '지리표지보호'가 등록되어 있다. 원산지의 차야말로 명차 고유의 맛을 담고 있기 때문이다. 원산지의 찻잎이 아니면, 품종과 가공 기술이 같더라도 차의 맛에 큰 차이를 보인다. 따라서 유명 상표의 녹차를 구입할 때는 반드시 원산지를 확인해야 한다.

서호용정(西湖龍井)   황산모봉(黃山毛峰)   벽라춘(碧螺春)

녹차의 가공 방식은?

녹차의 가공 과정은 '살청(殺靑)', '유념(揉捻)', '건조(乾燥)'의 3단계 절차로 구분된다. 살청은 녹차의 제조에서 가장 중요한 과정이다. 살청의 주목적은 찻잎의 비취빛을 유지하고, 풀 냄새를 발산시키며, 차 향을 형성시키는 것이다. 또 찻잎의 수분을 일부 제거해 엽질을 연하게 만들고, 유념 과정에서 성형이 쉽도록 재료의 질김성인 '인성(韌性)'을 강화하는 데 있다.

유념의 목적은 생잎의 세포벽을 파쇄시켜 차의 좋은 성분과 맛인 '자미(滋味)'의 농도를 높이고 기본적인 형태를 만드는 것이다. 건조의 목적은 찻잎의 수분을 적당히 줄여 찻잎의 외형을 고정시키고, 풀 냄새를 없애며, 향을 더 높이는 데 있다.

쇄청(曬靑)녹차는 구입해도 좋은가?

녹차는 살청과 건조의 방법에 따라 '초청녹차(炒靑綠茶)', '홍청녹차(烘靑綠茶)', '증청녹차(蒸靑綠茶)', '쇄청녹차(曬靑綠茶)'로 구분된다.

쇄청녹차는 햇빛에 건조시킨 녹차이다. 대표적인 것으로 윈난성에서 생산되는 '전청(滇靑)'이 있다. 전청은 보이차를 만드는 데 사용되는 좋은 원료이다. 이를 미뤄 보아 쇄청녹차는 구입해도 좋다. 그러나 쇄청녹차는 엽질이 거칠고 성숙한 찻잎으로 가공되고, 가공도 거칠어 품질이 초청녹차나 홍청녹차보다 못한 경우가 많다.

초청간묘(炒靑看苗), 홍청간호(烘靑看毫) 란?

'초청간묘'는 덖어서 살청, 건조시켜 만든 초청녹차를 구입할 때 '봉묘(鋒苗)'가 있는지 살펴보아야 한다는 뜻이다. 봉묘는 싹이 가늘고 여리며 팽팽하게 말려 있고 끝이 뾰족한 상태를 말한다. 봉묘가 있으면 찻잎의 성숙도를 뜻하는 '눈도(嫩度)'가 우수한 것이고, 그렇지 못하면 거칠고 노쇠한 찻잎이다. 이 눈도는 품질과 밀접한 관련이 있다.

'홍청간호'는 화로나 홍건(烘乾) 기계의 열로 건조시키는 홍청녹차를 구입할 때 융모가 있는지 살펴보아야 한다는 뜻이다. 융모가 있으면 눈도가 우수한 것이고, 그렇지 못하면 거칠고 노쇠한 찻잎이다.

서호용정

(西湖龍井)

건조 찻잎	편평하고 곧으며, '완정(碗釘)'(깨진 잔을 접합할 때 쓰이는 금속재료) 모양과 비슷하다. 녹색에 황색을 띠고, 감촉은 매끈하다. 일아일엽이나 일아이엽이고, 싹이 찻잎보다 길며 보통 3cm를 넘지 않는다. 가지 끝에 돋아난 싹과 여린 잎은 송이를 이루고, 잎자루 밑에 붙은 한 쌍의 턱잎이나 부서진 찻잎은 찾아볼 수 없다.
찻빛	옥빛이 도는 녹색이며, 밝고 투명하다.
향	난꽃과 같은 진하고 고상한 향이 오랫동안 지속된다.
맛	신선하고 순수하며, 감미롭고 청량하다. 뒷맛이 은은하고 쓰지 않다.
우린 찻잎	가늘고 연하며, 크기나 색상이 일정하면서 송이를 이룬다. 싹이 곧다.

서호용정(西湖龍井)의 정통 원산지는?

서호용정은 저장성 항저우시 시후풍경구(西湖風景區)에서 생산되는 용정차이다. 시봉(獅峰), 웡쟈산(翁家山), 후파오(虎跑), 메이쟈우(梅家塢), 원치(雲栖), 링인(靈隱) 일대에서 생산되는 용정차들이 있다.

서호용정은 연할수록 좋은가?

용정차는 연할수록 좋다. 용정차는 예로부터 일찍 채엽한 것을 귀한 것으로 여겼고, 청명 전에 채엽해 가공한 찻잎의 품질이 가장 좋아 '명전용정(明前龍井)'이라고 한다. 채엽할 때는 싹과 찻잎의 가늘고 연한 정도와 온전히 갖춰진 형태를 중시한다.

저장성
(浙江省, 절강성)

항저우시
(杭州市, 항주시)

서호용정은 곧 '용정(龍井)'과 동일한 것인가?

용정은 산지에 따라 '서호용정(西湖龍井)', '전당용정(錢塘龍井)', '월주용정(越州龍井)'으로 구분된다. 따라서 용정이 곧 서호용정만을 가리키는 것은 아니다. 그럼에도 용정차 중에서는 서호용정이 품질이 가장 좋다.

용정차의 지리표시보호 인증 상표는 2009년도에 등록을 마쳤고, 그 뒤부터는 저장성 내 주산지인 시후호(西湖), 첸탕(钱塘), 웨저우(越州) 등에 있는 18개 시(현)에서 재배 및 생산되는 용정차에 대해서만 '용정차'라는 이름을 사용할 수 있다. 겉포장에는 '중국지리표지'가 명시된 마크가 인쇄되어 있다. 현재 시장에서 정식 유통되는 용정차는 모두 저장성의 정통 용정차이다.

일아일엽인 고급 용정차를 우린 찻잎. 잎은 깃발, 싹은 창과 같고, 곧고 늘씬하다.

용정차의 정품 마크 3종

서호용정에 풀 냄새가 나면 가짜인가?

서호용정의 가공 과정에서 살청과 건조가 적당하지 않았다면, 풀 냄새가 완전히 발산되지 않아 차에서 약간의 풀 냄새가 날 수 있다. 따라서 풀 냄새가 나는 서호용정을 가짜라고 단언할 수는 없다. 그러나 찻잎에 풀 냄새만 있고 서호용정 고유의 차 향이 없다면, 확실히 가짜이다.

차를 우리기 전에 더운물로 찻잔을 예열하는 모습. 이를 통해 차의 향은 더욱더 잘 발산된다.

서호용정은 우리자마자 향이 퍼지는 것이 좋은 것인가?

서호용정을 평가할 때는 찻물을 세밀히 음미하는 것 외에 향을 맡는 것도 매우 중요하다. 만약 우리자마자 곧바로 향이 발산되면, 이는 찻잎에 향료를 가한 것이거나 시후호 지역에서 생산된 것이 아닐 수도 있다.

명전(明前)의 서호용정이 정말 가장 좋은가?

서호용정은 청명 이전, 즉 명전에 채엽해 가공한 것이 품질이 가장 좋다고 평가된다. 그러나 청명 이후에도 좋은 차가 나오는데, 특히 '노품종(老品種)'에서 채엽한 차가 좋다. 노품종은 해당 지역에서 오래전부터 재배되어 온 고유 품종이다. 이 차나무는 발아가 늦어 보통 청명이 지나 채엽하지만 향이 명전차에 못지 않다. 심지어 찻물의 신선도와 농도는 더 훌륭한 반면, 가격대는 명전차보다 낮아 가성비가 더 좋다.

서호용정을 구입하기에 좋은 시기는?

서호용정은 춘차의 품질이 가장 우수하여 봄에 출시되었을 때 구입하는 것이 가장 좋다. 그 시기는 보통 청명 전후이다. 서호용정은 외형적으로는 건조 찻잎의 형태가 늘씬하고 편평하며, 매끈하고 단정하며, 색상은 비취색을 띤다. 또 찻물은 청아하면서 순수하고 향은 난꽃향과 같은 고상하고 진한 향이 오래 지속된다. 찻빛은 옥빛이 도는 녹색으로 밝고 투명하다. 맛은 감미롭고 순하며 청량하다. 우린 찻잎은 균일하고, 하나의 창에 하나의 깃발이 있는 '일창일기(一槍一旗)'의 형상이다.

서호용정은 우릴 때 '세차(洗茶)'가 필요한가?

서호용정은 우릴 때 찻잎을 데운 물로 씻어 먼지나 냉기를 없애는 '세차(洗茶)'를 하지 않는다. 찻잎 중에 함유된 영양분이 빠져나갈 우려가 있기 때문이다. 현재 시장에서 정식 유통되는 것은 품질이 국가 표준에 부합된 것으로 오염되었을 가능성이 매우 낮다. 따라서 서호용정을 우릴 때는 세차를 반드시 할 필요는 없다.

서호용정을 정수기 물로 우려도 되는가?

일각에서는 정수기 물에 기준치 이상의 아질산염이 함유되어 있어 중독될 가능성이 있기 때문에 차를 우리는 데 사용할 수 없다고 한다. 그러나 중국질병통제센터 산하 환경부의 실험 결과에 의하면, 물을 20회 끓이더라도 아질산염의 함량은 0.038mg/L에 불과하고, 이는 중국 국가생활음용수의 수질 기준치인 1mg/L에 훨씬 못 미치는 수준이라고 한다. 이론적으로 기준치인 1mg/L에 이르려면, 물을 반복적으로 200회나 끓여야 한다는 결론이 나온다. 결국 차를 우리는 데는 정수기의 물을 사용해도 문제될 것이 없다.

서호용정을 우리는 데 적당한 시간은?

차를 우리는 시간은 우려내는 횟수뿐 아니라 차의 종류와 양, 수온, 그리고 차를 마시는 습관과도 관련이 있다. 차를 우리는 시간은 마시는 사람의 입맛에 맞게 찻물의 농도를 기준으로 한다. 서호용정은 찻잎이 가늘고 연하여 우리는 시간을 짧게 잡는 것이 좋다. 보통 3분이면 찻물이 우러난다. 우리는 횟수는 1~3회가 적당하고, 횟수를 늘릴수록 시간도 길게 잡는다.

서호용정을 우릴 때
알맞은 투차(投茶) 방법은?

일반적으로 차를 우릴 때는 먼저 찻잔에 찻잎을 넣은 뒤 물을 따르는데, 녹차의 경우에는 '상투법(上投法)', '중투법(中投法)', '하투법(下投法)'의 세 방식이 있다.

상투법은 찻잔의 7할까지 먼저 물을 따르고, 그 뒤 찻잎을 넣어 우리는 방식이다. 중투법은 찻잔의 3분의 1 정도로 먼저 물을 따르고 그 뒤 찻잎을 넣은 뒤, 찻잔을 돌려서 찻잎을 적시고 다시 찻잔의 7할까지 물을 부어 우리는 방식이다. 그리고 하투법은 찻잔에 찻잎을 넣고, 소량의 더운물을 찻잎이 잠길 만큼 부은 뒤, 찻잔을 돌려서 찻잎을 적신다. 이어 찻잎이 펼쳐지면 다시 찻잔의 7할까지 물을 부어 우리는 방식이다.

서호용정은 외형이 편평하고 매끈하며, 튼실하면서 호(毫)가 없고, 찻잎이 물에 풀어지는 속도도 느려 하투법이 적합하다.

1. 찻잎을 넣는다.

2. 소량의 더운물을 넣은 뒤, 찻잔을 돌려 준다.

3. 찻주전자를 높이 치들어 찻잔의 7할까지 물을 붓는다.

서호용정을 가정에서 우릴 때 적당한 방법은?

여기서는 가정에서 개완을 사용하여 서호용정을 우려내는 방법을 간략히 소개하기로 한다.

1

물을 끓는점까지 끓인 뒤 80도로 식힌다.
서호용정은 적당량으로 차하(茶荷)에 담아
놓는다. 차하는 차를 잠시 담거나 손님이 감
상하도록 담는 차구이다.

<u>2</u> 개완에 소량의 더운물을 부어 찻잔과 뚜껑
을 예열한 뒤, 사용한 물은 쏟아 버린다.

<u>3</u> 차하에 담긴 찻잎을 차시(茶匙)를 사용해
개완으로 옮긴다. 차시는 찻잎을 개완이나
차호에 넣는 용도의 차구이다.

<u>4</u> 개완의 찻잎이 잠길 만큼 더운물을 따른 뒤,
찻잎이 펼쳐질 때까지 기다린다.

<u>5</u> 찻잔의 7할까지 물을 붓는다. 찻잎이 열기
에 익지 않도록 뚜껑을 비스듬히 덮는다.

벽라춘

(碧螺春)

건조 찻잎 외형은 가늘고 모양과 크기가 전체적으로 균일하면서 소라처럼 말려 있다. 백호가 가득하여 뚜렷하게 보인다. 색상은 옥빛이 도는 녹색이다.

찻빛 옥빛이 도는 녹색이며, 맑고 투명하다.

향 청아하고 순수하면서, 꽃향과 과일향이 난다.

맛 신선하고 청량하면서도 진하고 감미로워, 부드러운 뒷맛이 오래 남는다.

우린 찻잎 가늘고 연하며, 균일하다. 싹은 크고 잎은 작으며, 연녹색을 띤다.

벽라춘(碧螺春)의 정통 원산지는?

쑤저우시(蘇州市)의 타이후호(太湖) 둥팅산(洞庭山)에서 생산되는 벽라춘이 정통인 것이며, 이를 '동정벽라춘(洞庭碧螺春)'이라 한다. 동정벽라춘은 복숭아, 배, 살구, 매실, 감, 귤, 은행, 석류 등의 과실수와 차나무를 사이짓기로 재배해 생산된다. 사이짓기는 한 농작물을 심은 이랑 사이에 다른 농작물을 심는 농법이다. 차나무가 쭉 늘어서 녹색의 병풍을 이루고, 그늘을 곳곳에 드리운 과실수는 눈서리를 가려 주는 우산과 같아서, 뜨거운 햇살에 과실수와 차나무가 조화를 이루는 광경은 이루 말할 수 없이 아름답다. 차나무와 과실수는 잔가지가 잇닿고 뿌리가 얽히면서 과일향과 꽃향이 찻잎에 스며들어 벽라춘 특유의 품질이 형성된다.

장쑤성
(江蘇省, 강소성)

쑤저우시
(蘇州市, 소주시)

벽라춘이라는 이름의 유래는?

벽라춘은 높은 향이 오래 지속되어 옛날에는 '혁살인향(嚇煞人香)'이라 하였다. '사람이 놀라 죽을 만한 향'이라는 뜻이다. 훗날 강희제(康熙帝)가 강남을 시찰할 때 차의 맛을 본 뒤 극찬하였는데, 이름은 우아하지 못했다. 이를 딱히 여긴 강희제가 차의 색상이 '옥빛이 도는 녹색(碧綠色. 벽록색)'이고, 모양은 '소라(螺)'같이 휘말려 있으며, 찻잎은 '봄(春)'에 딴다는 뜻에서 '벽라춘(碧螺春)'이라 명명하였다. 중국의 한 시(詩)에는 '동정벽라춘. 차향백리취(洞庭碧螺春. 茶香百里醉)'라는 구절이 있다. '동정벽라춘의 향은 백 리 밖에서도 취한다'는 뜻이다.

선호도가 높은 일아일엽의 벽라춘.

벽라춘은 언제 채엽한 것이 가장 좋은가?

벽라춘은 채엽 시기가 이른 것이 특징이다. 채엽은 매년 춘분(春分)(3월 21일경)을 전후로 시작해 곡우(穀雨)(4월 20일경) 전후에 마친다. 특히 춘분과 청명(淸明)(4월 5일경) 사이에 생산된 명전차의 품질이 가장 좋다. 벽라춘은 싹의 길이가 1.6~2.0cm인 일아일엽이 갓 펼쳐지기 시작한 것을 원료로 하는데, 잎의 형태가 작설 모양처럼 휘말린 것을 따 낸다. 500g의 고급 벽라춘을 생산하려면, 약 6만 8000~7만 4000개의 새싹을 따야 한다.

벽라춘의 '일눈삼선(一嫩三鮮)'이란?

'일눈삼선'은 벽라춘의 '싹과 잎이 가늘고 연하며, 색은 선명하고 아름다우며(鮮艶. 선염), 향은 신선하면서 농후하고, 맛은 산뜻하고 진하다는 것'을 이른다. '일눈(一嫩)'은 '싹과 잎이 가늘고 연한 것'을 뜻한다. 벽라춘 500g에는 5만 개가 넘는 여린 싹들이 있다. 싹은 크고 잎은 작으며, 아직 펼쳐지지 않은 것들이다. '삼선(三鮮)'은 '색상, 향, 맛의 세 측면에서 우수하다'는 뜻이다.
선염하다는 것은 건조 찻잎의 색상이 은녹색에 비취빛을 띠고 광채가 돌고, 찻물은 옥빛의 녹색으로 맑고 투명하

옥빛의 녹색이 선명하고, 꽃향과 과일향이 난다.

연녹색이 부드럽고 균일하다.

찻잎이 가늘고 연하면서 소라처럼 휘말려 있다.

면서 선명하고, 우린 찻잎도 연녹색으로 밝고 아름다움을 뜻한다. 향이 신선하고 농후하다는 것은 단아한 향 속에서 농후한 꽃향이 발현되어 황홀한 느낌을 주는 것을 뜻한다. 맛이 신선하고 진하다는 것은 청량한 맛 가운데 달콤한 과일 맛이 나면서, 뒷맛이 오래 지속됨을 의미한다.

동정벽라춘(洞庭碧螺春)에서 과일향이 나는 이유는?

동정벽라춘은 차나무와 과실수를 사이짓기하는 방식으로 재배, 생산되기 때문에 찻잎에 자연스레 복숭아, 배, 매실, 감 등의 과일의 향이 스며들게 된다. 또한 타이후호 주변의 온난다습한 천혜의 자연환경을 통해 벽라춘의 품질이 향상되어, 특유의 천연 과일향이 풍부한 고급 벽라춘이 생산되는 것이다.

벽라춘에 기계로 가공한 것과 수작업으로 가공한 것에 차이점이 있다면?

기계로 가공한 차   수작업으로 가공한 차

기계로 가공한 벽라춘은 크기가 균일하고, 백호가 없으며, 풀 냄새가 난다. 반면, 수작업으로 가공한 벽라춘은 기계로 가공한 것인 만큼 크기가 균일하지는 않지만, 찻잎의 연한 정도와 두께, 무게감이 더하고, 촉감이 부드러우며, 맛은 순수하고 농후할 뿐 아니라 청량하면서도 감미롭다. 찻잎 고유의 천연 향미가 잘 보존된다. 즉, 기계로 가공 것보다 수작업으로 만든 것이 색, 향, 맛의 측면에서 월등히 뛰어나다.

벽라춘의 수작업 가공은 수천 년간 전해져 온 전통적인 방식이며, 체계화된 여러 '수칙'이 있다. 대표적인 것이 '고온살청(高溫殺靑)'이다. 이는 찻잎에 고온의 열을 가해 산화를 억제시키고, 다음 가공이 쉽도록 엽질을 연하게 만드는 과정이다. 그리고 '열유성형(熱揉成形)'은 찻잎을 가열하며 비벼서 성형하는 과정이다. 또 '차단현호(搓團顯毫)'의 과정은 찻잎을 비벼 둥그렇게 뭉쳐 호(毫)를 살려 준다. 그 밖에 '문화건조(文火乾燥)'가 있다. 약한 불로 찻잎을 건조시키는 과정으로 찻잎의 상태를 고정시켜 준다. 이때 중요한 것은 '인재이이(因材而異)' 즉, 재료의 상태를 살펴보아 가장 알맞은 방식을 취하는 것이다. 수작업으로 가공된 차의 품질은 차를 덖는 장인의 기예와 매우 밀접한 관계가 있다. 총체적으로 견주어 보았을 때, 기계로 가공한 차보다 수작업으로 만든 차의 품질이 훨씬 더 우수하다고 할 수 있다.

동정벽라춘과 운남벽라춘의 차이점은?

동정벽라춘은 소엽종(小葉種), 운남벽라춘(雲南碧螺春)은 대엽종(大葉種)의 찻잎으로 만든 것이며, 품질 면에서도 비교적 큰 차이가 있다.

동정벽라춘은 싹과 잎이 작은 편이고, 외형이 편평하고 매끈하며, 곧고 단정하면서 융모로 덮여 있다. 찻빛은 연녹색으로 맑고 윤기가 돌며, 향은 청아하고 순수하면서 오래 지속된다. 맛은 신선하고 청량하다.

운남벽라춘은 거칠고 튼실하며, 팽팽히 휘말려 있어 견고하면서 단정하다. 기본적으로 백호가 없고, 거무스름한 녹색을 띤다. 찻물은 비취빛을 띠고, 맛은 농후하다. 동정벽라춘보다 향은 약간 약하지만 여러 번 우려도 향이 지속되는 특성은 더 좋다.

동정벽라춘
(洞庭碧螺春)

벽라춘을 우리면 찻물이 혼탁해지는 이유는?

벽라춘을 물에 우리면 찻물에 호(毫)가 뜨면서 혼탁해진다. 이를 '호혼(毫渾)'이라고 하는데, 지극히 정상적인 현상이다. 벽라춘은 백호가 많아 우린 뒤 찻물의 표면에 솜털이 뜨면서 약간 혼탁해진다. 그러나 찻물의 품질과 맛에는 영향을 주지 않는다.

벽라춘을 우릴 때 물의 온도는?

벽라춘을 우릴 때 물의 온도는 약 80도가 적당하며, 높은 온도로는 절대 우리지 않도록 한다. 온도가 너무 높으면 찻잎이 누렇게 변한다. 이는 고열로 찻잎이 익은 것으로, 찻물의 맛이 쓰고 떨어졌으며, 찻잎의 품질에도 영향이 있었음을 의미한다. 이때는 찻물을 쏟아 버리고, 우린 찻잎을 약 80도의 물로 다시 우리면 된다. 맛이 너무 약하면 찻잎이 잘 우러나도록 좀 더 오래 우려낸다.

고품질의 벽라춘을 두 번째 우리는 모습. 찻물의 혼탁함은 줄어들지 않고, 녹색빛은 더 진해진다.

벽라춘에 백호가 많을수록 더 좋은 것인가?

벽라춘의 백호는 채엽 시기와 관련이 있다. 백호가 많을수록 더 어린 찻잎을 채엽한 것이다. 벽라춘은 특히나 채엽 시기가 이르며, 더욱이 연한 것만 따고, 깨끗한 것만 선별해 만든다. 결국 벽라춘은 백호가 많을수록 싹과 잎이 더 어린 것이고, 품질도 더 좋은 것이다.

백호가 풍부한 고품질의 벽라춘.

Chinese Tea

벽라춘을 가정에서 우릴 때 적당한 방법은?

일반 가정에서 벽라춘을 우릴 때는 일자형으로 바닥이 도톰하고 고온에 강한 투명한
유리잔을 사용해 '상투법'으로 우리는 것이 좋다. 여기서는 그 간략한 방법을 소개한다.

1

차칙(茶則)을 사용해 적당량의 벽라춘을
덜어 차하에 담는다. 차칙은 차 항아리에서
찻잎을 떠낼 때 쓰는 차구이다.

2 유리잔에 소량의 더운물을 붓는다. 양손으로 잔 밑부분을 잡고 돌리면서 잔의 온도를 고르게 맞춘다.

3 그 뒤 물은 찻물을 버리는 물그릇인 수우(水盂)에 쏟는다.

4 유리잔의 7할까지 물을 따른다.

5 차시(茶匙)를 사용해 건조 찻잎을 유리잔에 넣는다.

6 '차무(茶舞)'를 즐긴다. 찻잎이 물을 흡수해 가라앉으면서 찻물이 비취빛으로 변하는 모습을 감상한다.

황산모봉

(黃山毛峰)

건조 찻잎	외형이 가늘고 편평하면서 작설 모양이고, 금황색의 어엽이 있다. 균일하고 튼실한 싹에 호(毫)가 많다.
찻빛	맑고 투명하다.
향	청아하고 순수한 향이 높고 오래 지속된다.
맛	신선하고 진하면서도 순수하고 농후하다. 뒷맛이 달고 감미롭다.
우린 찻잎	연황색을 띠고 부드럽고, 튼실하면서 송이를 이룬다.

황산모봉(黃山毛峰)의 정통 원산지는?

정통 황산모봉은 안후이성 황산풍경구(黃山風景區)와 부근의 탕커우(湯口), 충촨(充川), 팡촌(芳村), 양촌(揚村), 창탄(長潭) 일대에서 생산된다. 황산풍경구 외곽의 탕커우와 양촌, 팡촌, 강촌(崗村) 지역은 황산모봉의 주산지이고, 그중 충촨, 타오화봉(桃花峰), 윈구사(雲谷寺), 츠광각(慈光閣), 다오차오암(釣橋庵) 등에서 생산되는 것이 고품질이다.

황산(黃山) 지역에서 좋은 차가 나는 이유는?

차나무의 생육 조건에서 가장 중요한 것은 일조량이다. 차나무는 햇빛에서도 자외선에 특히 민감한데, 햇빛이 너무 강해서도, 약해서도 안 된다. 황산은 토질이 좋고, 기후가 온난습윤하며, 대기 습도가 높고, 안개가 잦아 연중 200일 이상 운무가 낀다. 태양광선이 안개를 통과하면 적황색의 빛이 강해지면서 싹과 잎 내의 아미노산, 방향성 물질, 수분의 함량을 대폭 증가시킨다. 또 차나무 가지의 말단 부위도 신선하고 여린 상태를 유지해 쉽게

안후이성
(安徽省, 안휘성)

황산시
(黃山市, 황산시)

노쇠하지 않는다. 이런 자연환경은 찻잎의 색상과 윤기, 향, 맛, 여린 정도를 향상시켜 예로부터 황산 지역에서는 좋은 차들이 생산되는 것이다.

저급의 황산모봉. 색상이 어둡고 윤기가 없으며, 건초처럼 보인다.

황산모봉이 출시되는 시기는?

황산 지역에는 차와 관련해 '하전차, 하후초(夏前茶, 夏後草)', 즉 '여름 전에는 차, 여름 후에는 풀'이라는 속담이 있다. 황산모봉은 보통 춘차만 채엽하고, 하차와 추차는 채엽하지 않는다. 춘차 채엽은 보통 청명과 곡우 전후에 진행되고, 여름 초입에는 끝이 난다. 청명 전후의 춘차는 찻잎이 신선하고 연하며, 병충해도 거의 없어 품질이 좋다.

가짜 황산모봉을 감별하는 방법은?

정통 황산모봉을 우리면 찻물이 맑고 투명하며 살구빛의 황색을 띤다. 우린 찻잎은 연황색으로 튼실하며 송이를 이룬다. 가짜 황산모봉은 진품으로 위장하기 위해 찻잎에 인공 색소를 가하여 찻물이 황토색을 띤다. 맛도 쓰고 떫으며 약하다. 우린 찻잎은 송이를 이루지 않는다.

특급 황산모봉과 기타 모봉에 차이점이 있다면?

품질이 특급인 황산모봉은 중국의 모봉 중에서도 가장 우수한 것이다. 외형은 작설과 비슷하고, 크기, 엽질의 연한 정도, 색상, 윤기가 균일하고, 팽팽히 옹골지게 휘말려 있어 견고하다. '봉현호로(峰顯毫露)' 즉, 봉우리 모양이 드러나면서 호(毫)가 보인다. 또 상아색을 띠고 황금빛의 어엽도 있다. '상아색을 띠고 황금빛의 어엽'은 일반 모봉과 구별되는 황산모봉만의 특징이다. 어엽은 일아일엽 아랫쪽의 편(片)이 월동 뒤에 움트며 처음으로 나오는 작은 찻잎이다. '차순(茶筍)', '금편(金片)'이라고도 한다. '상아색을 띤다'는 것은 색상이 '윤기가 없고, 황색과 흰색이 비치며 연녹색을 띠는 듯한 모습'을 뜻한다.

작고 뾰족한 싹이 찻잎에 단단히 감싸진 황산모봉. 각 찻잎은 약 반 촌(寸)(약 3.03cm)의 크기이며, 작설 모양과 비슷하다.

Chinese Tea

황산모봉을 가정에서 우릴 때 적당한 방법은?

황산모봉은 휘말린 정도가 느슨해, 중투법으로 우리는 것이 좋다.
여기서는 가정에서 손쉽게 황산모봉을 우리는 방법을 소개한다.

1 차칙으로 황산모봉을 덜어
차하에 담는다.

<u>2</u> 차호에 소량의 더운물(약 80도)을
    따르고 예열한다.

<u>3</u> 차호의 물을 전부 품명배에 따르
    고 잔을 예열한다.

<u>4</u> 차호의 약 4분의 1까지 물을 따르
    고, 차하에 담긴 황산모봉을 차호
    에 넣는다.

<u>5</u> 차호가 넘치지 않을 정도로 물을
    채운다. 뚜껑을 덮고 2~3분간 우
    린다.

<u>6</u> 품명배를 예열하는 데 사용한 물
    은 차반에 쏟아 버린다.

<u>7</u> 우린 찻물을 품명배에 나눠 따른
    다.

육안과편

(六安瓜片)

건조 찻잎 줄기와 싹이 없는 낱 찻잎으로, 색상은 녹색이고 윤기가 돌며 서리가 앉은 듯하다.

찻빛 맑은 살구색으로 밝고 투명하다.

향 청아하고 순수한 향이 안개가 피어나듯 퍼진다.

맛 신선하고 순수하며, 입안에 감도는 단맛인 회감(回甘)이 있다.

우린 찻잎 연황색이며, 형태가 온전하고 가지런하며 송이를 이룬다.

육안과편(六安瓜片)의 정통 원산지는?

육안과편은 안후이성 루안시(六安市)에서 생산되는 국가급의 역사적인 명차로, 루안시의 특산품이다.

'과편(瓜片)'이라고 하는 이유는?

육안과편은 보통 줄여서 '편차(片茶)'라고도 한다. 중국에서는 해바라기나 호박의 씨앗을 통틀어 '꽈즈(瓜子)'라고 하는데, 육안과편의 외형이 이 꽈즈와 비슷하고, 납작하고 편평한 것이 '편(片)' 모양과 같기 때문이다. 싹과 줄기가 없는 낱 잎으로 곧게 뻗으면서 형태가 온전한 특징이 있다. 찻잎의 가장자리는 등쪽으로 말려 있고, 색상은 비취빛을 띤다.

안후이성
(安徽省, 안휘성)

루안시
(六安市, 육안시)

찻잎에 '백상(白霜)'이 있으면 품질이 더 좋은 것인가?

육안과편은 찻잎의 가공 과정에서 '랍노화(拉老火)'라는 단계를 거친다. 랍노화는 찻잎을 고온의 센 불로 건조시키는 홍배(烘焙) 과정을 통해 차에 특유의 색, 향, 맛, 모양을 형성시키는 작업이다. 랍노화를 거치면 찻잎 표면에 '백상(白霜)'이라는 흰 서리 같은 물질이 생긴다. 백상은 찻잎 내 유기물이 고온에서 승화된 것인데, 고품질의 육안과편에서는 모두 백상이 엷게 뒤덮여 있다.

익은 밤향이 나야만 좋은 육안과편인가?

육안과편을 고를 때는 먼저 외형을 살펴본다. 찻잎이 비취색이고, 여린 정도와 색상이 균일하면 홍청 과정이 잘된 것이다. 익은 밤향이나 은은한 향이 나면 품질이 우수한 것이고, 풀냄새가 나면 살청 과정이 부족한 것이다. 가공 과정을 적절하게 거친 것은 찻잎이 잘 말린 상태로 곧게 뻗어 있고, 길이와 굵기가 균일하며, 크기도 일정하다.

녹차 중 유일하게 줄기와 새싹을 포함하지 않는 육안과편.

육안과편을 백자 개완에 우리면 좋은 이유는?

육안과편을 우릴 때는 백자 개완을 사용하는 것이 좋다. 흰색의 자기에 육안과편을 우리면, 고유의 색상과 윤기가 더 돋보이고, 차의 향도 더 잘 느낄 수 있으며, 차분하고 정갈한 운치까지 더해 준다.

육안과편이 『홍루몽』에 나오는 육안차(六安茶)인가?

『홍루몽(紅樓夢)』에서 등장하는 '육안차(六安茶)'는 육안과편과 동일한 것이 아니다. 『홍루몽』은 조설근(曹雪芹)이 청나라 중기 건륭(乾隆) 연간에 저술한 장편 통속 소설이고, 육안과편은 청나라 말기에 창제되었다. 요컨대 육안과편은 조설근이 『홍루몽』을 저술한 뒤에야 생산된 것이다. 『홍루몽』에서 등장하는 육안차는 실은 '기문안차(祁門安茶)'이다. 이 차는 명나라 말기에서 청나라 초기 사이에 안후이성 치먼현(祁門縣)에서 창제된 흑차이다.

육안과편을 가정에서 우릴 때 적당한 방법은?

일반 가정에서 육안과편을 우릴 때는 백자 개완을 사용해 '하투법'으로 우리는 것이 좋다.
여기서는 육안과편을 우려내는 간략한 방법을 소개한다.

1 건조 찻잎, 차구, 더운물을
준비한다.

<u>2</u> 차칙을 사용해 적당량의 육안과편
을 차하에 담는다.

<u>3</u> 소량의 더운물로 개완을 예열한
다.

<u>4</u> 개완의 물을 수우에 쏟는다.

<u>5</u> 적당량의 육안과편을 개완에 넣
는다.

<u>6</u> 찻잎이 잠길 만큼 더운물을 부어
1~2분간 물이 충분히 스며들게
한 뒤, 개완의 7할까지 더운물을
따른다.

<u>7</u> 약 1분간 그대로 두고, 찻물이 우
러나면 음미하면서 마신다.

태평후괴

(太平猴魁)

건조 찻잎 편평하고 곧으며, 장대하고 튼실하다. 찻잎 두 장이 하나의 새싹을 감싸고, 크기와 연한 정도, 색상이 일정하다. 찻잎은 어두운 녹색이고 윤기가 돌며, 잎맥은 은은한 붉은빛이며, 백호가 감춰져 있다. 새싹과 잎은 송이를 이루고 도톰하며, 감람잎 모양이다.

찻빛 맑고 투명한 녹색이다.

향 향이 높고 상쾌하며, 뚜렷한 난꽃향이 있다.

맛 감미롭고 진하며 청량하다. 뒷맛은 달콤하다. 입안에 한란(寒蘭, Cymbidium kanran)의 향을 남긴다.

우린 찻잎 여리고 균일하며 튼실하고, 송이를 이룬다. 밝은 황녹색이다.

태평후괴(太平猴魁)의 정통 원산지는?

원산지는 안후이성 황산시 황산구(黃山區)(옛 타이핑현, 太平顯)에 위치한 신밍향(新明鄕)의 허우컹(猴坑), 허우강(猴崗), 옌자(顔家) 일대이다. 다원은 보통 해발고도 350m 이상의 산지에 분포하고, 그중 허우컹촌 고지대 다원의 태평후괴가 품질이 가장 좋다.

안후이성
(安徽省, 안휘성)

황산시
(黃山市, 황산시)

태평후괴와 일반 첨차(尖茶)에 차이점이 있다면?

① 태평후괴는 외형이 편평하고 곧으며, 장대하고 튼실하다. 크기가 첨차보다 더 크고, 두 장의 찻잎이 하나의 싹을 감싸고, 길이도 5~7cm에 달한다.
② 우린 찻잎은 튼실하며, 마치 꽃봉오리를 피우려는 백란화(白蘭花)와 비슷하다.

③ 태평후괴는 보통 녹차에 비해 여러 번 우릴 수 있고, 난꽃향
  이 난다. 또한 향도 높고 상쾌하며 매우 오랫동안 지속된다.

태평후괴의 구입 시기는?

태평후괴의 찻잎은 곡우(4월 20일경) 전후에서 입하(5월 5일경)까
지 채엽한다. 이때 생잎으로 가공한 것이 품질이 가장 좋고, 구입
하기에도 가장 적합하다. 그러나 생산량이 적어 가격이 비싸 일반
인들이 최고급품을 구입하는 데는 어려움이 있다. 일반인들이 꼭
최고급품을 살 필요는 없다. 포장이 잘되어 있고, 지리표시보호
마크가 찍힌 것을 구입하면 된다.

태평후괴의 양도일창(兩刀一槍)의 모습.

태평후괴는 원숭이를 훈련시켜 채엽한 것인가?

태평후괴에는 다음과 같은 전설이 있다. 차나무가 절벽에서 자생하여 찻잎을 따기가 무척 어려워 원
숭이를 훈련시켜 채엽했다고 전해진다. 그런데 그 맛이 너무도 훌륭해 차 중에서도 우두머리, 즉 '괴
수(魁首)'라 할 만하다고 하여, '후괴(猴魁)'라 했던 것이다. 그러나 이것은 전설일 뿐이고, 신뢰할 만
한 이야기는 아니다. 실제로 태평후괴는 차 농부였던 왕괴성(王魁成)이 청나라 광서(光緒) 연간에 창
제하였고, 허우컹(猴坑) 지역의 것이 품질이 가장 우수해 '후괴'라고 한 것이다.

태평후괴의 '양도일창(兩刀一槍)'이란?

태평후괴는 두 장의 찻잎이 하나의 새싹을 감싸고 있으면서 편평하고 곧다. 또한 떨어져 있지도, 휘
지도, 오그라들지도 않아서, 마치 그 모양이 두 자루의 도(刀)와 한 자루의 창(槍)과 같다고 하여 '양
도일창(兩刀一枪)'이라고 한다. 차를 우려내 음미해 보면 그윽한 향이 풍부하다. 맛은 순수하고 농후
하면서 청량하다. 뒷맛은 오래 지속된다.

태평후괴를 우릴 때 품질을 알 수 있는 방법은?

태평후괴는 보통 녹차에 비해 여러 번 우릴 수 있다. 최상품은 3~4회 우려내도 향이 여전하다. 고급
태평후괴는 잔에서 우리면 찻잎이 서서히 펼쳐지고, 싹의 잎은 송이를 이룬다. 그중 일부는 뜨고, 일
부는 가라앉아 찻잎의 자취와 찻빛이 조화를 이루어 운치를 더한다. 또한 3~4회 우려내도 맛이 변
하지 않고, 난향도 여전하다. 차를 여러 회 우려내도 난꽃향이 그윽하면, 고품질인 것이 분명하다.

최상급 태평후괴에는 '홍사선(紅絲線)'이 있는가?

태평후괴를 두고, '후괴(猴魁)는 두 끝부분이 뾰족하며, 흩어지거나 휘거나 가장자리가 오그라들어
있지 않다'라고 표현하기도 한다. 후괴차는 다시 '후괴(猴魁)', '괴첨(魁尖)', '첨차(尖茶)'로 분류되는데,
그중 '후괴'의 품질이 가장 좋다. 후괴는 찻잎이 어두운 녹색으로 윤기가 있고, 잎맥은 녹색 가운데
붉으스름한 선이 있는 듯 보인다. 이를 '붉은 명주실' 같다 하여 '홍사선(紅絲線)'이라고 한다.

Chinese Tea

태평후괴를 가정에서 우릴 때 적당한 방법은?

태평후괴는 보통 녹차에 비해 높은 온도인 약 95도의 더운물을 사용하기에 '하투법'으로 우리는 것이 좋다.
여기서는 가정에서 유리잔에 태평후괴를 우리는 방법을 소개한다.

1 일자형 유리잔과 찻잎을 준비한다. 물을
끓인 뒤 잠시 식혀 온도가 약 95도일 때
사용한다.

<u>2</u> 적당량의 찻잎을 차하에 담는다.

<u>3</u> 유리잔에 소량의 더운물을 따른다.

<u>4</u> 유리잔을 돌려 주면서 전체적으로 예열하고, 사용한 물은 수우에 버린다.

<u>5</u> 차하에 담긴 찻잎을 유리잔에 넣는다.

<u>6</u> 유리잔의 약 3분의 1 높이까지 물을 붓고 30초간 둔다.

<u>7</u> 다시 유리잔의 7할까지 물을 붓고 30초간 그대로 둔다.

신양모첨

(信陽毛尖)

건조 찻잎	가늘고 둥글면서 잘 말려 있고 곧다. 색상은 비취빛을 띠는 녹색이고, 백호가 보인다.
찻빛	연녹색이며, 밝고 투명하다.
향	신선하고 농후하며, 오래 지속된다. 익은 밤향이 오래간다.
맛	신선하고 농후하며 청량하다. 입안을 감도는 단맛인 '회감'이 있다. 수차례 우려도 맛이 여전히 진하다.
우린 찻잎	연녹색으로 가늘고 여리며, 모양과 크기가 전체적으로 균일하다.

신양모첨(信陽毛尖)의 정통 원산지는?

신양모첨은 허난성(河南省) 남부에 위치한 다볘산구(大別山區)의 신양시(信陽市)에서 생산된다. 주로 처윈산(車雲山), 지윈산(集雲山), 톈윈산(天雲山), 전레이산(震雷山), 헤이룽담(黑龍潭) 등의 협곡 사이에 생산지가 분포되어 있다. 신양모첨은 외형이 가늘고 둥글며, 잘 말려 있고 곧으며, 색상은 비취색이고 백호가 보인다. 향은 맑고 고결하고, 찻빛은 연한 녹색으로 맑고 윤기가 있다. 우린 찻잎은 연한 녹색을 띤다. 맛은 순수하고 농후하다. 마신 뒤에는 회감이 있어 침이 감돈다. 또한 4∼5회 우린 뒤에도 여전히 익은 밤향이 지속된다.

허난성
(河南省, 하남성)

신양시
(信陽市, 신양시)

신양모첨은 모첨(毛尖)과 동일한 것인가?

솜털이 있고 뾰족하다는 뜻을 지닌 모첨(毛尖)은 녹차에 속하며, 그 이름은 외형에서 유래했다. 각종 모첨은 보통 산지명에 따라 명명되는데, 예를 들면 '신양모첨(信陽毛尖)', '도균모첨(都勻毛尖)', '황산모첨(黃山毛尖)' 등이다. 결국 신양모첨은 모첨의 한 종류이며, 모첨과 동일한 것은 아니다.

신양모첨의 신차와 진차를 구별하는 방법은?

그해 봄에 생산된 신양모첨의 신차는 색상이 신선하고 맑고 녹색이며 윤기가 돈다. 향이 농후하고 상쾌하며 신선하다. 백호가 선명하며 싱그러운 느낌이 있다. 반면 오래 묵은 진차는 색상이 어두운 편이고 거무스름하거나 심지어 검다. 백호가 많이 소실되어 향이 낮고 답답해 신선한 맛이 없다.

신차(新茶)

진차(陳茶)

신양모첨의 싹과 잎이 검다면 나쁜 것인가?

고급 신양모첨의 건조 찻잎은 비취빛을 띠는 녹색이다. 싹과 잎이 검다면, 품질이 비교적 낮은 것이다. 묵은 차이거나 곰팡이가 슨 것일 가능성이 높다.

신양모첨의 찻물이 녹두탕과 비슷한 이유는?

신양모첨은 '백호가 많다'는 특징이 있다. 차를 우리면 찻물에 백호가 떠올라 약간 혼탁하면서도 신선하고 명랑하다. 찻빛은 연녹색으로 맑고, 마치 녹두로 우린 '녹두탕(綠豆湯)'처럼 보인다. 찻물은 '향이 높고, 맛이 진하며, 찻빛은 녹색'을 띤다.

신양모첨을 마실 때 떫은맛이 나는 이유는?

신양모첨을 첫 번째 우릴 때는 찻잎 내 함유된 폴리페놀이나 카페인 등 영양분이 빠르게 침출되어 약간 쓴맛과 떫은맛이 날 수 있다. 이때 차를 음미하다 3분의 1 정도 남았을 때, 잔의 7할까지 물을 채운 뒤 다시 마셔 보면 쓴맛과 떫은맛은 없고, 신선하고 진하며 감미롭고 청량한 본연의 맛이 난다. 만약 두 번째 우릴 때도 쓴맛과 떫은맛이 나고 차 향이 느껴지지 않으면 신양모첨의 모조품일 가능성이 높다.

신양모첨을 우린 찻물.
녹두탕처럼 맑다.

신양모첨을 가정에서 우릴 때 적당한 방법은?

가정에서 신양모첨을 우릴 때는 유리잔을 사용해 '하투법'으로 우리는 것이 좋다.
물의 온도는 약 85도가 적당하다. 여기서는 신양모첨을 우려내는 방법을 간략하게 소개한다.

1 유리잔과 찻잎을 준비한다.

2 차칙을 사용해 적당량의 찻잎을 차하에 담는다.

3 소량의 더운물로 유리잔을 예열한 다.

4 예열하고 난 뒤의 사용한 물은 수우에 버린다.

5 차하에 담긴 찻잎을 유리잔에 넣는다.

6 유리잔의 3분의 1 높이까지 물을 붓고, 찻잎을 적셔 주기 위해 유리잔을 돌려 준다.

7 유리잔의 7할까지 물을 붓고 잠시 기다리면 찻물이 우러나온다.

안길백차
(安吉白茶)

건조 찻잎	작고 가늘면서 팽팽히 휘말려 있다. 찻잎은 얇고, 밝은 백옥색으로 빛난다. 잎맥은 비취색을 띤다.
찻빛	찻물은 담황색이다.
향	진하고 오래 지속된다.
맛	신선하고 진하며 감미롭고 청량하다. 뒷맛이 달콤하다.
우린 찻잎	밝은 흰색에 녹색을 띠고, 잎맥은 비취색이다.

안길백차(安吉白茶)의 정통 원산지는?

안길백차는 저장성 안지현(安吉縣)에서 생산된다. 안지현은 톈무산(天目山) 북쪽의 산기슭에 위치하는데, 식생이 풍부하고 삼림 면적의 비율이 높아 안길백차는 영양분이 풍부하다는 특징이 있다.

안길백차는 다른 녹차와 비교할 때 두드러지는 특징이 있는데, 바로 아미노산의 함량이 높다는 것이다. 즉, 안길백차는 맛도 좋고 건강에도 좋다는 것이다. 또한 '미용차'라는 별명도 있어 미인들에게 많은 사랑을 받는다.

저장성
(浙江省, 절강성)

안지현
(安吉縣, 안길현)

안길백차의 채엽 기준은?

안길백차의 채엽 기준은 백옥색을 띠면서 갓 펼쳐지는 일아일엽부터 일아삼엽까지이다. 또 싹과 잎이 온전하고 신선할 것, 모양과 크기가 전체적으로 균일할 것 등이다. 채엽 시기는 보통 3월 중하순부터 4월 중하순까지이다.

안길백차는 '백차'가 아니고 '녹차'?!

안길백차는 찻잎을 녹차 가공법으로 생산한 것이기 때문에 '백차'가 아니라 '녹차'이다. 백차는 '자연산화차(自然酸化茶)', 녹차는 '비산화차(非酸化茶)'에 속한다. 차 이름에 '백차'가 붙은 것은 차나무가 환경에 의해 백화된 변종, 즉 '백화변종(白化變種)'이기 때문이다. 이 변종은 매우 희귀종으로, 차나무의 여린 잎이 흰색을 띤다.

안길백차의 찻잎이 흰색인 이유는?

안길백차의 차나무는 온도 민감성 돌연변이체로, 봄철 평균 기온이 19도에 머물면 엽록소가 부족해 여린 찻잎이 흰색을 띤다. 기온이 22도보다 높으면 흰색에서 녹색으로 변한다. 기온이 15도 이하로 내려가면 비교적 장기간의 '백화기(白化期)'에 들어가고 차나무의 성장도 더디다.

안길백차를 우리면 '죽향(竹香)'이 나는 이유는?

안지현은 중국에서도 대나무의 유명 산지이다. 이곳 차나무는 자라면서 자연스레 대나무의 향을 흡수해 안길백차만의 독특한 향미를 형성한다. 안길백차를 우리면 나는 향도 실은 찻잎에 스며든 대나무 향이다.

여름철의 안길백차. 찻잎이 녹색으로 변해 다른 녹차와 차이가 없다.

봄과 여름 사이의 안길백차. 찻잎이 흰색에서 점차 녹색으로 변한다.

안길백차를 가정에서 우릴 때 적당한 방법은?

안길백차는 가정에서 '하투법'으로 우리는 것이 적당하다.
투명한 일자형 유리잔을 사용해 우릴 수도 있다. 여기서는 안길백차를 우리는 방법을 간략히 소개한다.

1 적당량의 안길백차를
유리잔에 넣는다.

2 더운물(약 85도)을 찻잎이 잠길 만큼 따르고, 1~2분간 물이 충분히 스며들게 한다.

3 유리잔의 7할까지 더운물을 따르고, 약 1분 정도 둔다.

4 유리잔을 두 손으로 받쳐 든다.

5 차에서 풍기는 향을 맡는다.

6 찻빛을 감상한다.

7 차를 마시며 음미한다.

도균모첨

(都勻毛尖)

건조 찻잎	구불구불하게 휘말린 권곡형(捲曲形)이며, 비취빛이 도는 녹색이다. 모양과 크기가 전체적으로 균일하고, 백호가 보인다.
찻빛	맑고 투명하며, 녹색에 노란빛이 감돈다.
향	맑고 높다.
맛	신선하고 진하며, 뒷맛이 달콤하다.
우린 찻잎	신선하고 윤기가 돌고, 싹의 끝부분도 튼실하다.

도균모첨(都勻毛尖)의 정통 원산지는?

역사적인 명차인 도균모첨은 구이저우성(貴州省) 두원시(都勻市)에서 생산된다. 두원시는 구이저우성 남부에 위치하며, 아열대 계절풍 기후대에 속하고, 강우량이 많으며, 혹한과 혹서가 없고, 사계절이 쾌적하다. 또 차 산지의 토양은 배수가 잘되고 습윤하다. 토질은 산성에서 약산성을 띠고, 다량의 철분과 인산염을 함유해 차나무의 성장에 적합하다.

도균모첨은 구이저우성 3대 명차로, '세모첨(細毛尖)', '어구차(魚鉤茶)'라고도 한다. 어구차는 찻잎이 낚싯바늘같이 가늘면서 뾰족하다는 데서 유래하였다. 두원시 퇀산산(團山), 사오자오(哨脚), 다차오(大槽) 일대에서 생산되고, 그중 퇀산산 일대의 사오자오, 사오상(哨上), 황허(黃河), 헤이거우(黑溝), 첸자포(錢家坡)에서 나는 차의 품질이 가장 좋다. 역사 기록에 의하면, 일찍이 명나라 때 도균모첨 중 '어구차(魚鉤茶)'와 '작설차(雀舌茶)'는 황실에 올리는 헌상품이었다고 한다. 숭정황제(崇禎皇帝)는 이 차를 매우 좋아했으며, 특히 건륭(乾隆) 연간에는 해외에까지 수출했다고 한다.

구이저우성
(貴州省, 귀주성)

두원시
(都勻市, 도균시)

도균모첨의 품질이 가장 좋은 시기는?

도균모첨의 채엽과 가공은 일반적으로 청명절 전후에 진행된다. 이 시기에는 찻잎이 가늘고 짧으며 얇고, 연녹색으로 모양과 크기가 균일하여 도균모첨의 품질이 가장 좋다. 도균모첨은 최상급의 경우, 단일한 싹인 독아(獨芽)만을 딴다. 특급은 잎이 갓 펼쳐지는 일아일엽을, 1급은 잎이 반 정도 펼쳐진 일아일엽을, 2급은 잎이 완전히 펼쳐진 일아일엽을 기준으로 채엽한다.

우린 찻잎 · 찻물 · 건조 찻잎

삼록삼황의 도균모첨. 건조 찻잎, 찻물, 우린 찻잎의 녹색에서 황색이 보인다.

도균모첨에서 '삼녹삼황(三綠三黃)'이란?

도균모첨은 '건조 찻잎은 녹색 중에 황색을 띠고, 찻빛은 녹색 중에 황색이 돌고, 우린 찻잎은 녹색 중에 황색이 보인다'는 '삼녹삼황'의 특징으로 유명하다. 또 외형은 동정벽라춘과 견줄 수 있고, 품질은 신양모첨과도 비견할 만하다. 근대 중국의 저명한 차전문가인 장만방(莊晚芳)은 도균모첨을 칭송하는 시를 지었는데, 그 구절은 다음과 같다.

「눈꽃과도 같은 싹의 그윽한 향이 도균에서 나오니, 용정과 벽라춘에 견줄 만하다. 마신 뒤에는 꽃처럼 맑고 청량한 맛이 떠오르니, 마음이 트이고 근심이 사라지네.」

낚싯바늘 모양의 최상급 도균모첨. 세 번을 우려도 향은 여전하고, 맛은 신선하고 농밀하다.

도균모첨을 한 번 우린 뒤로 맛이 안 난다면, 그 정체는?

특급의 도균모첨은 외형이 권곡형이고 비취빛이 도는 녹색을 띤다. 모양과 크기가 전체적으로 균일하고, 백호가 많다. 향은 높고 맑다. 맛은 진하고 농밀하며, 뒷맛이 달콤하다. 가짜 도균모첨은 크기가 불균일하고, 맛이 연해 한 번 우려내면 아무런 맛도 안 난다. 따라서 도균모첨을 한 번 우린 뒤 그 맛이 너무 연하면 가짜일 가능성이 높다.

경산차

(徑山茶)

건조 찻잎　구불구불한 권곡형으로 가늘고 연하며 호(毫)가 보인다. 색상은 비취빛이 도는 녹색이다.

찻빛　연녹색이고 밝고 투명하다.

향　청아하고 순수한 향이 오래 지속되고, 농밀한 밤향이나 난꽃향이 난다.

맛　감미롭고 진하며 청량하다.

우린 찻잎　가늘고 연하며 송이를 이룬다. 연녹색으로 맑고, 윤기가 돈다.

경산차(徑山茶)의 정통 원산지는?

경산차는 저장성 항저우시 위항구(餘杭區) 서북쪽 톈무산의 동북 봉우리인 징산산(徑山)에서 생산되고, 홍청녹차에 속한다. 경산차는 채엽과 가공 기술이 까다롭고, 연한 잎을 이른 시기에 따는 것이 특징이다. 4월 20일경인 곡우 전에 채엽하여 가공한 것이 품질이 가장 좋다. 찻잎은 특급 및 1급의 경우, 일아일엽이나 일아이엽의 갓 펼쳐지는 것을 채엽하고, 2급의 경우, 완전히 펼쳐진 일아일엽이나 일아이엽을 채엽해 만든다. 보통 1kg의 '특1급'을 생산하는 데는 약 6만 2000개의 싹과 잎이 필요하다.

저장성
(浙江省, 절강성)

항저우시
(杭州市, 항주시)

경산차를 더 향긋하게 즐길 수 있는 방법은?

경산차는 일자형의 투명한 유리잔에 우리는 것이 좋다. 보통 '상투법'으로 우리고, 약 80도의 물로 2~3분간 우려낸다. 더 진한 향을 원하면, '중투법'으로 약 1~2분간 우려내면 된다.

무원명미

(婺源茗眉)

건조 찻잎	가늘고 섬세하며 수려하다. 전체적으로 눈썹처럼 굽어 있고, 봉묘가 곧고 은호(銀毫)로 덮여 있다. 비취빛이 도는 녹색이고 윤택하며, 팽팽히 휘말려 견고하다.
찻빛	황녹색으로 맑고 투명하다.
향	난꽃향을 띠고 향이 농후하며 오래 지속된다.
맛	신선하고 청량하며 진하고 향기롭다. 농밀하지만 쓰지 않고, 뒷맛이 달콤하다.
우린 찻잎	연하고 균일하며, 온전한 모습이다.

무원명미(婺源茗眉)의 정통 원산지는?

무원명미는 장시성(江西省) 우위안현(婺源縣)에서 생산된다. 이 지역은 장시성, 안후이성, 저장성의 3성이 접경한 구릉지대로, 화이유산(懷玉山)과 황산산의 지맥으로 둘러싸여 삼림이 무성하여 식생도 풍부하고, 계곡의 물살이 거세게 흘러 수천 개의 시내를 이룬다. 토양증이 견실하고 비옥하며, 기후가 온화하고, 운무가 사계절 자욱하다.

무원명미의 채엽 기준은?

무원명미는 생잎의 채엽에 대한 기준이 엄격하다. 채엽 기준은 갓 펼쳐지는 일아일엽으로 백호가 있고, 싹과 잎이 도톰하며, 크기와 여린 정도도 균일한 것이다. 또 병충해를 입지 않고, 자색을 띠지 않아야 한다. 맑은 날 안개가 걷힌 뒤 채엽하여 생잎에 이슬이 맺히지 않도록 한다. 특히 꼭지가 붉어지는 것을 막기 위해 손톱으로 끊지 않고 조심스레 딴다.

장시성
(江西省, 강서성)

우위안현
(婺源縣, 무원현)

일아일엽을 우린 찻잎.
수려하고 싱그러우며 연하다.

04

백차(白茶)

자연의 초록빛으로 단장한 수수한 자태의 미인과 같은 백차는
6대 차 중에서도 가공이 가장 간단한 차라 할 수 있다. 이 백차에는
찻잎 본연의 풍미가 잘 간직되어 있는데, 그 자연적인 풀잎 향은 차
향이라기보다는 비 온 뒤 공기 중에 흩날리는 은은한 풀 내음 같아
차분히 음미해야만 참맛을 느낄 수 있다.

백차라고 하는 이유는 찻빛 때문인가?

백차(白茶)라 하면 찻빛이 백색을 띨 것 같지만 실은 그렇지 않다. 백차라 하는 이유는 건조 찻잎의 표면에 은호(銀毫)가 가득해 회백색을 띠기 때문이다. 백차는 해독성이 있고, 치통에 효과적이며, 더위를 식혀 주는 효능이 있다.

백호로 뒤덮인 백호은침
(白毫銀針)

백차는 중국에만 있는가?

백차는 자연 산화차에 속하며, 중국 고유의 차종으로 주로 푸젠성 푸딩시(福鼎市), 정허현(政和縣), 젠양시(建陽市), 쑹시현(松溪縣) 등에서 생산되고, 타이완에서도 소량 생산된다. 백차는 약 1000년 전부터 생산된 차로 그 역사가 매우 깊다.

백차의 가공 방식은?

백차의 가공 과정에는 찻잎의 수분을 증발시켜 시들게 하는 위조(萎凋)와 건조가 있다. 위조는 실내 위조와 실외 위조의 두 종류가 있고, 기후에 맞춰 방식을 취한다. 백차의 가공 과정에는 찻잎을 문지르고 비벼 세포벽을 파괴하는 유념(揉捻) 과정이 없어 차즙의 침출이 느리다. 이 독특한 가공 방식은 찻잎 내 효소의 활성을 방해하지 않아 차 본연의 청아하고 순수한 향과 신선하고 청량한 맛이 유지된다. 건조는 찻잎 내 잔여 수분과 쓴맛과 떫은맛을 없애는 과정으로 차 향을 높이고 순수하고 진한 맛을 갖게 한다.

백차의 채엽 시기는?

백차의 춘차를 채엽하는 시기는 생산지와 차나무에 따라 다르다. 보통 푸딩시 지역이 정허현보다 이르고, 백호은침이 백모단(白牡丹)이나 공미(貢眉)보다 이르다.
춘차는 보통 청명절 전후에 채엽하고, 5월 초순까지 채엽할 수 있다. 6월 초순부터 7월 초순까지는 하차를, 7월 하순부터 8월 하순까지는 추차를 채엽한다.

백모단의 춘차. 중투법으로 우릴 때 매력이 가장 잘 드러난다.

백차는 진차가 신차보다 더 좋은가?

최근 시장에서는 전략적인 마케팅의 결과로 백차의 진차 가격이 신차에 비해 월등히 높게 형성되었다. 이런 추세가 진차가 신차보다 확실히 더 좋다는 것을 의미하지는 않는다. 단 진차가 맛이 더 순수하면서 농후하고, 향이 더 진하며, 약용 가치가 더 높다는 것은 분명하다.

백차는 보관 햇수가 늘수록 건강 효능이 커지고, 약용 가치도 높아진다. 진차는 향이 맑고 그윽하며, '호향(毫香)'을 띤다. 호향은 백호로 뒤덮인 싹에서만 나는 독특한 향이다. 진차는 처음 우렸을 때 은은한 한약재향이 난다. 맛은 순수하고 농후하면서 달콤한데, 여러 번 우릴 수 있다. 신차는 호향이 진차보다 그윽하고, 신선한 향이 있다. 맛도 담백하고 감미롭고 청량하여 잡맛이 없다. 백차의 진차와 신차는 각각의 특색이 있다.

백차의 진차와 신차를 감별하는 방법은?

백차는 외형, 향미, 내포성(찻물을 우릴 수 있는 횟수)의 세 측면에서 진차와 신차를 감별할 수 있다.

진차(陳茶)

① 진차는 전체적으로 흑갈색을 띠고, 육안으로 볼 때 백호가 조금 있다. 신차는 외형이 온전하면서 갈녹색을 띠고, 백호가 뒤덮여 있다.

② 진차는 그윽한 향이 강하고, 호향이 진하고 무겁지만 혼탁하지는 않다. 약초향이 나며, 맛이 순수하고 진하다. 신차는 호향이 신선하고, 맛도 신선하고 청량하며 담백하다.

③ 진차는 신차보다 내포성이 강하다. 진차는 보통 20회 정도 우려내도 맛이 일정하고, 끓여 마시면 맛이 더욱 좋다. 반면 신차는 끓여 마실 수 없다.

신차(新茶)

백차의 대표적인 상품은?

대표적인 백차로는 '백호은침(白毫銀針)', '백모단(白牡丹)', '공미(貢眉)' 등이 있다.

백호은침(白毫銀針)

백모단(白牡丹)

백아차(白芽茶)와 백엽차(白葉茶)란 무엇인가?

차나무의 품종과 찻잎을 따는 기준에 따라 백차는 '백아차(白芽茶)'와 '백엽차(白葉茶)'로 나뉜다. 백아차는 백호은침이, 백엽차는 백모단, 공미가 대표적이다.

백아차는 대백차(大白茶)나 융모가 많은 품종에서 채엽한 튼실한 새싹으로 생산한다. 백엽차는 싹과 잎에 융모가 많은 품종에서 일아이엽, 삼엽, 또는 단편엽을 따 위조와 건조 과정을 거쳐 생산한다. 백엽차는 찻잎이 느슨하게 말려 있고, 뒷면이 은백색을 띤다. 찻물은 연황색을 띠며 맑고 깨끗하다.

백차의 품질을 감별하는 방법은?

고급 백차

저급 백차

	고급 백차	저급 백차
건조 찻잎	호(毫)가 많고 튼실하다. 호는 은백색으로 광택이 있고, 잎은 진한 녹색이나 비취빛이 도는 녹색이다.	싹이 홀쭉하면서 호가 적다. 엽편(잎몸)이 벌어졌고, 꺾여 있으며, 구불거린다. 불순물이 많다.
찻물	농후하면서 달콤하다. 찻빛은 살구색으로 맑고 투명하다.	맛이 쓰며 연하다. 찻빛은 어둡고 붉으스름하며, 혼탁하다.
우린 찻잎	크기와 모양이 균일하다. 잎은 도툼하면서 연하다. 호가 많고 싹이 튼실하며, 잎색이 선명하다.	단단하고 꼿꼿하며, 부서져 있다. 색이 어둡고 고르지 못하다. 붉은빛의 얼룩이 보이며 누렇고, 찻잎이 눌어 테두리가 붉다.

찻잎의 색으로 백차를 감별하는 방법은?

찻잎이 회록색(뒷면은 은백색), 진한 녹색, 비취빛을 띠는 녹색인 것은 품질이 매우 좋은 것이다. 그러나 찻잎에 붉은빛이 감돌면 품질이 약간 낮은 것이고, 초록빛이 감도는 황색이나, 검은색 또는 붉은색이면서 담황색 광택을 띠면 품질이 매우 나쁜 것이다.

노경(老梗)이 있는 백차가 좋은 것인가?

고급 백차는 건조 찻잎에 호(毫)가 많고 튼실하다. 색상은 진한 녹색이나 비취빛이 도는 녹색이고, 호는 은백색으로 윤기가 있다. 오래된 줄기인 '노경(老梗)'이나 노쇠한 찻잎, 눌린 채 마른 찻잎이 있으면 품질이 낮은 것이다.

백차의 특징은 무엇인가?

백차는 원료인 싹이 튼실하고, 백호로 뒤덮여 있다. 향이 맑고 신선하며, 맛이 산뜻하고 청량하며 약간 달다. 찻빛은 맑고 투명하며 옅은 살구색이다. 대체로 자연적으로 가공되어 향이 청아하고 순수하며, 맛도 신선하고 청량하다. 또 당류와 아미노산의 함량이 비교적 높고, 성질이 차가워 열을 내리고 울화를 푸는 효능이 있다. 따라서 백차는 한여름에 마시면 더 좋다.

백차를 우릴 때 적당한 차구는?

백차는 유리잔이나 도자기잔에 우리는 것이 좋다. 백차는 백호로 뒤덮인 싹을 따 덖거나 비비지 않고 오직 위조와 건조의 과정을 통해 만든다. 찻잎은 자연스럽게 변화하면서 백차 고유의 특성을 형성하는데, 건조 찻잎에는 여전히 백호가 뒤덮여 있다. 이런 백차를 뜨거운 물에 우리면 찻잎이 떠오르면서 아름다운 '차무(茶舞)'를 보여 준다. 차무를 즐기려면 투명한 유리잔이나 백색 도자기잔에 우리는 것이 좋다.

백차를 우릴 때 적당한 물의 온도는?

백차는 찻잎이 비교적 가늘고 연하며 얇아, 우릴 때 물의 온도가 너무 높지 않도록 해야 한다. 보통 80도가 적당하다. 또 유념 과정을 거치지 않아 차즙이 잘 침출되지 않는다. 적어도 3분은 우려내야 비로소 찻물이 우러나온다.

백호은침

(白毫銀針)

건조 찻잎	새싹이 튼실하며, 백호로 덮여 있다. 곧은 바늘 모양이며, 백호로 인해 은빛을 띤다.
찻빛	살구빛으로 밝고 투명하다.
향	호향(毫香)이 있고, 맑고 신선하다.
맛	순수하고 농후하다. 뒷맛이 감미로우면서 신선하고 청량하다.
우린 찻잎	녹황색을 띠며 가늘고 연하며, 크기와 모양이 균일하다.

백호은침(白毫銀針)의 정통 원산지는?

'차중미녀(茶中美女)', '차왕(茶王)'이라는 백차 중에서도 최상
품에 속하는 백호은침은 주로 푸딩시와 정허현에서 생산된다.
푸딩시의 백차는 싹의 융모가 굵고 흰색을 띠며 윤기가 돈다.
찻물은 옅은 살구빛을 띠고, 맛은 신선하고 청량하다. 정허현
의 백차는 맛이 순수하고 농후하고, 향도 맑고 향기롭다.

백호가 풍부할수록 고품질인가?

최상급의 백호은침은 싹이 튼실하고 백호가 많다. 또 바늘처럼
곧고 은빛을 띤다. 따라서 백호가 많을수록 더 연한 것이고, 품
질도 더 좋은 것이다.

백호은침의 채엽 기준은?

백호은침은 채엽할 때 요건이 매우 까다로워서 상황에 따라 찻잎을 따 내지 않는 10가지의 원칙, 즉 '십불채(十不采)'라는 말이 있다. 즉, '비 오는 날은 채엽하지 않고, 이슬이 마르지 않으면 채엽하지 않고, 가늘고 여윈 싹은 채엽하지 않고, 자주색 새싹은 채엽하지 않고, 바람에 상한 싹은 채엽하지 않고, 인위적인 손상을 입은 싹은 채엽하지 않고, 벌레 먹은 싹은 채엽하지 않고, 차눈(싹의 속)이 벌어진 싹은 채엽하지 않고, 차눈이 비어 있는 싹은 채엽하지 않고, 병든 싹은 채엽하지 않는다'는 원칙이다.

백호은침은 춘차 중에서도 그해 첫 번째, 두 번째로 채엽한 끝눈의 품질이 가장 좋다. 춘차는 연한 가지 끝에 일아일엽이 돋아나면 그것을 따낸 뒤 손가락으로 잎과 어엽을 살며시 벗겨 내 싹을 거둔 것이다. 하차는 싹이 작고 튼실하지 않아 백호은침을 만들기에 적합하지 않다. 춘차를 채엽한 뒤 가지치기한 차나무의 경우에는 가을에 새로 돋아난 가지의 말단이 튼실하기 때문에 백호은침 추차의 좋은 원료가 된다. 또한 그 품질도 춘차와 대등하다.

백호은침을 우린 모습. 백호가 많을수록 찻빛이 더 맑고 투명하다. 흰 도자기잔으로는 특유의 옅은 살구빛을 감상할 수 있다.

백호은침을 '백차 중의 진품(珍品)'으로 보는 이유는?

백호은침은 생산지가 적고 채엽 조건이 까다로우며, 보통 봄철 차나무에서 갓 자란 여린 싹으로만 만든다. 따라서 연간 생산량이 적어 상당히 귀한 차로 취급된다. 또 성질이 차가워 해독, 해열 작용과 울화를 푸는 효능이 있다. 코뿔소 뿔과 같은 효능이 있다고 해, '공약서각(功若犀角)'이라고 할 정도로 약용 가치가 높다. 따라서 백호은침은 '백차 중의 진품'이라고 한다.

최근에는 백호은침이 홍콩, 마카오 등과 미국, 독일 등의 서양 국가로 수출되고 있다. 서양의 차상인들도 고급 홍차와의 블렌딩을 목적으로 백호은침을 수입하고 있어, 그 명성과 진귀함을 짐작할 수 있다.

일아일엽의 춘차.

최상급의 백호은침. 찻잎이 크고 튼튼하고 길며, 백호로 완전히 덮여 있다.

고품질 백호은침을 우린 찻물의 특징은?

품질이 좋은 백호은침을 우리면, 찻물이 살구색이나 연황색을 띠고 맑고 투명하다. 호향이 나고, 맛이 순수하고 농후하며 회감이 있다. 백호은침은 약용으로도 사용되며, 몸의 습기를 없애고 열을 내린다. 또 위를 보호하고 정신도 맑게 한다.

복정은침(북로은침)

정화은침(남로은침)

북로은침(北路銀針)과 남로은침(南路銀針)에 차이점이 있다면?

백호은침은 생산지와 품종에 따라 '북로은침(北路銀針)'과 '남로은침(南路銀針)'으로 나뉜다. 북로은침은 푸딩시에서 '복정대백차(福鼎大白茶)'의 품종으로 생산한 것이다. 외형은 우아하고, 싹이 튼실하다. 백호는 굵고 촘촘하며, 윤기가 돈다. 찻물은 살구빛이고, 향은 담백하다. 맛은 신선하고 청량하다.
남로은침은 정허현에서 '정화대백차(政和大白茶)'의 품종으로 생산한 것이다. 외형은 굵고 튼실하며, 싹이 길다. 백호는 약간 가늘고, 윤기는 북로은침만 못하다. 향이 맑고 신선하고, 맛이 순수하고 농후하다.
백호은침은 '채차(菜茶)'의 튼실한 싹을 원료로 청나라 가경(嘉慶) 초기(1796년)에 푸딩 지역에서 창제되었다. 채차는 푸딩 지역에서 암수 구별이 있는 동종개체군, 즉 '유성군체'를 이루는 보통의 관목 차나무를 이르는 말이다. 정허현에서는 1889년부터 은침을 생산해 100근(斤)에 은화 320원의 가격으로 서양에 수출하기도 했다. 당시 은침 산지에서는 집집마다 은침을 생산할 정도였는데, 민간에서는 '여자아이가 부잣집을 부러워하지 않고 찻잎과 은침에만 관심이 있다'는 말도 유행하였다.

백호은침의 신차와 진차를 감별하는 방법은?

백호은침은 일반적으로 찻물의 맛이 연하고, 일반 녹차에 비해 내포성이 강하다. 또 신차와 진차의 차이도 큰 편이다. 신차는 찻물의 맛이 순수하고 청량하며, 약간은 쓴맛이지만 은은하면서 호향이 있다. 우린 찻잎은 황녹색을 띤다. 진차는 찻물의 맛이 순수하고 농후하면서 약간 달다. 우린 찻잎은 적갈색을 띤다.

진년백호은침(陳年白毫銀針)을 우릴 때 적당한 차구는?

오래 묵은 '진년백호은침(陳年白毫銀針)'은 자사
호에 넣어 우리는 것이 좋다. 백호은침은 원래 일
반 녹차에 비해 내포성이 강한데, 진년백호은침은
더욱더 강하다.

자사호는 냉열 급변성이 좋아 추운 날 끓는 물을
급하게 넣어도 깨지지 않고, 열전도가 완만해 찻
물이 쉽게 식지도 않으며, 손이 데지도 않는다. 더
욱이 자사호에 차를 우려내면 향미가 소실되지 않
고, 찻잎이 너무 익어 신선한 맛을 잃은 '숙탕(熟
湯)'의 맛도 나지 않는다. 오히려 향이 맑고 잘 흩
어지지 않는다.

청대 중기의 채색 장식한 자사호.

진년백호은침을 자사호에 우리면 영양분이 쉽게 침출되고, 찻물의 향도 농후하고 그윽하다. 맛은 순
수하고 농후하면서 부드러워 쓴맛과 떫은맛이 거의 없다. 반면 유리잔에 우리면 찻물의 맛이 담백해
진다.

백호은침을 우린 뒤 3~5분이 지나야 고유의 맛이 느껴지는 이유는?

백호은침은 가공 과정에서 유념을 거치지 않아 세포벽이 파괴되지 않아서 비타민, 아미노산, 카페인
과 같은 영양분들이 잘 침출되지 않는다. 따라서 우린 찻물은 맛이 너무 연해 마셔 보아도 아무런 맛
이 없는 것처럼 느껴진다. 그러나 3~5분 정도 지나 찻빛이 노르스름할 때 다시 마셔 보면 청량하고
순수하면서 진한 맛이 난다.

백호은침을 우린 모습. 찻물이
노래질수록 맛도 더 진해진다.

백호은침을 가정에서 우릴 때 적당한 방법은?

백호은침을 가정에서 우릴 때는 개완을 사용하는 것이 좋은데, '중투법'으로 80도의 온도에서 우려낸다. 여기서는 개완을 사용해 우리는 방법을 간략히 소개한다.

1 충분한 양의 물을 끓인 뒤 온도가 80도 정도 되면 차구들을 준비한다. 적당량의 백호은침을 차하에 담는다.

2 끓인 물로 개완을 예열한다. 소량의 더운물을 개완에 따르고, 사용한 물은 수우에 버린다.

<u>3</u> 개완의 3할까지 물을 따른다.

<u>4</u> 차시를 사용해 건조 찻잎을 개완
에 넣는다.

<u>5</u> 개완의 7할까지 물을 따르고,
3~5분 정도 뒤면 마실 수 있다.

<u>6</u> 차무를 감상한다.

백모단

(白牡丹)

건조 찻잎	두 장의 잎이 하나의 싹을 감싸고, 모양이 자연스럽다. 색상이 진한 회녹색이나 어둡고 진한 이끼색을 띤다. 찻잎은 도톰하고 연하며, 물결처럼 구불거린다. 그 뒷면은 하얀 융모로 덮여 있고, 가장자리가 등쪽으로 약간 말려 있다. 싹이 잎자루와 붙어 있다.
찻빛	살구색이나 등황색이다.
향	신선하고 부드러우며, 깨끗하고 청량하다. 호향이 있다.
맛	신선하고 순수하며 진하다.
우린 찻잎	연회색을 띠고, 잎맥이 약간 붉으스름하다.

백모단(白牡丹)의 정통 원산지는?

백모단은 주로 푸젠성의 푸딩시, 정허현, 쑹시현, 젠양시 등에서 생산되며, 정화대백차, 복정대백차, 수선(水仙) 등 우수한 차나무 품종의 춘차 중에서도 호(毫)가 하얗고 싹이 튼실한 것을 원료로 만든다. 찻잎을 덖거나 비비지 않고, 위조와 건조의 과정을 거쳐 생산한다.

백모단은 일이이엽(一芽二葉)인 것이 가장 좋은가?

고급 백모단은 두 장의 잎이 하나의 싹을 감싸고, 은백색의 '호침(毫針)'이 매우 곧으며, 잎의 가장자리가 약간 말려 있다. 또 싹은 잎자루와 붙어 있고, 잎이 자연스럽게 펼쳐졌으며, 옅은 비취빛이 도는 녹색을 띤다. 잎 뒷면은 흰색의 융모로 뒤덮여 있다. 따라서 백모단은 '일아이엽'인 것을 구입하는 것이 가장 좋다.

백모단은 모란과 비슷하여 붙여진 이름인가?

백모단은 춘차 중에서도 그해 첫 번째로 채엽한 여린 가지 끝의 일아이엽으로 만든다. 흰 융모로 덮여 있고 싹이 송이를 이루어, 마치 한 송이의 백모란과 비슷해 보이는 특징이 있다. 찻잎을 우리면 옥빛이 도는 녹색의 잎이 여린 싹을 받치는 모양이 꽃망울을 터트리려는 모란과 비슷해 백모단이라고 한다.

백모단의 찻잎. 잎과 싹에 흰색 융모가 가득한 것이 품질이 좋다.

백모단을 우리는 시간에 대해 견해가 다양한 이유는?

백모단을 우리는 방법은 백호은침과 같고, '중투법'이 가장 적당하다. 단, 차구에 따라 찻물이 우러나는 시간도 달라진다. 예를 들면, 백모단을 머그잔에 우리면 3분 정도 지나야 찻물이 우러나고, 백자 개완에 우리면 1분 정도 지나야 찻물이 우러나는 식이다.

백모단의 찻빛이 붉으스름하면 품질은?

좋은 백모단은 우리면 찻물이 보통 살구색이나 등황색을 띠고, 호향이 뚜렷하다. 맛은 맑고 달콤하며 진하고 청량하다. 만약 찻빛이 약간 붉거나 짙게 붉고, 맛이 쓰고 떫다면, 붉은빛의 굵은 노엽(老葉)으로 우린 것이다. 이는 품질이 비교적 낮은 것이다.

고급 백모단. 찻빛이 살구색이다.

저급 백모단. 찻빛이 붉으스름하다.

공미
(貢眉)

건조 찻잎	호(毫)로 뒤덮인 싹이 매우 많다. 신차는 비취빛이 도는 녹색을, 진차는 갈색을 띤다.
찻빛	등황색이나 진한 황색을 띤다.
향	신선하고 부드러우며, 순수하고 청량하다.
맛	진하고 청량하다.
우린 찻잎	모양과 크기가 균일하고 부드러우며 색상이 밝다. 주요 잎맥을 빛에 비춰 보면 붉으스름하게 보인다.

공미(貢眉)의 정통 원산지는?

공미는 푸젠성의 난핑시(南平市)에서 주로 생산되고, 젠양구, 정허현, 푸청현(浦城縣), 젠어우시(建甌市) 등에서도 생산된다. 생산량은 백차 총생산량의 절반 이상을 차지한다.

수미(壽眉)라고도 하는 공미는 푸젠성 산지에서 주로 자생하는 채차(菜茶) 차나무의 싹과 잎으로 만든다. 엄밀히 말하면, 수미는 공미보다 한 등급 아래의 차로 공미에 비해 싹이 적게 함유된 것이다. 그러나 일반적으로는 수미하면 공미를 이른다.

이처럼 채차의 싹과 잎으로 제조한 모차(毛茶)(1차 가공을 끝낸 차)를 '소백(小白)'이라 한다. 이는 복정대백차나 정화대백차 품종의 싹과 잎으로 만든 모차인 '대백(大白)'과는 구별된다.

과거에는 채차의 싹으로 백호은침 등 고급 차들을 생산하였다. 그러나 점차 '대백(大白)'으로는 백호은침과 백모단을, '소백'으로는 공미를 생산하기 시작했다. 일반적으로 '공미(貢眉)'는 고급 차에 속한다.

푸젠성
(福建省)

난핑시
(南平市)

공미의 채엽 기준은?

공미의 채엽 기준은 일아이엽이나 일아삼엽으로, 여리고 튼실한 싹을 포함해야 한다. 채엽 시기는 보통 곡우 전후이다. 공미의 가공 기술은 백모단과 기본적으로 비슷하지만, 품질은 백모단에 약간 못 미친다.

고품질 공미의 특징은?

품질이 좋은 공미는 우려낸 뒤 향이 신선하고 부드러우며, 호향이 있다. 우린 찻잎은 부드럽고 연하며, 크기와 모양도 일정하다. 회록색을 띠며, 균일하게 빛난다. 신차는 비취빛이 도는 녹색을, 진차는 갈색을 띤다. 찻빛이 황갈색을 띠며 한약향이 나면, '진년공미(陳年貢眉)'이다.

공미의 건조 찻잎

공미의 우린 찻잎

공미를 선물하기에 좋은 대상은?

공미는 다른 백차와 비교했을 때 차를 즐기거나 차에 대한 지식이 있는 사람에게 선물하는 것이 좋다. 공미는 시들어서 뒤죽박죽 섞인 것처럼 보이고, 차의 향과 맛도 묵직해 사람들이 보통 선호하는 꽃향도 없으며, 오히려 한약을 달인 뒤의 목재향이 난다. 일반적으로 차를 갓 접한 사람들은 한동안 공미를 즐기거나 이해하기는 힘들기 때문에, 공미는 차를 즐기거나 차에 대한 지식이 있는 사람에게 더 잘 맞는다고 할 수 있다.

2006년산 공미.

2012년산 공미. 다소 녹색을 띠는 찻잎도 있다.

Chinese Tea

공미를 가정에서 우릴 때 적당한 방법은?

공미를 우릴 때는 개완이나 유리잔을 사용하는 것이 적당하고, 보통 '중투법'으로 우려낸다.
여기서는 개완에 공미를 우리는 방법에 대해 간략히 소개한다.

1 개완과 찻잎을 준비한다.

<u>2</u> 차칙을 사용해 적당량의 찻잎을 차하에 담는다.

<u>3</u> 더운물로 개완의 잔과 뚜껑을 예열한다.

<u>4</u> 예열한 뒤 사용한 물은 수우에 버린다.

<u>5</u> 적당한 온도의 물을 개완의 3분의 1까지 따른다.

<u>6</u> 차하에 담긴 찻잎을 개완에 넣는다.

<u>7</u> 개완의 7할까지 물을 따르고, 뚜껑을 덮고 5~8분 정도 우리면 음미할 수 있다.

Chinese Tea Story

Part

05

황차(黃茶)

황차는 우연히 발견되었다. 녹차의 초청 과정에서 우연히 황색의 잎과 찻물,
즉 '황엽황탕(黃葉黃湯)'의 매력을 발견한 것이다. 황차를 음미할 때는
차무를 감상하는 일이 가장 즐겁다. 가늘고 여린 싹이 곧게 서서 떠오르고
가라앉길 반복하며 잔에서 춤을 추는 듯한 모습에 힘찬 기운이 느껴진다.
찻잎이 찻물 아래쪽에 살며시 내려앉은 뒤에는
입안에 농후한 순수함만을 남긴다.

황차가 황색을 띠는 이유는?

초청녹차를 가공하는 과정에서 살청과 유념을 거친 뒤 건조가 부족하거나 제대로 진행되지 않으면 찻잎이 황색으로 변한다. 이러한 방식으로 생산한 차를 '황차(黃茶)'라고 한다. 황차는 녹차와 가공 기술이 비슷하지만, 유념 과정 뒤 습기를 먹은 찻잎을 경미하게 발효시키는 '민황(悶黃)' 과정이 더해지면서 녹차와 명확히 구별된다. 즉, 녹차는 '비산화차(非酸化茶)', 황차는 '경미발효차(輕微醱酵茶)'에 속한다. 또 황차는 황색의 잎과 황색의 찻물을 보이는 '황엽황탕(黃葉黃湯)'의 특징이 있다.

황차의 대표적인 상품은?

황차는 중국 고유의 차로 그 종류가 적다. 안후이성, 저장성, 후난성(湖南省), 쓰촨성(四川省), 후베이성(湖北省) 등의 한정된 차구에서만 생산된다. 그 생산량도 매우 적어 현재 일부 차구에서는 황차를 민황 과정 없이 일체의 녹차 가공 방식으로만 생산하기도 한다. 대표적인 황차로는 '군산은침(君山銀針)', '곽산황아(霍山黃芽)', '몽정황아(蒙頂黃芽)', '곽산황대차(霍山黃大茶)'가 있다.

군산은침(君山銀針)

황차를 다시 분류하면?

황차는 새싹과 잎의 성숙도와 크기에 따라, '황아차(黃芽茶)', '황소차(黃小茶)', '황대차(黃大茶)'로 다시 나눈다.
황아차는 가늘고 여린 하나의 싹인 '단아(單芽)'나 일아일엽으로 만들며, 군산은침, 몽정황아, 곽산황아 등이 해당된다. 황소차는 가늘고 여린 새싹과 잎으로 만들며, 북항모첨(北港毛尖), 위산모첨(潙山毛尖), 녹원모첨(鹿苑毛尖), 온주황탕(溫州黃湯) 등이 해당된다. 황대차는 일아이엽에서 일아오엽으로 만들며, 곽산황대차, 광동대엽청(廣東大葉靑) 등이 해당된다.

단아(單芽)로 주로 만드는
곽산황아(霍山黃芽).

'황엽황탕(黃葉黃湯)'이면 모두 황차인가?

황색의 찻잎과 찻물, '황엽황탕(黃葉黃湯)'이 황차의 가장 큰 특징이지만, 황엽황탕이라고 해서 모두 황차인 것은 아니다. 녹차라도 가공 과정이 적절치 못하면 황엽황탕의 현상이 생기기 때문이다. 이러한 차는 황차가 아니며, 저급 녹차에 속한다.

황차의 품질을 감별하는 방법은?

고급 황차

저급 황차

	고급 황차	저급 황차
건조 찻잎	황금색 또는 황록색이고, 연황색 호(毫)가 보인다.	어둡고 연하며, 호가 보이지 않는다.
찻물	황록색이고, 밝고 투명하다.	황록색이고, 밝고 투명하지 못하다.
우린 찻잎	연황색이고, 크기와 연한 정도가 일정하다.	어둡고 밝지 않다.

황차를 우릴 때 적당한 물의 온도는?

황차는 약 70도의 물로 우리는 것이 가장 좋다. 온도가 지나치게 높으면, 황차에 함유된 비타민 등의 유효 성분이 파괴되어 영양성이 줄어들고, 맛도 쓰고 떫게 된다.

황차를 우릴 때 적당한 차구는?

황차를 음미할 때는 그 모습을 보는 것이 중요하기 때문에 유리잔을 사용해 우리는 것이 좋다. 유리잔에 우리면 찻잎이 물속에서 빼곡히 늘어서는 모습을 잘 감상할 수 있다.

유리잔에 황차를 우리는 모습. 찻잎이 춤추듯 떠오르고 가라앉기를 반복한다.

군산은침

(君山銀針)

건조 찻잎	새싹 끝부분인 아두(芽頭)가 튼실하고, 외형은 적당히 느슨하고 무게감이 있다. 곧게 뻗은 찻잎은 백호로 뒤덮여 있다. 황금색을 띠고 밝은 광택을 보인다.
찻빛	등황색을 띠며, 밝고 맑다.
향	맑고 순수하다.
맛	달고 청량하다.
우린 찻잎	연황색을 띠면서 균일하게 밝다.

군산은침(君山銀針)의 정통 원산지는?

황차 중 진품으로 평가를 받는 군산은침은 후난성 웨양시(岳陽市) 둥팅호(洞庭湖)의 쥔산(君山)에서 생산된다.

쥔산은 총면적이 1제곱킬로미터도 안 되는 작은 섬으로, 둥팅호를 사이에 두고 천고의 명루인 악양루(岳陽樓)와 마주한다. 쥔산은 토양이 비옥하고, 강우량이 풍부하며, 대나무가 울창하고, 봄여름에는 호수의 물이 증발하면서 운무가 자욱해, 차나무를 재배하는 데 매우 적합하다.

군산은침은 새싹이 매우 튼실하고, 크기와 길이도 균일하다. 잎 안쪽은 황색을 띠고, 바깥쪽은 백호로 덮여 있어, '금상옥(金鑲玉)'이라는 아호도 있다. '금을 상감해 넣은 옥'이라는 뜻이다. 또 외형이 은침과 매우 비슷하여 '군산은침(君山銀針)'이라고 한다.

후난성
(湖南省, 호남성)

웨양시
(岳陽市, 악양시)

군산은침을 구입하기에 가장 좋은 시기는?

군산은침은 보통 채엽을 청명절 약 4일 전부터 시작해 늦어도 청명절 10일 후까지 완료한다. 풍격이 매우 독특하고, 연간 생산량도 매우 적어 출시 직후에는 높은 가격대를 형성한다. 소비자들은 자신의 필요와 구매력을 고려해 가격이 합리적인 시점에 구입하는 것이 좋다.

군산은침과 백호은침에 차이점이 있다면?

찻잎의 종류에 의하면, 군산은침은 황차류, 백호은침은 백차류에 속한다. 외관상으로는 군산은침은 건조 찻잎의 싹이 곧고 튼실하며, 백호가 뒤덮고 있다. 색상이 밝고 선명하며, 안쪽은 황색을 띤다. 찻빛은 등황색이고, 향은 높고 상쾌하며, 맛은 달고 청량하다.

백호은침은 건조 찻잎이 바늘처럼 곧고, 백호가 촘촘히 뒤덮여 있어 은회색을 띤다. 찻빛은 살구색으로 밝고 투명하다. 향은 맑고 신선하고, 맛은 순수하고 농후하면서 회감이 있다.

군산은침을 쓴맛, 떫은맛이 안 나게 우리는 방법은?

군산은침을 유리잔에 우릴 때 찻물이 쓰고 떫지 않게 하려면, 투차량(投茶量)을 적게 잡는 방식으로 찻물의 농도를 낮춰 줄 수 있다. 또한 우리는 시간이 너무 길어도 찻물이 쓰고 떫어지기 때문에 찻물이 우러나온 뒤 되도록이면 빨리 마시는 것이 좋다.

군산은침(君山銀針)　　　　　　　백호은침(白毫銀針)

군산은침을 우릴 때, '삼기삼락(三起三落)'이 일어나는 이유는?

군산은침은 물에 넣으면 황아(黃芽)가 물을 흡수하면서 순간적으로 싹의 머리부분의 밀도가 변화한다. 이때 싹의 겉부위가 물을 흡수해 밀도가 증가하면 황아가 가라앉고, 다시 싹의 머리부분의 부피가 팽창되어 밀도가 감소하면 황아가 떠오른다. 이렇게 떠오르고 가라앉길 세 번 반복하면서 '삼기삼락(三起三落)'의 진귀한 광경이 펼쳐진다. 싹이 떠오르면서 곧게 서는 모습은 마치 땅에서 돋아나는 죽순 같고, 물을 흡수해 가라앉을 때는 꽃송이가 떨어지는 모습과 같다. 마지막으로 잔 바닥에 가라앉을 때는 검과 창이 빼곡히 서 있는 듯하다. 군산은침은 싹의 자취와 찻빛이 어우러져 운치를 더하고, 차향도 향기로워 차를 마시는 사람에게 아름다운 찻자리를 선사해 준다.

군산은침을 우린 즉시 '삼기삼락'이 곧바로 일어나지 않는 이유는?

군산은침은 우린 직후에 곧바로 떠오르지 않는다. 약 3~5분이 지나 싹이 완전히 물을 흡수한 뒤에야 싹의 뾰족한 끝부분은 위쪽으로, 잎자루는 아래쪽으로 향해 위아래로 삼기삼락하고, 마지막에 잔 바닥에 곧게 내려앉는다.

군산은침을 가정에서 우릴 때 적당한 방법은?

군산은침을 일반 가정에서 우릴 때는 투명한 일자형 유리잔을 사용하는 것이 좋다.
여기서는 군산은침을 우리는 간략한 방법을 소개한다.

1 적당량의 군산은침을 차하에 담는다.

2 뜨거운 물로 유리잔을 예열한다.

3 예열한 뒤의 물은 수우에 쏟아 버린다.

4 약 70도의 더운물을 다시 유리잔의 3할까지 따른다.

5 차시를 사용해 건조 찻잎을 유리잔에 넣는다.

6 물 주전자를 높이 치들어 유리잔의 7할까지 물을 따른다.

7 찻잎이 수면에서 가라앉으면서 물속에서 펼쳐지는 모습을 감상한다.

곽산황아

(霍山黃芽)

건조 찻잎	곧게 펼쳐져 있으며, 크기와 연한 정도, 색상과 윤기가 일정하고 송이를 이룬다. 모양은 작설 같고, 연녹색의 호(毫)로 덮여 있다.
찻빛	황록색을 띠고, 맑고 투명하다.
향	청아하고 순수한 향이 오래 지속된다.
맛	신선하고 순수하며 농후하다. 그리고 입안을 감도는 회감이 있다.
우린 찻잎	황록색을 띠고 연하며, 크기와 모양이 균일하다.

곽산황아(霍山黃芽)의 정통 원산지는?

곽산황아는 안후이성 서쪽 다볘산구의 훠산현(霍山縣)에서 생산된다. 다화핑진(大化坪鎭) 지역 진지산(金鷄山)과 타이양향(太陽鄕) 지역 진주평(金竹坪)에서 생산되는 것이 품질이 가장 좋다.

곽산황아는 안후이성 제일의 역사적인 명차로, 최초의 기록은 서한(西漢) 시대 사마천(司馬遷, B.C. 145?~B.C. 86?)의 『사기(史記)』에서 찾아볼 수 있다.

'수춘(壽春)의 산에는 황아(黃芽)가 있는데, 끓여 마실 수 있고, 오랫동안 음용하면 신선이 될 수 있다.'는 구절이다. 여기서 수춘은 곽산이 속한 지역의 옛 지명이다. 또한 곽산황아는 당나라에서 청나라의 시대에까지 '공차(貢茶)'로 지정되기도 했다.

곽산황아는 보통 곡우 2~3일 전에 채엽을 시작해, 갓 펼쳐진 일아일엽이나 일아이엽을 원료로 다섯 단계의 가공 과정을 거쳐 생산된다.

안후이성
(安徽省, 안휘성)

● **훠산현**
(霍山縣, 곽산현)

곽산황아가 유명한 이유는?

곽산황아가 유명한 이유는 건강적인 효능이 매우 뛰어나기 때문이다. 곽산황아는 방향성 성분이 약 46종에 달하고, 그중 제라니올(Geraniol)의 함량은 일반 명차보다 5배나 많다. 또 다양한 비타민류와 천연 미네랄, 폴리페놀 화합물, 다당류 및 일부 아미노산을 풍부히 함유하여 다이어트에 도움이 된다. 또 열을 내리고, 치아를 보호하고, 눈을 밝게 한다. 이 밖에도 항산화, 항방사선, 항노화, 면역력 증강 등의 다양한 효능이 있다.

고급 곽산황아(霍山黃芽)

곽산황아의 감별 방법은?

최고급 곽산황아는 수분 함량이 낮다. 보통 차의 수분 함량이 6%이면, 곽산황아는 5%로 손으로 문지르기만 해도 부서져 가루가 된다. 그러나 가짜 곽산황아는 건조 상태가 그보다 안 좋다.
또 곽산황아는 생산지와 기후에 따라 그 특징이 다르다. 차의 향도 상이하여, 청아하면서 순수한 향, 꽃향, 잘 익은 밤향으로 분류할 수 있다. 진품 곽산황아는 향이 높고 순수하지만, 가짜 곽산황아는 보통 그와 같은 향이 없다. 향이 있어도 매우 약하고 순수하지 못하다.

곽산황아를 우리는 적당한 방법은?

곽산황아를 우릴 때 물의 온도는 약 70도가 적당하고, 유리잔을 사용하는 것이 가장 좋다. 우선 소량의 더운물로 찻잎을 적시는데, 이때 황아가 물을 머금고 팽창하면서 찻잎의 유효 성분이 더 잘 우러나오게 된다.
그 뒤 주전자를 높이 치들어 잔의 7할까지 물을 따르면서 찻잎을 아래위로 굴려 주면 영양분이 빠르게 침출될 수 있다.

곽산황아를 보통 우리는 횟수는?

곽산황아는 보통 3회 정도 우린다. 첫 번째로 우릴 때는 순수한 향을 느낄 수 있고, 두 번째 때는 차의 가장 진한 향과 맛을 음미할 수 있다. 세 번째부터는 차의 맛과 향이 연해진다. 보통 세 번째로 우린 뒤에는 더 이상 마시지 않는다.

가늘고 연한 싹과 잎이 높은 곳에서 떨어지는 물줄기를 따라 아래위로 구르며 운치를 더해 준다.

Part

06

청차(青茶)/우롱차(烏龍茶)

'이 차는 천상에나 있을 법하니, 인간 세상 어디에서 몇 번이나 과연
맛볼 수 있을까.' 우롱차를 표현하기에 더없이 알맞은 표현이다.
우롱차의 향과 맛은 차 중에서도 걸출하다고 할 수 있다.
녹차의 청아하고도 순수한 향과 감미로우면서도 달콤한 맛과
홍차의 농후한 향도 겸비하고 있기 때문이다. 난 같기도 하고
매화 같기도 한 다양한 향이 오랫동안 흩어지지 않는다. 음미하는 사람이
자신도 모르게 빠져들면서 그 연유를 알고 싶어 할 정도이다.

우롱차를 '청차(靑茶)'라고 하는 이유는?

우롱차는 '부분 산화차(部分酸化茶)'에 속하며, 색상이 철과 비슷한 청갈색을 띠어서 '청차(靑茶)'라고도 한다. 찻잎의 중심부는 녹색이고, 가장자리는 붉어 '녹엽홍상변(綠葉紅鑲邊)'이라는 아름다운 별칭도 있다.

또 우롱차는 홍차와 녹차의 가공 과정에서의 장점이 결합되어 살청과 산화의 과정이 있다. 적당히 성숙한 찻잎을 채엽하기 때문에 노쇠해 보이는 특징도 있다. 우롱차는 몸을 날씬하게 하는 차라 하여, 중국과 타이완에서는 '묘조차(苗條茶)'라고도 한다. 소화와 이뇨를 돕고, 다이어트에 도움이 된다. 또 항알레르기와 항암 효능도 탁월하다.

철의 색상과 비슷한 청갈색의 안계철관음(安溪鐵觀音).

우롱차의 발원지는?

우롱차의 발원지는 푸젠성으로, 품종과 종류가 매우 다양하다. 철관음(鐵觀音), 수선(水仙), 무이육계(武夷肉桂), 포종(包種), 황금계(黃金桂) 등이 대표적이다.

우롱차는 중국 고유의 차로 푸젠성과 광둥성, 타이완에서 주로 생산된다. 가공 기술은 6대 차류 중에서도 가장 복잡하다. 홍차와 녹차의 가공 과정에서의 장점이 결합되어 살청과 산화의 과정이 있다. 적당히 성숙한 찻잎을 채엽해 만들어 노쇠한 듯이 보인다.

우롱차의 대표적인 상품은?

우롱차의 대표적인 차로는 안계철관음(安溪鐵觀音), 동정우롱(凍頂烏龍), 대홍포(大紅袍), 철라한(鐵羅漢), 무이육계(武夷肉桂), 민북수선(閩北水仙), 영춘불수(永春佛手), 황금계(黃金桂), 봉황단총(鳳凰單叢), 백호우롱(白毫烏龍), 문산포종(文山包種)이 있다.

우롱차를 다시 분류하면?

우롱차는 산지와 가공 기술에 따라, 민북우롱(閩北烏龍), 민남우롱(閩南烏龍), 광동우롱(廣東烏龍), 대만우롱(臺灣烏龍)으로 분류된다. 민북우롱에는 철라한, 민북수선, 대홍포, 무이육계, 민남우롱에는 안계철관음, 황금계, 본산우롱(本山烏龍) 등이 있다. 광동우롱에는 봉황단총, 봉황수선(鳳凰水仙), 영두단총(嶺頭單叢), 대만우롱에는 동정우롱, 문산포종(文山包種) 등이 있다.

우롱차인 무이육계. 건조 찻잎이 노쇠한 듯하며 홀쭉해 보인다.

민북우롱(閩北烏龍)의
철라한(鐵羅漢)

민남우롱(閩南烏龍)의
황금계(黃金桂)

광동우롱(廣東烏龍)의
봉황단총(鳳凰單叢)

타이완우롱(臺灣烏龍)
동정오롱(凍頂烏龍)

우롱차의 가공 방식은?

우롱차의 가공 기술은 6대 차류 중에서 가장 복잡하다. 먼저 찻잎을 강한 햇볕을 쬐어 단기간에 시들게 하는 '일광 위조(日光萎凋)'와 햇볕에 건조시키는 '쇄청(曬靑)', 그리고 실내에 찻잎을 펼쳐 놓고 시들게 하는 '실내 위조(室內萎凋)'가 있다. 그리고 서늘한 실내에서 찻잎의 열기를 식히는 '양청(凉靑)'과 찻잎을 흔들어 상처를 내 산화시키는 '요청(搖靑)', 찻잎을 가열해 산화효소를 비활성화시키는 '살청(殺靑)'이 있다. 그 다음으로는 찻잎을 손으로 비벼 성형하는 '초유(初揉)', 찻잎을 천으로 감싸 비비며 성형하는 '포유(包揉)', 그리고 '건조(乾燥)'의 과정이 있다.

일광 위조와 실내 위조는 찻잎의 수분을 일부 제거해 찻잎 내부의 물질을 전환해 적당히 산화시키는 것을 목적으로 한다.

안계철관음의 우린 찻잎에 보이는 '녹엽홍상변'. 독특한 요청 과정을 통해 형성된다.

요청은 우롱차의 우린 찻잎에 독특한 '녹엽홍상변(綠葉紅鑲邊)'과 특유의 향을 형성시키기 위한 과정이다. 살청은 찻잎이 계속 붉게 변하는 것을 막기 위한 것으로, 알맞게 형성된 품질을 적당히 유지시켜 준다. 초유와 포유는 찻잎의 형태를 구형이나 '조색형(條索形)'으로 성형하고, 차즙이 배어 나오도록 하는 과정이다. 건조는 찻잎 중의 잔여 수분과 쓴맛과 떫은맛을 없애는 과정으로, 차의 향을 높이고 맛을 더해 준다.

우롱차의 특징은?

우롱차는 우려낸 찻잎의 가장자리가 붉은색을 띠는 '녹엽홍상변(綠葉紅鑲邊)'의 특징이 있다. 맛은 순수하고 농후하며, 입안을 감도는 단맛의 회감도 있다. 녹차의 쓴쓸하고 떫은맛이나 홍차의 농렬한 맛은 없지만 오히려 녹차의 청아한 향과 홍차의 감미롭고도 순수한 맛을 겸비하고 있다. 우롱차는 특히 '후운(喉韻)'을 느낄 수 있다. 후운이란 차를 마신 뒤 후두에 느껴지는 감미롭고 청량한 뒷맛이다. 무이암차(武夷岩茶)에서는 암차만의 감미롭고 그윽한 정취인 '암운(岩韻)'을, 안계철관음(安溪鐵觀音)에서는 철관음만의 독특한 정취인 '음운(音韻)'을 느낄 수 있다.

우롱차는 잎자루가 적을수록 좋은가?

우롱차는 찻잎의 줄기, 즉 잎자루가 적을수록 좋은 것이 아니라 오히려 적당히 있는 것이 더 좋은 것이다. 우롱차의 재료가 될 찻잎은 일반적으로 이엽과 삼엽을 채취하는데, 잎이 완전히 펼쳐진 것을 채엽한다고 하여, 이를 '개면채(開面採)'라고도 한다. 이렇게 채엽한 우롱차의 찻잎은 가공한 뒤에 잎자루가 포함되어 있는 것을 볼 수 있다. 잎자루에는 상당량의 방향성 물질과 영양분이 함유되어 있다. 이러한 성분들은 찻잎을 우릴 때 차에 전체적으로 퍼지고, 차의 순수하고 진한 정도를 높이는 작용을 한다. 그 밖에도 우롱차는 양호한 상태로 장기간 보관하면 회감이 더 좋아지고, 시간이 흐를수록 깊어지는 진향(陳香)이 더욱 순수해진다. 따라서 우롱차의 좋고 나쁨을 평가할 때 차 안에 잎자루가 있는지의 여부는 중요한 평가 기준이 될 수 없다. 그보다는 차를 직접 우려내 구체적으로 찻물의 상태와 맛을 보고 우롱차를 감별해야 한다.

우롱차의 찻빛이 다양한 이유는?

우롱차는 산지와 차나무의 품종에 따라 찻물에 다소 차이가 있다. 찻빛도 맑고 윤기가 있는 담황색이나 밝은 황색에서 상당히 고운 등황색, 등홍색에 이르기까지 매우 다양하다. 건조 찻잎의 색상이 녹색을 띠고, 산화 정도가 약할수록 찻빛도 더 연해진다. 반면 건조 찻잎의 색상이 갈록색, 갈홍색을 띠고 검고 윤기가 있을수록 찻빛은 더욱더 진해진다.

건조 찻잎이 녹색을 띨수록
찻빛이 연하다.

건조 찻잎이 갈색을 띨수록
찻빛이 진하다.

우롱차를 우릴 때는 윤차(潤茶)가 필요한가?

최근에는 우롱차를 우릴 때 찻잎을 뜨거운 물로 씻어 먼지나 냉기를 제거하는 세차(洗茶) 작업만 할 뿐이다. 그러나 번거롭지 않다면, 건조 찻잎을 촉촉히 적셔서 찻잎의 맛과 향이 충분히 우러나도록 하는 작업인 윤차(潤茶)를 하는 것도 좋다. 이때 주의할 점은 끓는 물이 아니라 더운 물로 윤차를 해야 한다는 점이다. 끓는 물로 윤차를 하면 차의 향과 맛이 분산되고 유실되어 본연의 맛과 향을 즐길 수 없기 때문이다.

일반적으로 더운 물로 윤차한 첫 찻물은 마시지 않고 버린다. 그 뒤 100도의 끓는 물, 즉 기포가 올라올 정도로 완전히 끓는 물을 사용해 우롱차를 우린다. 차호는 미리 예열해야 하고, 차가 우러난 뒤에도 차호 내의 온도를 유지하기 위해 더운물을 지속적으로 끼얹어 주어야 한다.

우롱차를 100도의 끓는 물로 우리는 이유는?

우롱차는 보통 생장기가 비교적 긴 성숙한 싹과 잎으로 만들고, 한 번에 많은 양의 찻잎을 넣고 차를 우린다. 또 우롱차에 함유된 방향성 물질은 높은 온도에서 잘 침출되기 때문에 일반적으로 100도의 끓는 물로 우리는 것이 가장 좋다.

우롱차를 윤차한 뒤 물은 수우에 쏟아 버린다.

우롱차를 마실 때 세 가지의 금기 사항은?

우롱차를 마실 때는 세 가지의 금기 사항이 있다. 첫째, 공복에 마시지 않는다. 공복에 마시면 허기를 느끼고, 심지어 어지러우면서 눈앞이 아른거려 구토를 유발하기도 한다. 둘째, 자기 전에 마시지 않는다. 자기 전에 마시면 쉽게 잠들지 못한다. 셋째, 식은 뒤에 마시지 않는다. 우롱차는 식으면 성질이 차가워져서 위장을 자극해 좋지 못하다.

우롱차를 우릴 때 알맞은 차구는?

우롱차를 우릴 때는 차 향의 유지와 차 향을 맡는 '문향(聞香)'에 도움이 되는 자사(紫沙) 차구나 뚜껑이 있는 백자 차구를 사용하는 것이 좋다.

자사(紫沙) 사발에 담긴 우롱차. 자사의 농후한 색상은 우롱차의 진향(陳香)과
잘 어울린다.

Chinese Tea

푸젠성 지역에서 우롱차를 우리는 방식은?

푸젠성 지역에는 우롱차를 마실 때 사용하는 독특한 차구 세트가 있다.
또한 차를 우리는 방법도 매우 중요시해, 20여 단계의 절차로 세분화할 수 있을 정도이다.
이렇게 시간과 노력을 들여 끓인 차를 '공부차(工夫茶)'라 한다.
여기서는 공부차를 우리는 방법을 간략히 소개한다.

차도 육용

차호

공도배

품명배

차반

1 차구를 준비한다.

2 차호, 공도배, 품명배에 차례대로 깨끗한 물을 부어 씻어 낸다.

3 70~80도의 더운물로 차호를 예열하고, 사용한 물은 쏟아 버린다.

4 차를 넣는다. 차와 물은 1:30의 비율로 한다.

5 100도의 끓는 물을 차호 가득히 따른다.

6 차호의 뚜껑을 사용하여 거품을 걷어 낸다.

7 차호에 물을 붓는다. 뚜껑을 덮은 차호에 끓인 물을 부어 차호의 온도를 높이고 표면을 깨끗이 씻어 낸다. 이를 '맹신임림(孟臣淋霖)'이라 한다. 맹신(孟臣)은 명나라 시대 자사호를 제작한 명인으로, 후대 사람들은 훌륭한 차호를 맹신에 비유했다. 임림(淋霖)은 장마철에 비가 쏟아지는 모양을 뜻한다. 따라서 맹신임림은 장마철 비가 쏟아지는 것처럼 차호에 물을 부어 예열하는 것을 일컫는다.

8 2분 정도 지나면, 찻잔마다 농도가 균일하도록 차를 차례대로 따른다. 마치 관우(關羽)가 성을 순찰하는 듯하다 해서, 이를 '관공순성(關公巡城)'이라고 한다.

9 차호에 소량의 찻물이 남았을 때는 각 찻잔마다 그 찻물을 나눠 따르면서 농도를 균일하게 맞춘다. 이를 '한신점병(韓信点兵)'이라 한다. 한신(韓信)이 병정을 세심히 파견하듯, 남은 찻물을 한 방울씩 찻잔에 나눠 따른다는 뜻이다.

우롱차를 마실 때 주의할 점

우롱차를 우릴 때는 주전자를 높이 치들고 물을 부어 차호 안의 찻잎을 굴려 주어 차가 잘 우러나도록 한다. 또 차를 따를 때는 찻잔 가까이 낮게 따라 내어 향이 흩어지지 않도록 한다. 이를 '높이 붓고 낮게 따른다'는 뜻에서 '고충저짐(高沖低斟)'이라 한다. 찻잔을 들 때는 엄지와 검지로 찻잔을 가볍게 잡고, 중지로 찻잔 밑을 받쳐 준다. 이는 세 마리 용이 세발솥을 감싼 형태에 비유해 '삼룡호정(三龍護鼎)'이라 한다. 우롱차를 음미할 때는 맛이 '향(香, 향긋함), 청(淸, 맑음), 감(甘, 감미로움), 활(活, 역동적임)'한 것이 상등품이다. 그리고 마신 뒤에 차의 향이 오래가는 '후운(喉韻)'이 중요시되어 조금씩 세밀히 마시는 것이 좋다.

광둥성 지역에서 우롱차를 우리는 방식은?

광둥성 차오저우(潮州)와 산터우(汕頭) 일대의 사람들은 우롱차를 작은 찻잔에 조금씩 세밀하게 마시는 것을 즐긴다.

차를 우리는 물은 단맛의 시원한 산천수를 사용하는데, 물이 끓으면 곧바로 불을 끄고 차를 우려낼 준비를 한다. 먼저 차호를 예열하고, 찻잎을 넣은 후 잘 우려낸 뒤에 찻잔에 차를 따라 내어 맛을 본다. 이때 차를 조금씩 마시는 '철차(啜茶)'라는 방식은 매우 독특하다. 우선 찻물이 코끝에 닿을 정도로 찻잔을 가까이 들고 향을 맡아 보는데, 오로지 진한 향이 코에 스며드는 것을 느껴 본다. 그리고 엄지와 검지로 찻잔의 가장자리를 잡고, 중지로는 찻잔 밑을 받쳐 들어 올린 뒤 찻잔을 기울여 찻물을 입에 털어 넣는다. 찻물을 머금고 입안에서 돌려 가며 음미해 보면 어느새 감미로움만 남는다. 찻물을 넘긴 뒤에도 입으로 '찍! 찍!'하며 돌이켜 음미해 보면, 코와 입에 향이 감돌고 인후에는 침이 돌면서 뒷맛이 오래 지속된다. 이렇게 차를 마시는 방식은 갈증 해소가 아니라, 우롱차의 향과 맛을 감상하고, 물질과 정신의 즐거움을 누리는 것이 목적이다.

1 차구를 준비한다. 충분한 양의 물을 끓인다.

<u>2</u> 더운물로 차호를 예열한다.

<u>3</u> 더운물로 품명배를 예열한다.

<u>4</u> 차통에서 적당량의 찻잎을 흰 종이에 들어낸다.

<u>5</u> 찻잎을 차호에 넣는다.

<u>6</u> 약 70도의 물을 차호에 가득히 따른다.

<u>7</u>　차호의 뚜껑으로 하얗게 떠오른 거품을 걷어 낸다.

<u>8</u>　뚜껑을 덮은 뒤 더운물을 차호에 끼얹어 거품을 씻어 낸다.

<u>9</u>　품명배를 비스듬히 돌려가며 예열한다.

<u>10</u>　차를 관공순성(關公巡城)하듯이 차례대로 따른다.

<u>11</u>　남은 찻물을 한신점병(韓信点兵)하듯이 따라 농도를 고르게 한다.

타이완에서 우롱차를 우리는 방식은?

타이완에서 차를 우리는 방식은 푸젠성이나 광둥성 지역과 비교했을 때 차의 향을 맡는 '문향(聞香)' 단계가 부각되어서, 이를 위해 전문적으로 제작한 길쭉한 형태의 문향배를 찻잔과 함께 사용한다. 또 각 찻잔의 찻물 농도를 맞추기 위한 공도배가 더해져 조화를 이룬다.

차구를 예열하고, 건조 찻잎을 감상하고, 찻잎을 차호에 넣고, 향을 맡고, 차를 우린 뒤 찻잔에 따르는 대부분의 과정은 푸젠성과 타이완의 방식이 비슷하다. 그러나 타이완에서는 차를 따를 때 먼저 문향배에 찻물을 따르고, 품명배를 그 위에 덮는다.

약 15~30초가 지난 뒤, 엄지로 품명배를 누르고 검지와 중지로 문향배의 아랫부분을 잡아 안쪽으로 회전시키면서 품명배와 문향배를 뒤집어 준다. 그리고 엄지와 검지, 중지로 문향배를 잘 잡고 천천히 틀어 주어 찻물이 품명배에 잘 흘러 들어가도록 한다.

그 뒤 문향배를 코끝에 가까이 대고 향을 맡는데, 두 손바닥 사이에 문향배를 끼우고 비벼 주면서 향을 맡는다. 이렇게 하면 손의 열기를 이용해 문향배에 남아 있는 향을 충분히 발산시킬 수 있다. 곧이 어 찻빛을 감상하고, 우롱차의 전체적인 맛을 세세하게 음미한다. 이와 같이 두세 차례에 걸쳐 차를 마 신 뒤에는 문향배를 사용하지 않고, 찻물을 모두 공도배에 부은 뒤 품명배에 나눠 따른다.

품명배를 문향배 위에
덮은 모습.

<u>1</u> 차호를 헹군다.

<u>2</u> 공도배를 헹군다.

<u>3</u> 문향배와 품명배를 헹군
다.

<u>4</u> 적당량의 찻잎을 차하에
담고, 다시 차호에 넣는다.

<u>5</u> 100도의 끓는 물을 차호
에 가득 붓는다.

<u>6</u> 차호의 뚜껑을 이용해 거
품을 걷어 낸다.

<u>7</u> 찻물을 모두 공도배에 부
은 뒤, 다시 문향배에 따
른다.

<u>8</u> 문향을 마치면 품명배에
나눠 따른다.

안계철관음

(安溪鐵觀音)

건조 찻잎	견고하면서 단단하고, 둥글게 말려 있으며, 무게감이 있다. 잎자루는 청색이고, 중심부는 녹색을 띠며, 잠자리 머리 모양과 흡사하다. 색상은 사록색이고, 찻잎 표면에 백상이 덮여 있다. 아름답기는 관음(觀音)과, 무겁기는 철과 같다고 하여, '미여관음중여철(美如觀音重如鐵)'이라고 한다.
찻빛	찻빛이 금황색으로 밝고 투명하다.
향	진한 향이 오랫동안 지속되고, 꽃향이 있다.
맛	순수하고도 농후하며, 감미로우면서도 신선하다. 입안에서 감도는 뒷맛이 감미롭고 달다.
우린 찻잎	새싹이 튼실하고 엽질이 도톰하면서 색이 밝고 윤기가 난다. 비단 같은 광택이 있다.

안계철관음(安溪鐵觀音)의 정통 원산지는?

중국의 10대 명차에 속하는 안계철관음은 푸젠성 안시현(安溪縣)에서 생산된다. 이 지역에서는 당나라 시대부터 차가 생산되기 시작했고, 명나라 시대에는 차 생산이 더욱더 활발해졌다. 『안계현지(安溪縣志)』에는 '창웨(常樂), 충산(崇善) 등의 지역에서 차의 매매가 심히 많다'는 기록이 남아 있다.

안계철관음은 민남우롱차(閩南烏龍茶)의 풍격을 대표하여 '차왕(茶王)'이라고도 한다.

푸젠성
(福建省, 복건성)

안시현
(安溪縣, 안계현)

'철관음(鐵觀音)'이라 부르는 이유는?

전설에 의하면, 청나라 건륭(乾隆) 연간에 푸젠성 안시현에 위음(魏蔭)이라는 사람이 살았는데, 경건하게 부처를 믿어서 매일 맑은 차 한 잔을 관음보살 앞에 드렸다고 한다.

하루는 위음이 나무를 하러 가다 한 관음사(觀音寺) 앞을 지나게 되었는데, 서둘러 무릎을 꿇고 절을 하던 중에 홀연히 눈앞에 밝은 빛을 보게 되었다. 정신을 가다듬고 자세히 살펴보니, 사찰 앞에 한 그루의 기이한 차나무가 자라 있었고, 햇빛 아래에서 반짝이며 빛을 발하는 잎이 매우 튼실하고 둥그스름하며 윤기가 흘렀다.

위음은 관음보살이 현령해서 차나무를 주었다고 생각하여 그 나무를 다원에 옮겨 심었다. 이후 그 차나무의 잎으로 우롱차를 만들었는데, 찻잎이 도톰하고 향이 독특했다. 사람들은 그 잎이 무겁기가 철과 같다고 하여 '중여철(重如鐵)'이라고 불렀는데, 훗날 위음에게 있었던 당시의 기이한 일을 듣고 나서 '철관음(鐵觀音)'이라고 고쳐 부르게 되었다.

안계철관음의 품질을 감별하는 방법은?

안계철관음은 잎이 매우 무게감이 있어 찻잎을 소량으로 차통에 넣어도 땅땅하는 소리가 나는데, 그 소리가 맑은 것은 상등품이고, 탁한 것은 하등품이다.

또 품질이 좋은 안계철관음에서는 천연적으로 진한 난꽃향이 난다. 철관음이 생장하는 차산(茶山)에는 난꽃도 함께 자생해 찻잎이 난꽃의 향을 흡수하기 때문이다.

품질이 우수한 안계철관음은 우린 뒤 찻물이 황금색을 띠고, 찻빛이 선명하고 투명하다. 또한 일곱 번이나 차를 우려내도 향이 남아 있다는 뜻의 '칠포유여향(七泡有餘香)'이라는 별칭이 있을 정도로 그 향이 높고 오래 지속된다.

초보자가 안계철관음을 우릴 때 적당한 차구는?

철관음을 개완에 우리면 간단하고 쉽게 다룰 수 있는 장점이 있지만, 자기 재질의 특성상 열전도가 빨라 손이 데일 위험이 있기 때문에 초보자라면 자사호를 사용해 우릴 것을 권한다. 자사호를 사용해 우리면 순수한 차 본연의 향을 즐길 수 있고, 보온성이 좋으며, 너무 익은 '숙탕'의 맛이 나지 않는다. 차의 진수가 잘 보존되어 차의 특색이 가장 잘 드러난다. 철관음은 내포성이 좋아 보통 3~5회 정도 우려낼 수 있다.

안계철관음의 맛을 평가할 때 향연소배를 사용하는 이유는?

안계철관음의 맛을 평가할 때는 품명배보다 작은 찻잔인 '향연소배(香椽小杯)'를 선택한다. 우롱차는 작은 찻잔으로 3회 이상 나눠 천천히, 세밀하게 맛을 보는 것이 좋기 때문이다. 먼저 향을 맡은 뒤 맛을 보는데, 뜨거울 때 세밀하게 조금씩 마시고, 조금씩 마시면서 계속 향을 맡고, 얕게 따르고 충분히 음미한다. 마시는 양이 많지는 않지만, 입안에 향이 남고 인후에도 회감이 돌아 그 정취가 남다르다.

Chinese Tea

안계철관음을 가정에서 우릴 때 적당한 방법은?

여기서는 일반 가정에서 누구나 개완을 사용하여 안계철관음을
우리는 간략한 방법을 소개한다.

1 충분한 양의 물을 끓인다.
적당량의 철관음을 차하에 담는다.

2 더운물을 부어 개완을 예열하고, 개완
의 물을 공도배에 부은 뒤, 다시 품명배
에 부어 잔을 예열시킨다.

<u>3</u> 차시를 사용해 찻잎을 개완의 5분의 1 정도까지
넣어 준다.

<u>4</u> 끓인 물을 개완에 따른 뒤 신속하게 개완의 물을
공도배에 붓는다. 이어 다시 공도배의 물을 품명
배에 부은 다음, 잔에 있는 물을 모두 차반에 쏟아
버린다.

<u>5</u> 높은 위치에서 찻물이 넘치지 않을 만큼 개완 가
득히 물을 내리붓는다.

<u>6</u> 개완의 뚜껑으로 하얗게 떠오른 거품을 걷어 낸다.

<u>7</u> 우린 찻물을 공도배에 옮기고, 찻잔마다 돌아가
며 차를 나눠 따른다.

대홍포

(大紅袍)

건조 찻잎	견고하면서도 팽팽히 휘말려 있고, 색상은 갈색을 띠고 윤기가 있다.
찻빛	등황색으로 맑고 윤기가 있다.
향	진한 난꽃향이 나고, 향이 높으며 오래 지속된다.
맛	순수하고 농후하며 입안을 감도는 회감이 있다. 암차만의 감미롭고 독특한 정취인 '암운'이 뚜렷하다.
우린 찻잎	홍색과 녹색이 엇갈려 있고, 가장자리가 붉은 '녹엽홍상변(綠葉紅鑲邊)'이 있다.

대홍포(大紅袍)의 정통 원산지는?

대홍포는 푸젠성 우이산에서 생산되고, 무이암차 중에서도 품질이 가장 우수하다. 대홍포의 품종은 우이산 주룽과(九龍窠)의 기암 절벽에서 자생하는데, 그 암벽에는 1927년 톈신사(天心寺)의 한 승려가 '대홍포(大紅袍)'라 새긴 석각(石刻)이 지금까지 보전되고 있다.

이 지역은 일조 시간이 짧고, 반사광이 많으며, 일교차가 크고, 절벽의 정상에서는 일 년 내내 샘물이 흘러내린다. 현재 대홍포 차나무는 6그루가 있다. 모두 관목형이고, 엽질이 비교적 두껍고 새싹은 약간 붉은 빛을 띤다. 차나무와 암석에 햇빛이 내리쬐면 암석에서 빛이 반사되어 붉은빛이 더 뚜렷하게 보인다.

오늘날 시장에서 유통되는 대홍포는 모수(母樹)에서 무성번식한 것으로 품질이 모수와 동일하다.

푸젠성
(福建省, 복건성)

우이산
(武夷山, 무이산)

대홍포라고 부르는 이유는?

'대홍포'에는 다음과 같은 전설이 있다. 톈신사의 한 승려가 주룽과 암벽에 자생하는 차나무의 새싹으로 만든 차로 어느 황제의 질병을 치유해 주었다고 한다. 그 황제는 감사의 뜻을 표하기 위해 입고 있던 홍포(紅袍)를 차나무에 덮어 주었는데, 그 홍포가 차나무를 붉게 물들였다고 한다. '대홍포'라는 이름은 여기서 유래된 것이다.

대홍포의 가장 큰 특징은?

대홍포의 가장 큰 특징은 향이 높고 진하며, 난꽃향이 있고, 오래 지속되고, '암운'이 뚜렷하다는 점이다. 대홍포는 특히 내포성이 강해 예닐곱 번을 우려내도 그 향이 여전하다. 대홍포는 작은 차호와 작은 찻잔을 사용해 천천히, 세밀하게 차를 마시는 '공부차(工夫茶)'의 절차에 따라 마시고 평가해야만 암차 최고의 암운을 음미할 수 있다.

암차(岩茶)의 암운(岩韻)이란?

차의 '운미(韻味)'라는 것은 차를 마신 뒤 후두에서 느껴지는 감미롭고도 청량한 뒷맛인 '후운(喉韻)'을 지칭한다. 좋은 차를 마시면 찻물은 입안 가득 향을 남기고, 혀에 감미롭고 촉촉한 느낌을 남기며, 맛이 순수하고 진하고 청량하며, 뒷맛이 길게 남는다. 특히 암차의 후운은 특별히 '암운(岩韻)'이라고 하며, 암차에서만 맛볼 수 있는 정취이다. 이 암운은 예리하면서도 진하고 오래간다. 또 맑고 심원(深遠)하다. 맛이 진하고 순수하며, 신선하고도 매끄러운 회감이 있다. 이른바 '암골화향(岩骨花香)'의 우월함을 갖고 있다는 뜻의 '품구암골화향지승(品具岩骨花香之勝)'이란 말은 바로 이러한 정취를 가리킨다.

시중에 유통되는 대홍포는 진품인가?

대홍포는 주룽과 지역에서만 생산되는 것이 아니다. 현재에는 무성번식을 통해 모수와 같은 특징을 갖는 수백 묘의 대홍포가 성공적으로 복제 증식되어 재배된다.

모수와 같은 특징을 갖고 있으면, 2대, 3대 심지어 20대까지도 모두 모수와 같은 품종으로 인정된다. 따라서 모수로부터 무성번식한 대홍포는 모두 진품이다. 현재 시장에 유통되는 대홍포는 모수로부터 무성번식한 것으로 그 품질이 모수와 동일하다.

대홍포를 우린 모습. 작은 백색의 잔에 차를 따라 내 천천히 음미하면 암차 최고의 진정한 운미를 감상할 수 있다.

대홍포를 가정에서 우릴 때 적당한 방법은?

여기서는 일반 가정에서 자사호를 사용해 대홍포를 우리는 간략한 방법을 소개하기로 한다.

1 적당량의 대홍포를 차하에 담는다.

2 끓는 물로 자사호를 예열한다.

3 그 물로 공도배를 예열한다.

4 다시 그 물로 품명배에 부어 잔을 예열한다.

5 차호 밖으로 찻잎이 새지 않도록 차루(茶漏)를 얹는다. 그리고 차시를 사용해 찻잎을 넣는다.

6 끓인 물을 차호의 절반 정도 붓는다.

7 그 물을 신속히 공도배로 옮긴다. 이어 공도배의 물은 수우에 버린다.

8 차호의 가장자리를 따라서 찻물을 붓기 시작한다.

9 찻물에 거품이 일고 넘칠 만큼 가득 붓는다.

10 차호의 뚜껑으로 거품을 걷어 낸 뒤 잘 덮어 준다.

11 품명배를 예열하는 데 사용한 물은 수우에 버리고, 품명배를 잔 받침인 배탁(杯托)에 놓는다.

12 차호에 물을 끼얹고 약 30초가 지난 뒤 우린 찻물을 공도배로 옮긴다.

13 공도배의 찻물은 각자의 품명배에 나눠 따른다.

동정우롱

(凍頂烏龍)

건조 찻잎	단단하고 둥글게 휘말린 반구형의 모습이다. 색상은 짙은 녹색으로 선명하고, 개구리 피부색과 같은 점이 있다.
찻빛	등황색을 띤다.
향	맑고 향긋하며, 계화향과 비슷하다.
맛	순수하고 농후하여 입안을 감도는 회감이 강하다.
우린 찻잎	연녹색으로 가장자리가 붉다.

동정우롱(凍頂烏龍)의 정통 원산지는?

타이완(대만)에서 가장 성스러운 차, 즉 '대만차중지성(臺灣茶中之聖)'으로 칭송되는 동정우롱은 타이완 난터우현(南投縣) 루구향(鹿谷鄉) 펑황산(鳳凰山)의 지맥인 둥딩산(凍頂山)에서 생산된다. 차 산지는 해발고도 약 700m의 지역에 위치하고, 토양에는 유기질이 풍부히 들어 있다. 연평균 기온은 약 20도로 일정하여 차나무의 재배에 적합한 자연환경을 갖추고 있다.

'동정(凍頂)'은 무슨 뜻인가?

동정우롱은 타이완 루구향 부근의 둥딩산(凍頂山)에서 생산된다. 이 산지는 안개가 자욱하고 비가 많으며, 산세가 가파르고 험해, 조심스럽게 '발 끝을 사용해야' 산에 오를 수 있다고 한다. 현지에서는 이를 '발끝이 얼었다'는 뜻의 '동각첨(凍脚尖)'이라 속칭하였고, 이로부터 '동정산'이라는 이름이 유래되었다는 속설이 있다. 동정우롱의 등급은 특선(特選), 춘(春), 동(冬), 매(梅), 난(蘭), 죽(竹), 국(菊)으로 분류된다.

동정우롱은 겨울차(동차)가 더 좋은가?

동정우롱은 청심우롱 등 우수 품종의 차나무에서 딴 싹과 잎을 원료로 하는데, 채엽 작업은 주로 수작업으로 한다. 보통 곡우를 전후로 마주보는 이엽, 삼엽의 찻잎을 따 내고, 일 년에 4~5회 정도 채엽한다. 춘차는 순수하고 진하며, 동차는 향이 높고 품질이 우수하다. 추차는 그보다는 못하다.

동정우롱을 만드는 방법은?

동정우롱을 가공할 때는 먼저 강한 햇볕 아래에서 단시간 내에 생잎을 시들게 하는 일광 위조의 과정을 거친다. 이어 실내에서 생잎을 넓게 펼쳐 놓고 시들게 하는 실내 위조와 수

동정우롱의 짙은 녹색 광택과 호박색의 찻물은 상쾌한 느낌을 준다

분이 고르게 증발되도록 손으로 뒤섞어 주는 '교반(攪拌)' 작업에 들어간다. 그 뒤 뜨거운 솥에 찻잎을 덖는 초청, 찻잎을 비벼 세포벽을 파괴하고 성형하는 유념 작업이 진행된다. 이 작업이 끝나면 뭉친 덩어리를 풀어주는 '해괴(解塊)' 과정을 거친 뒤, 1차적으로 건조시키는 '초건(初乾)' 또는 '초배(初焙)' 작업에 들어간다. 이어 찻잎을 둥글게 말아 주는 '단유(團揉)', 재차 덖어 주는 '복초(復炒)' 과정이 진행된다. 마지막으로 찻잎의 품질을 고정하기 위해 건조시키는 '재건(再乾)'이나 '복배(復焙)'의 과정을 거친다. 이 가공 과정 중에서도 '실내 위조'와 '교반'의 과정은 동정우롱의 품질을 형성시키는 가장 중요한 과정이다.

동정우롱은 '포종차(包種茶)'에 속하는가?

동정우롱은 보통 '우롱(烏龍)'이라고 하지만, 실제로는 '포종(包種)'에 속한다. 동정우롱은 품질이 매우 우수하고, 외형은 단단하고 둥글게 휘말린 반구형이다. 향이 높고 맛이 진하며, 찻빛은 등황색이다. 또 동정우롱은 타이완을 대표하는 명차로 품질에 따라 등급이 있는데, '본산동정우롱(本山凍頂烏龍)'과 일반적인 '동정우롱'으로 구분된다.

포종차는 우롱차의 일종이며, 우롱차 중에서 산화도가 가장 낮다. 포종차는 타이완에서 생산되는데, 타이완 우롱차 중에서도 차지하는 비중이 가장 높다. 포종차는 외형에 따라서는 폭이 좁고 긴 형태인 '조형(條形)'과 '반구형(半球形)'으로 구분된다. 조형 포종차는 문산포종, 반구형 포종차는 동정우롱이 대표적이어서, 흔히 '북문산, 남동정(北文山, 南凍頂)'이라고 칭송된다.

반구형 포종차인 동정우롱. 찻잔의 가장자리가 황금빛을 띤다.

동정우롱을 가정에서 우릴 때 적당한 방법은?

여기서는 가정에서 자사호를 사용하여 동정우롱을 우려내는 간략한 방법을 소개하기로 한다.

1 차호에 끓는 물을 부어 예열한다.

2 차호를 예열한 물을 공도배에 붓는다.

3 공도배를 예열한 물을 품명배에 부어 예열한다.

<u>4</u> 차호에 차루를 얹고, 차시를 사용해 찻잎을 넣는다.

<u>5</u> 차호에 물을 따른 뒤 재빠르게 공도배로 옮겨 붓는다.

<u>6</u> 차호에 다시 찻물이 넘칠 만큼 가득 따른다.

<u>7</u> 차호의 뚜껑으로 거품을 걷어 낸 뒤 잘 덮어 준다.

<u>8</u> 공도배에 담긴 찻물을 끼얹어 차호를 씻어 낸다.

<u>9</u> 차협(茶夾)을 사용해 문향배를 옮겨 예열한 뒤, 그 물로 품명배를 예열한다. 사용한 물은 차반에 쏟고, 차건(茶巾)으로 닦아 제자리에 놓는다.

10 차호를 씻어 내고 약 30초 뒤에 찻물을 공도배에 전부 따른다.

11 공도배의 찻물을 각 문향배에 균일하게 나눠 담는다.

12 품명배를 문향배 위에 엎어 둔다.

13 양손의 검지로 문향배 밑을 받치고, 엄지로는 품명 배를 누르면서 재빨리 뒤집어 준다.

14 양손으로 잔받침인 배탁을 들고 우려낸 차를 손님 에게 건넨다.

15 문향배와 품명배를 뒤집어 놓은 뒤, 문향배를 집 어 든다.

16 문향배를 손으로 비비며 향을 맡는다.

17 차를 마시며 음미한다.

문산포종

(文山包種)

건조 찻잎 견고하면서도 팽팽히 휘말려 있는 모습이다. 잎의 끝이 구부러져 있다. 색상은 짙은 녹색이고, 청개구리 피부색과 비슷하다.

찻빛 밝고 투명하며, 황색빛이 감도는 녹색을 띤다.

향 난꽃향이 난다.

맛 감미롭고 순수하며 매끄럽다.

우린 찻잎 청록색이고, 가장자리가 다소 붉다.

문산포종(文山包種)의 정통 원산지는?

문산포종은 타이완 북부를 대표하는 차로, 주로 타이페이시(台北市)에서 생산된다. 타이페이 인근의 원산산(文山)에서 생산되는 차는 품질이 우수하고 향이 훌륭해, 관습적으로 '문산포종(文山包種)'이라 한다. 청나라 광서(光緒) 초년에 차를 황실에 공물로 바치면서 향이 날라가지 않도록 두 장의 당지(唐紙)를 겹쳐 넉 냥(兩, 무게 단위로 37.5g)의 찻잎을 사각형으로 감쌌다. 겉에 차명과 상점의 인장을 찍었는데, 광서제가 뒷날 '종이로 감싼 차'란 뜻으로 '포종(包種)'이라는 이름을 하사했다. 문산포종이 귀한 이유는 찻물의 향이 진하고, 입안에서는 감미로우면서 매끄럽고, 또 청아하고 순수한 향이 오래 지속되어, 향(香), 농(濃), 순(醇), 운(韻), 미(美)의 다섯 가지의 특색이 있기 때문이다. 또 풍미가 독특해 이슬이 맺힌 향이라 하여 '노응향(露凝香)', 안개가 자욱한 봄과 같다 하여 '무응춘(霧凝春)'으로 칭송된다.

포종차(包種茶)의 특징은?

건조 찻잎은 비틀어져 휘말려 있고, 구불거리며, 다소 거칠고 길다. 짙은 초록색을 띠고, 마치 청개구리 피부와 같은 회백색의 점이 있다. 또 향은 난꽃과도 같은 향이 난다. 또한 우린 뒤에는 향이 진동하고, 찻빛은 황록색으로 맑고 투명하다. 찻물의 목 넘김은 매끄럽고 감미로우며, 회감이 강하다. 포종차는 특유의 청아하면서 순수한 향과 상쾌한 풍격으로 인해 '청차(淸茶)'라고도 한다.

무이육계

(武夷肉桂)

건조 찻잎	팽팽하게 휘말려 있으면서 견고하고 튼실하다. 모양이나 크기가 균일하면서 구불거린다. 녹갈색이고 윤기가 흐르는 광택이 있다. 일부 잎의 뒷면에는 청개구리 피부와 같이 흰색의 얼룩점이 있다.
찻빛	맑고 투명하고, 등황색이다.
향	버터, 꽃, 과일, 계피와 같은 향이다.
맛	순수하고 농후하며, 입안을 감도는 단맛인 회감이 있다.
우린 찻잎	균일하게 밝고, 붉은 테두리 모양의 '홍상변(紅鑲邊)'이 있다.

무이육계(武夷肉桂)의 정통 원산지는?

무이육계는 푸젠성 우이산에서 생산된다. '옥계(玉桂)'라고도 한다. 무이육계는 무이암차에 속하는데, 이때 무이암차는 우이산에서 생산되는 우롱차를 총칭하는 말이다. 무이암차로는 대홍포(大紅袍), 백계관(白鷄冠), 수선(水仙), 육계(肉桂)가 대표적이다.

무이육계라고 부르는 이유는?

무이육계는 향과 맛이 계피향과 비슷해, 보통 '육계(肉桂)'라고 한다. 육계는 계수나무의 목피를 한방에서 이르는 말이다. 무이육계는 무이암차 명총(名叢)(유명한 차나무) 중 하나로, 암차 특유의 암운이 있으며, 그 정취가 진하고 오랫동안 혀에 남는다. 또 뒷맛이 깊고 오랫동안 이어진다. 무이육계는 맵고 예리하게 지속되는 특유의 향으로 인해 더욱 선호된다. 전문가에 의하면, 무이육계는 계피향이 뚜렷하고, 오랫동안 우려내도 향이 변함이 없고, 6~7회 우려내도 암운의 육계향이 여전하다고 평가된다.

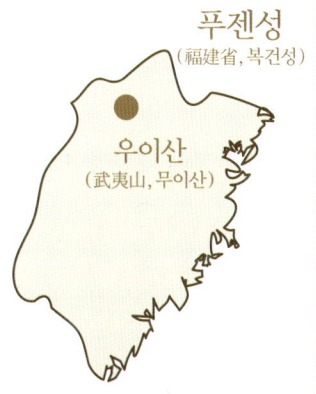

푸젠성
(福建省, 복건성)

우이산
(武夷山, 무이산)

철라한

(鐵羅漢)

건조 찻잎　잎의 폭이 좁고 긴 형태로 팽팽히 견고하게 휘말려 있는 모습이다. 모양과 크기 등이 균일하고, 녹갈색을 띠며 윤기가 있다.

찻빛　맑고 투명하며, 진한 등황색이다.

향　진하고 오랫동안 유지되며, 꽃향이 있다.

맛　순수하면서도 농후하다.

우린 찻잎　연하고 밝으며, 잎의 가장자리는 주홍색을 띤다.

철라한(鐵羅漢)의 정통 원산지는?

철라한은 천년고목으로 매우 진귀하다. 민북(閩北), 즉 푸젠성 북부의 우이산에서 생산된다. 우이산은 중국 동남부에서 최고의 명산이다. 현재 철라한 차나무는 오직 4그루만 존재하는데, 암반에서 흘러나온 샘물을 흡수해 비료 없이도 성장하고 있다. 수령이 1000년에 달한다. 우이산 톈신암(天心岩) 밑자락의 융러찬사(永樂禪寺) 서쪽 주룽과의 기암 절벽에는 정치 지도자 주더(朱德, 1959~1978)가 쓴 '철라한(鐵羅漢)'이라는 글자가 새겨져 있다.

무이암차 중에서 최초의 명총인 철라한은 당나라 시대부터 차나무가 재배되었고, 송나라 시대에는 황실의 공물로 지정되었다. 원나라 시대에는 우이산 주취시(九曲溪) 계곡에 '황제의 명으로 관리하는 철라한 다원'이라는 뜻으로 '어철라한원(御鐵羅漢園)'이 설립되었다. 이곳에서는 황실에 공납할 철라한을 채엽 및 생산하였고, 명나라 말기에서 청나라 초기 사이에는 '우롱철라한(烏龍鐵羅漢)'이 창제되었다.

현재 철라한 차나무는 후이위안암(慧苑岩)의 구이퉁(鬼洞)에서 자생하며, 수목이 울창해 장관을 이룬다. 철라한은 매년 5월 중순에 채엽을 시작하고, 이엽이나 삼엽을 위주로 따 낸다. 색상은 녹색에 붉은빛이 돌고, 맛은 청아하고 순수한 향이 입안에 감돈다.

푸젠성
(福建省, 복건성)

우이산
(武夷山, 무이산)

민북수선
(閩北水仙)

건조 찻잎	매우 견고하면서도 팽팽히 말려 있고, 색상은 갈색빛이 도는 녹색이다.
찻빛	등황색으로 맑고 투명하다.
향	진한 향이 맑고 순수하고, 난꽃 같은 향이 오래 지속된다.
맛	진하면서도 순수하고 농후하며, 뒷맛이 특히 감미롭고 청량하다.
우린 찻잎	황녹색이고, 가장자리가 붉다.

민북수선(閩北水仙)의 정통 원산지는?

민북수선은 약 100년 전에는 푸젠성 북부인 민북(閩北)의 젠양현(建陽縣) 수이지향(水吉鄉) 다후촌(大湖村) 일대에서 생산되었지만, 현재에는 주로 푸젠성 난핑시(南平市)의 젠어우(建甌)와 젠양(建陽) 지역에서 생산된다.

우이산의 전통 명차인 민북수선은 수려한 산천의 정기를 받아 차의 본질이 아름답고 깊으며, 그 품질이 탁월하다.

우이산 차구에는 예로부터 '순(醇)(순수하고 진함)은 수선(水仙)을 능가하지 못하고, 향(香)은 육계(肉桂)를 능가하지 못한다'는 말이 있다. 수선의 순(醇)은 감미로움과 신선함이 선명하고, 매끄럽고 청량한 느낌이 매우 강하다. 무엇보다도 차의 정취가 오래 지속된다. 한 잔의 수선차를 마시면, 그 아름다운 향과 맛이 입안에서 상당히 오랫동안 유지되면서 사라지지 않는다.

현재 민북수선의 생산량은 민북우롱차 전체의 60~70%를 차지할 정도로 많다.

푸젠성
(福建省, 복건성)

난핑시
(南平市, 남평시)

영춘불수

(永春佛手)

건조 찻잎	견고하면서도 단단하고, 둥글게 말려 있다. 색상은 청록색을 띠며, 윤기가 있다.
찻빛	금빛이 도는 황색으로 맑고 투명하다.
향	진하고 그윽하다.
맛	향긋하고 진하며, 감미롭고 청량하다.
우린 찻잎	연하고, 황색을 띠며 밝다.

영춘불수(永春佛手)의 정통 원산지는?

영춘불수의 정통 원산지는 푸젠성 취안저우시(泉州市)의 융춘현(永春縣)이다. 영춘불수는 북송 시대부터 생산되었다. 속설에 의하면, 안시현 치후옌사(騎虎岩寺)의 한 승려가 차나무의 줄기를 불수귤나무에 접붙여 정성들여 재배한 결과 그 육종에 성공했고, 그 재배법을 융춘현 시펑옌사(獅峰岩寺)의 사제에게 전수하자, 부근의 차농들도 앞을 다투어 심으면서 현재에 이르렀다고 한다. 영춘불수는 혈압을 낮추고 혈중 지질을 낮춰 주며, 혈관을 연화시키는 등의 효능이 있다. 또한 불수차를 자주 마시면 다이어트와 갈증 해소, 소화에 도움이 되고, 가래를 없애고 눈도 밝아지며, 머리가 맑아지고, 화도 내려 준다고 한다. 푸젠성 남부인 민난(閩南) 일대의 화교들은 이를 차로 마실 뿐 아니라, 수년간 저장해 놓고 해열, 해독, 소화를 돕는 약으로도 사용한다. '시펑사(西峰寺) 곁의 샘물을 떠다가 불수(佛手)를 우려서 조금씩 마시면 신선과도 겨룰만 하니, 진귀한 음료를 약으로도 쓸 수 있어, 당인가(唐人街)(중국인 거리)에서는 차로 음미한다.'는 찬사도 있다.

푸젠성
(福建省, 복건성)

융춘현
(永春縣, 영춘현)

영춘불수라고 부르는 이유는?

영춘불수의 찻잎이 불수귤나무의 잎과 비슷하게 생겼고, 우린 뒤에도 불수귤만의 독특한 향이 퍼져 나오기 때문에 '불수(佛手)'라는 이름이 붙었다.

황금계
(黃金桂)

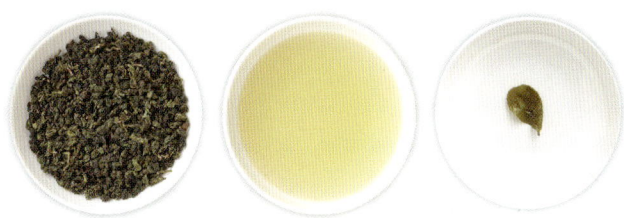

건조 찻잎 작고 가늘지만 팽팽하게 휘말려 있는 모습이다. 윤기가 있으며 밝다.

찻빛 금빛이 도는 황색으로 밝고 투명하다.

향 그윽하면서도 신선하다. 계화향이 있다.

맛 진하고 섬세하며, 신선하고 청량하다.

우린 찻잎 중앙은 황녹색이고, 가장자리는 주홍빛을 띤다.

황금계(黃金桂)의 정통 원산지는?

황금계의 정통 원산지는 푸젠성 안시현이다. '황금귀(黃金貴)' 또는 '투천향(透天香)'이라고 하는 황금계는 본래 푸젠성 안시현 후추진(虎邱鎭) 메이좡촌(美莊村) 자오컹(竈坑)의 변두리에서 생산되었다. 황금계는 황단(黃旦) 품종 차나무의 찻잎으로 생산되며, 그 찻빛이 황금색이고, 계화와도 같은 독특한 향이 있어 '황금계(黃金桂)'라 한다. 또 그 높은 향으로 인하여 가격이 비싸 시장에서는 '황금귀(黃金貴)'라고도 한다.

황금계는 '일조이기(一早二奇)'로도 칭송된다. 여기서 '일조(一早)'는 일찍 싹이 트고, 일찍 채엽이 시작되며, 일찍 출시된다는 뜻이다. '이기(二奇)'는 첫째로 완성 차의 외형이 '세(細), 균(勻), 황(黃)' 즉, 외형이 가늘고 길며, 모양과 크기가 균일하고, 색상이 밝은 황록색을 띠고, 둘째로 내질(內質)이 '향(香), 기(奇), 선(鮮)' 즉, 향이 높고 맛이 진하며, 독특하고도 우아하다는 뜻이다. 이에 '맑고 감미로운 맛을 감상하기도 전에 먼저 하늘을 찌를 듯한 향, 즉 투천향(透天香)을 맡게 된다'는 찬사도 있다.

푸젠성
(福建省, 복건성)

안시현
(安溪縣, 안계현)

봉황단총

(鳳凰單叢)

건조 찻잎	팽팽하며 곧은 모습이다. 황갈색을 띠며 윤기가 있다.
찻빛	황금색으로 맑고 투명하다.
향	천연적인 꽃향이 있다.
맛	농후하고 진하며, 신선하고 청량하다. 목 넘김이 매끄럽고, 입안을 감도는 회감이 있다.
우린 찻잎	녹색 찻잎의 가장자리에 붉은색 테 모양의 '녹엽홍상변(綠葉紅鑲邊)'이 있다.

봉황단총(鳳凰單叢)의 정통 원산지는 어디인가?

봉황단총은 광둥성 차오안현(潮安縣) 펑황산(鳳凰山)에서 생산되고, 각각의 차나무마다 형태와 풍격이 특색이 있으면서도 하나의 계열을 이룬다. 봉황단총은 차나무 한 그루, 즉 '단주(單株)'의 단위로 채엽, 가공해 포장하고, 가격을 책정하여 '봉황단총(鳳凰單叢)'이라 한다. 봉황단총에 관한 속설에 의하면, 송나라 황제가 우둥산(烏崬山)을 지나는 길에 갈증에 시달리자, 산골 주민이 붉은빛의 찻물을 바쳤는데, 황제가 이를 마시고 극히 훌륭한 차라 칭찬하였

다고 한다. 아름다운 형태인 '형미(形美)', 비취색의 색상인 '색취(色翠)', 진한 향인 '향욱(香郁)', 감미로운 맛인 '미감(味甘)'의 네 구절로 묘사되는 봉황단총은 여러 회 우려도 향이 여전하고, 정신을 맑게 하며, 갈증을 해소시키고, 소화를 돕고, 다이어트와 미용에 효과적이다. 또 항암, 항노화 작용이 있고, 혈중 지질을 낮추는 효능이 있어 차 애호가들로부터는 예로부터 '영남소교(嶺南小喬)'로 칭송을 받았다. '영남소교'는 남방의 두 명차인 '남방이교(南方二喬)'의 하나로 '서남대교(西南大喬)'인 운남보이(雲南普洱)와 함께 쌍벽을 이루는데, 바로 봉황단총을 이르는 말이다. 좋은 품질의 봉황단총은 색상이 황갈색인데, 거무스름한 것은 품질이 안 좋은 것이다. 또 봄과 겨울의 단총이 가장 좋다. 특히 춘차는 우린 찻잎이 연하고 가늘며 매끄럽고 향도 진하여 가장 좋다. 하차와 추차는 그보다 품질이 낮다.

백호우롱

(白毫烏龍)

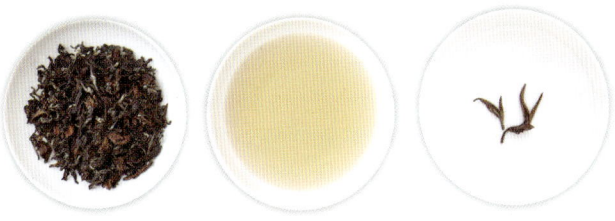

건조 찻잎　새싹이 비대하고 백호가 확연한 모습이다. 색상이 선명하고 아름다우며, 홍색, 백색, 황색, 녹색, 갈색이 섞여 있다.

찻빛　황금색으로 밝고 투명하다.

향　그윽하고 우아하면서 신선하고도 상쾌하다. 계화향이 있다.

맛　진하고 섬세하며, 신선하고 청량하다.

우린 찻잎　깨끗하고 가지런하며, 색상이 붉은 편이다.

백호우롱(白毫烏龍)의 정통 원산지는?

'팽풍차(膨風茶)'라고도 하는 백호우롱은 타이완 신주현(新竹縣)과 먀오리현(苗栗縣)에서 생산된다. 백호우롱은 어리고 연한 싹과 잎으로 가공되어, 아미노산이 풍부히 함유되어 찻물의 맛이 전체적으로 달고 감미롭고 입안을 촉촉히 해 준다. 또 중산화(重酸化) 처리로 거의 절반 이상의 카테킨이 산화되어 쓰거나 떫지 않다.

고품질의 백호우롱차는 천연적으로 잘 익은 과일향과 벌꿀 같은 단맛이 뚜렷하고, 입에 머금으면 맑고 달콤하여 향긋한 정취가 입안 가득 느껴진다. 특히 '백호아첨(白毫芽尖)'이 다량으로 들어 있는 것은 극상품이다.

찻물이 약간 식었을 때 브랜디 등의 진하고 좋은 술을 조금 떨어뜨리면, 차의 맛이 더욱더 농후해져, '샴페인 우롱'이라는 뜻으로 '향빈우롱(香檳烏龍)'이라고도 한다. 약 100년 전에 백호우롱이 영국 황실에 전해졌을 때, 빅토리아 여왕은 차의 맛과 찻잎이 우아하고 아름답게 펼쳐진 모습을 보고 '동방미인(東方美人)'이라 칭하였다.

백호우롱의 찻잎. 산화도가 높은 편으로 일반적인 우롱차보다는 홍차에 더 가까워 특히나 매력적이다.

Chinese Tea Story

Part

07

홍차(紅茶)

녹차는 아름다움이 수묵화처럼 담백하여 세밀하게 음미해야 한다면,
홍차는 아름다움이 유화처럼 색채가 짙어서 눈이 번쩍 뜨이도록 인상이 깊다.
홍차의 다채로움과 붉은빛은 백자 개완을 사용하였을 때 가장 돋보이고,
마치 마노석(瑪瑙石)* 같아서 그 아름다움을 이루 형용할 수 없다.

* 마노석(瑪瑙石) : 수정류와 같은 석영 광물. 원석의 모양이 말의 뇌수를 닮아
'마노(瑪瑙)'라는 이름이 붙었다. 예로부터 고운 적갈색 또는 흰색 무늬가 아름다
워 장신구의 재료로 많이 사용되었다.

홍차를 '블랙 티(Black Tea)'라고 하는 이유는?

홍차(紅茶)는 영어로 '레드 티(Red tea)'가 아니라 '블랙 티(Black tea)'이다. 중국에서는 찻물의 찻빛을 중시하는 반면, 서양에서는 상대적으로 찻잎의 색상을 중요시하여 이와 같은 명칭상의 차이가 생겼다.

홍차의 주요 산지는?

중국 내의 주요 홍차 산지는 하이난성, 광둥성, 광시성, 푸젠성, 후난성, 후베이성, 안후이성, 저장성, 타이완 등에 집중적으로 분포되어 있다. 주요 홍차 생산국으로는 중국, 인도, 스리랑카, 인도네시아, 케냐 등이 있다.

홍차의 가공 방식은?

홍차는 완전 산화차(完全酸化茶)에 속하며, 그 가공 기술은 찻잎을 시들게 하는 위조(萎凋), 찻잎을 비비고 문질러 세포벽을 파괴시키고 성형하는 유념(揉捻), 산화 효소에 의한 산화(酸化), 건조(乾燥)의 네 단계로 나뉜다.

위조 과정은 통풍이 잘되는 곳에서 건조시키는 양쇄(晾曬) 작업을 통해 찻잎의 수분을 일부 없애고, '산화 효소(oxidase)'의 활성을 증진시키면서 조형에 유리하도록 찻잎을 유연하게 만든다.

유념 과정은 차의 성형을 용이하게 하며, 색, 향, 맛의 농도를 높이기 위해 찻잎의 세포 조직을 파괴시켜 산화 효소에 의한 산화 반응이 잘 이루어지도록 돕는다.

산화 과정은 산화 효소로 인한 폴리페놀류 물질의 산화 중합 반응을 촉진시키고, 붉은색의 잎

영국 트와이닝스(Twinings) 홍차. 1706년도에 생산되어 영국에서도 역사가 가장 오래된 홍차 브랜드.

인도의 다르질링(Darjeeling) 홍차.

과 붉은색의 찻빛, 즉 '홍엽홍탕(紅葉紅湯)'의 독특한 품질을 형성시킨다.

건조 과정은 수분을 증발시키고, 부피를 줄이며, 외형을 고정시키고, 곰팡이가 피지 않도록 마른 상태를 유지시켜 준다.

홍차의 대표적인 상품은?

중국의 대표적인 홍차로는 '기문공부(祁門工夫)', '전홍공부(滇紅工夫)', '정화공부(政和工夫)', '탄양공부(坦洋工夫)', '구곡홍매(九曲紅梅)' 등이 있다.

홍차를 다시 분류하면?

중국 홍차는 가공 방식에 따라 '소종홍차(小種紅茶)', '공부홍차(工夫紅茶)', '홍쇄차(紅碎茶)'로 크게 분류된다. 소종홍차에는 정산소종(正山小種)과 연소종(烟小種) 등이 있고, 공부홍차에는 기문공부(祁門工夫), 전홍공부(滇紅工夫), 의홍공부(宜紅工夫), 천홍공부(川紅工夫), 민홍공부(閩紅工夫), 호홍공부(湖紅工夫), 월홍공부(越紅工夫) 등이 있다. 홍쇄차에는 엽차(葉茶), 쇄차(碎茶), 편차(片茶), 말차(末茶) 등이 있다.

홍차의 품질을 감별할 때 중요한 감관지표는?

홍차의 품질을 감별할 때 가장 중요한 감관지표(感官指標)(감각기관을 통해 차를 평가하는 지표)는 '금권(金圈)'과 '냉후혼(冷后渾)'이다. 금권은 찻잔에 찻물이 달라붙으며 생기는 황금빛의 테두리이다. 금권이 두껍고 황금색에 가까우며 밝을수록 홍차의 품질이 좋은 것이다. 냉후혼은 홍차가 더운물로 우린 뒤에는 맑고 투명하지만, 식은 뒤에는 혼탁해지는 현상이다. 이는 찻물 내 함유 물질이 풍부하다는 것을 의미한다.

'공부(工夫)'인가, 아니면 '공부(功夫)'인가?

홍차 중에는 '공부차(工夫茶)'라고 하는 차들이 적지 않게 있고, 한편으로는 '공부차(功夫茶)'라는 용어도 자주 접하게 된다. 그러나 실질적으로 공부차(功夫茶)는 찻잎이나 차의 종류를 일컫는 명칭이 아니라, 차를 우리는 일종의 '포다법(泡茶法)'을 말한다.

공부차(功夫茶)라 하는 이유는 차를 우리는 방식이 매우 정교하고, 그 과정에서 일정한 조예나 솜씨, 즉 '공부(功夫)'가 필요하기 때문이다. 공부(功夫)란 광의적으로 차를 우리는 학문이자, 차를 마시고 감상하는 조예인 것이다. 반면 공부차(工夫茶)는 제차(製茶), 즉 일종의 가공 기술을 지칭하는 것으로 차를 가공하는 과정에서 시간과 정성이 비교적 많이 소요되는 차를 일컫는다.

공부홍차의 품질을 감별하는 방법은?

고급 공부홍차

저급 공부홍차

	고급 공부홍차	저급 공부홍차
건조 찻잎	작고 가늘면서 팽팽하게 휘말려 있고, 크기와 연한 정도, 색상이 일정하다. 검고 윤기가 있고, 광택이 풍부하다.	뻣뻣하면서 잘 휘말려 있지 않고, 크기와 모양, 색상이 불균일하다. 잿빛의 어두운 색상의 찻잎들이 섞여 있다.
찻물	붉고 선명하며, 찻물의 가장자리에 황금색 테두리가 있다. 향이 진하고, 맛이 순수하고 농후하다.	어둡거나 탁하고, 향이 순하지 않거나 답답하다. 풀잎 냄새가 나고, 맛이 쓰고 떫거나 거칠고 연하다.
우린 찻잎	밝고 윤기가 있다.	청색을 띠거나 청색 반점이 있다. 색상이 어둡고 거무스름한 잎이 많이 섞여 있다.

품질이 우수한 '소종홍차(小種紅茶)'의 특징은?

품질이 우수한 소종홍차는 건조 찻잎이 말려 있는 형태가 튼실하고, 색상은 검고 윤기가 있다. 또 우린 뒤의 찻물은 붉은빛이 진하고, 시럽 빛깔의 깊은 황금색을 띠며, 향은 높게 길게 이어지고, 송연향(松煙香)을 느낄 수 있다. 송연향은 송백나무로 찻잎을 훈연한 향을 말한다. 전체적으로 맛은 순수하고 농후한데, 계원탕(桂圓湯)과 비슷한 맛이다. 어린 찻잎은 도톰하고 반들거리며 고동색을 띤다.

홍쇄차(紅碎茶)란 무엇인가?

홍쇄차는 찻잎을 가공할 때 비비고 문지르는 유념 과정에서 기계로 찻잎을 절단해 과립(顆粒)의 형태를 띠는 '쇄편(碎片)', 즉 '잘게 분쇄된' 찻잎으로 제조한 홍차를 말한다.

100여 년 이상의 역사가 있는 홍쇄차는 세계적으로도 수요가 높은 제품으로, 현재 전 세계 차 수출량의 약 80%를 차지한다. 특히 인도는 홍쇄차의 생산이 가장 많은 나라이다.

찻잎이 잘게 분쇄된 홍쇄차와 우린 찻물.

홍차 찻물의 특징은?

홍차의 찻물은 붉고 맑으며 선명하다. 이는 완전 산화 과정을 거치면서 찻잎 내의 물질이 '차황소(茶黃素, Theaflavin)'와 차홍소(茶紅素, Thearubigin)' 등의 물질로 변환되었기 때문이다. 홍차의 전체적인 맛은 농후하고 신선하며 청량하고 약간 달다. 또 잘 익은 과일향, 계원향, 훈연향이 난다. 홍차는 우유와 섞어 마시면 향이 잘 어울리면서 맛도 연하고 부드러워진다.

홍차에 '청음(淸飮)'이 어울리는 이유는?

홍차는 찻잔에 직접 우리기도 하고, 차호를 사용해 우리기도 한다. 홍차를 마시고 감상하는 것은 '청음(淸飮)'과 '조음(調飮)'으로 구분된다. 청음은 찻물에 어떠한 감미료도 가하지 않고, 차 본연의 맛을 즐기는 방식이다. 반면 조음은 찻물에 감미료나 식품을 가미하여 마시는 방식이다. 청음법은 공부홍차를 마시고 감상하는 데 적합하고, 그 청아하고도 순수한 향과 순수하면서도 진한 맛을 즐기는 데 중점을 둔다.

홍차의 맑고 투명한 청음(淸飮).

백자 차구에 담긴 홍차.

홍차를 우리는 일반적인 방법은?

홍차를 보통 우릴 때는 자사, 백자, 붉은 유약을 바른 홍유자기(紅釉瓷器), 따뜻한 색감의 난색자기(暖色瓷器)와 같은 차구나 서양식 차구 세트를 사용한다. 그러나 고급 홍차를 우릴 때는 색상과 윤기를 잘 감상할 수 있도록 백자 차구를 사용하는 것이 좋다.

홍차를 우릴 때는 95도 이상의 끓인 물이 적합하고, 투차량은 찻잎과 물의 비율을 1 : 50(찻잎 1g에 더운물 50㎖)으로 한다. 또 홍차에 적당량의 설탕이나 우유, 레몬, 꿀, 주스 등을 넣어 취향껏 맛을 조절할 수도 있다. 홍차는 보통 3회 정도 우릴 수 있다.

밀크티를 만드는 방법은?

대다수의 젊은이들은 홍차에 우유를 넣어 마시는 것을 선호하는데, 맛있는 밀크티를 만드는 방법으로는 다음과 같은 방식이 있다.

우선 적당량의 홍차를 차호에 넣는다. 이때 찻잎의 양은 청음(淸飮)할 때에 비해 약간 많이 넣는다. 뜨겁게 끓인 물을 붓고 약 5분 뒤에 찻잔에 따라 낸다. 티백 차의 경우에는 찻잔에 티백을 넣고 뜨거운 물로 5분쯤 우려낸 뒤 티백을 꺼낸다. 그 뒤, 적당량의 우유와 각설탕을 넣는데, 우유의 양은 밀크티가 주황색이나 황적색을 띠는 정도가 알맞다. 우유를 많이 넣으면 찻물이 회백색을 띠며 차의 향미가 약해지고, 너무 적게 넣으면 밀크티의 풍미를 제대로 즐길 수 없다. 설탕은 개인의 입맛에 맞게 넣는다.

우유와 홍차의 비율이 적당한 밀크티는 주황빛을 띤다.

기문홍차

(祁門紅茶)

건조 찻잎 작고 가늘면서 팽팽하게 휘말려 있고, 매우 기다랗다. 황금색 싹에 호가 뚜렷하고, 봉묘가 수려하며, 색상은 검고 윤기가 있다.

찻빛 붉고 선명하면서 밝고 투명하다.

향 청아하면서 순수한 향이 오래 지속되고, 사과나 난초의 향과도 같은 달콤한 꽃향이 난다.

맛 순수하고 농후하다.

우린 찻잎 연하면서 부드럽고, 붉으면서 윤기가 있다.

기문홍차(祁門紅茶)의 정통 원산지는?

기문홍차는 안후이성 치먼현(祁門縣)에서 생산되며, 보통 '기홍(祁紅)'이라 한다. 기문홍차는 높은 향으로 특히 유명한데, 맑고 신선하면서 오래 지속되는 향이 매우 독보적이어서 세계 차 시장에서도 고급 홍차로 정평이 나 있다.

기문홍차는 1875년도에 창제된 뒤 주로 유럽으로 수출되었는데, 당시 유럽의 상류층에서 매우 선호되었다. 1915년, 파나마에서 개최된 만국박람회에서는 기문홍차가 금상을 수상하는 영예를 안았다. 현재 기문홍차는 다르질링, 아삼(Assam), 실론(Ceylon)과 함께 '세계 4대 홍차'로 손꼽힌다. 건조 찻잎은 진한 흑색을 띠며, 그 색상이 특히 아름다워서 '보광(寶光)'이라고도 한다. 찻물은 붉은색으로 밝고 투명하다. 향은 진하고, 뒷맛이 길게 이어진다. 또 가공 기술에 따라 벌꿀향, 꽃향, 과일향 등 향미도 다양한데, 이를 일컬어 '기문향(祁門香)'이라 한다.

안후이성
(安徽省, 안휘성)

치먼현
(祁門縣, 기문현)

기문홍차의 산지에 따른 차이점은?

기문홍차의 생산지는 주산지(主産地)와 차산지(次産地)로 구분된다. 주산지인 안후이성 치먼현의 홍차는 색상이 검고 윤기가 있다. 맛은 부드럽고, 향은 진하며, 기문홍차만의 독특한 향이 있다. 차산지의 홍차는 비교적 검은 윤기가 덜하고, 떫은맛이 강한 편이며, 풀 냄새가 뚜렷이 나타난다.

주산지인 안후이성 치먼현에서 생산된 홍차.

기문홍차를 구입하면 가장 먼저 해야 할 일은?

기문홍차는 '높은 향'으로 인정을 받는 '세계 3대 홍차' 중의 하나이다. 따라서 기문홍차를 구입하면 가장 먼저 그 향을 맡고 즐기도록 한다.

기문홍차의 진위를 감별하는 방법은?

기문홍차의 진위는 산지, 외형, 찻물의 세 측면에서 감별할 수 있다.

산지 : 기문홍차는 안후이성 치먼현에서만 생산된다. 다른 지역에서 생산된 것은 엄밀히 말하면 기문홍차라 할 수 없다.

외형 : 진품 기문홍차는 외형이 온전한 모습을 갖추고 크기도 일정하다. 찻잎의 길이는 약 0.6∼0.8cm이고, 색상은 고동색으로 어두운 편이다. 반면 가짜 기문홍차는 대부분 외형이 제각각으로 가지런하지 못하고 선홍색을 띤다.

찻물 : 진품 기문홍차는 찻빛이 붉고 밝다. 맛은 진하고 신선하며, 향은 꽃향, 과일향, 꿀향과도 같은 독특한 기문향이 오래 지속된다. 반면 가짜 기문홍차는 보통 인위적인 염색을 거쳐 찻빛이 매우 붉지만 투명하지 못하다. 또 맛은 쓰고 떫고 연하며, 향은 낮고 답답하다.

유리잔에 담긴 기문홍차. 아름다운 붉은빛을 감상하려면 2∼3분간 우리는 것이 좋다.

기문홍차를 우리는 적당한 시간은?

기문홍차는 2∼3분 정도 우려내야 한다. 더운물을 부은 뒤 곧바로 차를 따라 내지 않도록 주의한다.

기문홍차를 가정에서 우릴 때 적당한 방법은?

여기서는 일반 가정에서 기문홍차를 우리는 적당한 방법을 간략히 소개하기로 한다.

__1__ 차호에 끓는 물을 붓고 예열한 뒤, 그 물을 공도배에 붓고, 또 다시 품명배에 붓는다.

<u>2</u>　차하에 담긴 찻잎을 차시를 사용해 차호에 넣는다.

<u>5</u>　차협을 사용해 예열 중인 품명배를 집어 그 안에
　　든 물을 수우에 버린다.

<u>6</u>　우린 찻물을 전부 공도배에 따라 낸다.

<u>3</u>　차호에 소량의 끓인 물을 붓고 재빨리 수우에 버
　　린다.

<u>7</u>　공도배의 찻물을 각 품명배에 나눠 따른다.

<u>4</u>　차호에 물을 가득 채운 뒤 2~3분간 우린다.

구곡홍매
(九曲紅梅)

건조 찻잎	갈고리처럼 구부러져 있고, 작고 가늘면서 팽팽히 휘말려 있다. 잎은 금색의 융모로 덮여 있고, 색상은 검고 윤기가 있다.
찻빛	붉고 선명하면서 투명하다.
향	맑고 고결하다. 신선하면서도 부드럽고 진하다.
맛	맑고 신선하면서 연하고 청량하다. 입안을 감도는 단맛의 회감이 있다.
우린 찻잎	온전한 모양을 갖춘 형태로 부드럽고, 색상이 밝은 붉은빛을 띤다.

구곡홍매(九曲紅梅)의 정통 원산지는?

구곡홍매(九曲紅梅)는 푸젠성 우이산의 주취시(九曲溪) 계곡으로부터 그 명칭이 유래되었고, 붉은 매화꽃처럼 색이 붉고 향이 맑다고 해서 홍매(紅梅)라는 이름이 더해졌다. 약칭하여 '구곡홍(九曲紅)'이라고도 한다. 구곡홍매는 맛이 신선하고 청량하며, 위를 따뜻이 하는 효능이 있고, 주로 항저우 시후구(西湖區) 쌍푸진(雙浦鎭)의 후부(湖埠), 상부(上堡), 다링(大嶺), 장유(張餘), 핑자(馮家), 링산(靈山), 서징(社井), 런차오(仁橋), 상양(上陽), 샤양(下陽) 일대에서 생산된다.

후부 지역의 다우산(大塢山)에서 생산된 것이 품질이 가장 좋고, '세(細), 흑(黑), 균(均), 곡(曲)'이 뛰어나 '일절(一絶)'이다. 상부와 다링, 장유, 핑자에서 생산된 것은 '후부화(湖埠貨)'라 하며, 품질이 보통이다. 서징과 런차오, 상양, 샤양에서 생산된 것은 '산차오화(三橋貨)'라 하며 품질이 가장 낮다.

다우산은 해발고도가 약 500m이고, 분지를 이루고 있으며, 토양은 사질로 매우 비옥하다. 또 사방이 산으로 둘러싸여 눈과 바람을 막아 주고 강한 햇빛을 가려 준다. 첸탕강(錢塘江)과 인접해 강물의 기화로 산에 운무가 자욱해 차나무의 성장에 좋고 우수한 품질을 형성하기에도 알맞은 자연환경이다.

구곡홍매의 역사는 200여 년에 달하며, 1886년의 파나마 세계박람회에서는 금상을 수상하기도 했다.

푸젠성
(福建省, 복건성)

우이산
(武夷山, 무이산)

정화공부

(政和工夫)

건조 찻잎	견고하면서도 팽팽히 말려 있고, 둥글고 튼실하다. 검고 윤기가 있다.
찻빛	붉고 선명하다.
향	향이 높고 길며, '송연향(松煙香)'을 띤다.
맛	순수하고 농후하며, 계원탕(桂圓湯)과 비슷한 맛이다.
우린 찻잎	싹이 튼실하고 잎이 도톰하다. 붉은빛을 띠며 밝다.

정화공부(政和工夫)의 정통 원산지는 어디인가?

정화공부는 푸젠성의 홍차 중에서도 고산차의 특색이 가장 돋보이는 조형차(條形茶)(폭이 좁고 기다란 형태의 차)이다. 주산지는 정허현(政和縣)이고, 정화공부의 다원은 대부분 삼림이 우거진 완만한 산비탈에 있으며, 토양이 비옥해 차나무가 왕성하게 자란다.

푸젠성
(福建省, 복건성)

정허현
(政和縣, 정화현)

정화공부는 정화대백차(政和大白茶)나 소엽종(小葉種)의 품종으로 생산된다. 대백차(大白茶)의 찻잎으로 생산한 대차(大茶)는 호(毫)가 많고 맛이 진해, '민북공부(閩北工夫)' 중에서도 상등품으로 꼽힌다. 소엽종(小葉種)의 찻잎으로 생산한 소차(小茶)는 높은 향이 기홍과 비슷하다.

정화공부는 송나라 휘종(徽宗) 정화(政和) 5년(1115년)에 정화아차(政和芽茶)가 공차(貢茶)로 지정되어 휘종 황제로부터 큰 사랑을 받기도 했다. 이에 연호 '정화(政和)'를 현(縣)의 명칭으로 하사받았고, 지금까지 정허현(政和縣)이라는 명칭이 사용되고 있다. 또 청나라 광서(光緒) 15년(1889년)에는 정화공부가 '민홍(閩紅) 3대 공부차' 중에서도 제일로 꼽혔다. 100여 년의 시간이 흐르는 동안에도 정화공부는 여전히 세계적인 명성을 자랑하고 있을 뿐 아니라, 러시아, 동남아, 미국, 유럽 등으로도 수출이 확대되었다. 파나마 세계박람회의 금상을 비롯해 수많은 상을 받기도 했다. 특히 19세기 중엽에는 그 생산량이 수만여 담(擔, 약 100근)에 달하였으며, 유럽의 홍차 애호가들 중에 정화공부를 모르는 사람이 거의 없을 정도였다.

탄양공부

(坦洋工夫)

건조 찻잎	견고하면서도 팽팽히 말려 있어 수려하다. 싹이 튼실하고 엽질이 도톰하면서 부드러운데, 작고 가늘게 휘말려 있다. 호가 뚜렷하고, 봉묘가 많으며, 짙은 검은색으로 윤기가 있다.
찻빛	선명한 붉은색으로 맑고 투명하다.
향	순수하면서도 농후하며, 계화향이 있다.
맛	달고 향긋하며 진하다.
우린 찻잎	연하고 붉으며 밝다.

탄양공부(坦洋工夫)의 정통 원산지는?

탄양공부는 푸젠성 3대 공부홍차(工夫紅茶) 중의 하나로, 푸안시(福安市)에서 주로 생산된다. 한때 생산지가 가장 넓게 분포되어 있었고, 생산량과 수출량도 가장 많았기 때문에 '민홍(閩紅)', 즉 '푸젠성에서 나는 홍차' 중에서도 최고로 여겨졌다. 탄양공부는 약 100년의 역사를 갖는 것으로 전해지며, 청나라 함풍(咸豊) 동치년간(1851년~1874년)에 푸안시 탄양촌(坦洋村)에서 처음 생산되었다고 한다. 19세기에 영국에서는 탄양공부가 그 고귀한 품질로 영국인들의 입맛을 사로잡으면서 황실 전용차로도 지정되었다.

푸젠성
(福建省, 복건성)

푸안시
(福安市, 복안시)

명전탄양공부(明前坦洋工夫)란 무엇인가?

탄양공부의 명전차는 춘차 중 연한 싹으로만 생산하는데, 찻잎을 비비고 문지르는 유념 과정에서 외형을 정교하게 성형한다. 품질이 좋은 것은 둥글고 견고하면서 모양과 크기도 일정하다. 새싹에 난 호가 황금색이고, 진한 흑색을 띠며 윤기가 있다. 찻빛은 선홍색을 띠고, 맑고 투명하다. 맛은 달고 신선하면서 청량하다. 향은 순수하고 농후하면서 계화향이 난다. 우린 찻잎은 붉고 밝으며, 크기와 모양 등이 균일하다.

정산소종

(正山小種)

건조 찻잎 팽팽하게 말려 있고, 색상은 흑갈색을 띠면서 윤기가 있다. 산화 과정에서 금황색으로 변한 융모가 약간 보인다.

찻빛 찻빛이 붉고 선명하면서 황색 기운이 감돈다. 맑고 투명하며, 밀도감이 있다.

향 독특한 송진향과 말린 계원향이 난다.

맛 순수하고 농후하면서 감미롭고 매끄럽다. 쓴맛과 떫은맛이 없고 청량하면서 입안을 감도는 회감이 오래 지속된다.

우린 찻잎 살지고 부드러우면서 고동색을 띤다.

정산소종(正山小種)의 정통 원산지는?

정산소종은 푸젠성 우이산시 싱춘진(星村鎭) 퉁무관(桐木關) 일대에서 생산된다. 세계 최초의 홍차인 정산소종을 기반으로 오늘날의 공부홍차가 발전되었다.

푸젠성
(福建省, 복건성)

우이산
(武夷山, 무이산)

잎자루가 든 정산소종의 품질은?

고급 정산소종은 건조 찻잎이 크고 거칠면서 휘말린 정도가 적합하고 무게감이 있다. 색상은 검고 윤기가 있고 크기는 균일하다. 또 불순물이 거의 없고, 잎자루가 섞여 있지 않으며, 마른 상태에서 향을 맡아 보면 농후하고 온화한 계원향이 난다. 저급 정산소종은 휘말린 정도가 느슨하다. 또 색상은 윤기가 도는 검은색에서 윤기가 없는 검은색으로 바뀐다. 잎자루도 더 많다. 따라서 정산소종을 구입할 때는 잎자루가 적게 포함된 것을 선택하는 것이 좋다.

C.T.C 홍쇄차

(紅碎茶)

건조 찻잎 작은 과립의 형태이고, 무게감이 있으며, 모양이나 크기가 균일하다. 적갈색을 띠고 검은 윤기가 돌면서 밝다.

찻빛 찻빛은 붉고 선명하다.

향 달고 진하다.

맛 신선하고 청량하면서도 진하고 강한 특징이 있다.

우린 찻잎 색상이 붉고 선명하면서 크기와 연한 정도, 그리고 색상이 일정하다.

CTC 홍쇄차(紅碎茶)의 정통 원산지는?

원난성
(雲南省, 운남성)

시쌍반나
(西雙版納, 서쌍판납)

'CTC'는 '부수고(Crush), 찢고(Tear), 휘말고(Curl)'의 약어이다. 일반적으로 'CTC 홍쇄차'라 하면 '다두강(大渡崗)'의 CTC 홍쇄차'를 지칭한다. 이 CTC 홍쇄차는 원난성 시쌍반나(西雙版納)의 다두강 지역에 있는 가공 공장에서 생산된다. CTC 홍쇄차는 티백을 만들기에 알맞고, 우유나 설탕, 레몬 등과 섞어 밀크티나 레몬 홍차를 만들기에 적합하다. 또 완전 산화 과정을 거친 뒤 잘게 파쇄한 차이기 때문에 찻잎 내 함유 성분이 비교적 빠르고 완전하게 침출되어 일반적으로 반복해서 우려내지 않는다.

홍쇄차의 기원은?

홍쇄차는 인도에서 발명되었다. 인도나 스리랑카에서는 'CTC 티(홍차)'라고 한다. 이 홍쇄차는 유념 과정에서 찻잎을 기계로 잘게 파쇄해 쇄편(碎片)으로 가공하기 때문에 잘게 분쇄된 과립의 형태를 띤다. 이런 이유로 중국에서는 '분쇄된 홍차'라는 뜻에서 '홍쇄차'라 한다. 홍차의 찻잎을 잘게 자르면, 찻잎 내 함유 성분이 신속히 침출되어 우리는 시간이 단축된다. 찻빛은 매우 붉고 진하며 순수하다. 인도, 스리랑카 등에서는 1920년대부터 CTC 티를 생산하기 시작했지만, 중국은 1950년대부터 홍쇄차를 생산하기 시작했다.

전홍공부

(滇紅工夫)

건조 찻잎   싹과 잎이 매우 살지고 튼실하며, 금호(金毫)가 풍부하다.

찻빛   붉은빛이 선명하며, 밝고 투명하다.

향   높고 진하다.

맛   농후하다.

우린 찻잎   찻잎이 붉고 선명하면서 연하고 부드럽다.

전홍공부(滇紅工夫)의 정통 원산지는?

전홍공부는 윈난성 뎬시(滇西), 뎬난(滇南) 지역의 차구에서 생산된다. 이 차구에는 주로 린창(臨滄), 바오산(保山), 더훙(德宏), 다리(大理), 푸얼(普洱), 징훙(景洪), 원산(文山), 훙허(紅河) 등의 8개 주(시)가 포함된다.

윈난성
(雲南省, 운남성)

린창시
(臨滄市, 임창시)

전홍(滇紅)은 전홍공부(滇紅工夫)와 동일한가?

전홍(滇紅)에서 '전(滇)'은 윈난성의 옛 이름이다. 따라서 전홍은 윈난성에서 생산되는 홍차를 종칭하는 말이다. 대표적으로 '전홍공부(滇紅工夫)'와 '전홍쇄차(滇紅碎茶)'가 있다. 전홍공부는 싹과 잎이 살지고 튼실하며, 금호가 풍부하다. 찻빛이 붉고 선명하며, 향이 높고 진하다. 맛은 농후하다. 또 입안의 느낌도 농렬하며, 3~4회 우려도 향이 여전하다. 전홍쇄차는 외형이 균일하고, 색상이 검고 윤기가 있다. 향은 신선하고 뚜렷하고, 맛은 진하고 강하다.

흑차(黑茶)

흑차(黑茶) 본연의 독특함은 아름다움의 여부가 아니라 세월의 흔적을
고스란히 간직한 운치에 있다. 여인들이 늘 그렇듯 세월이 흘러갈수록
생기를 잃는 것이 아니라 오히려 매력이 한층 더해져 눈짓 하나, 표정 하나,
몸짓 하나에도 말로는 도저히 표현할 수 없는 '기품'이 풍기는 것이다.
한 잔의 흑차 속에서 느껴지는 순수하고도 진한 맛은 곧 '세월의 기품'이다.

흑차의 주요 생산지는?

후발효차(後醱酵茶)에 속하는 흑차는 중국 고유의 차종으로 오랜 역사를 자랑하는 차 중의 하나이다. 최초의 흑차는 쓰촨성에서 생산되었고, 녹차의 모차(毛茶)를 쪄서 누르는 증압(蒸壓) 과정을 통해 만들어졌다. 흑차는 주로 후난성, 후베이성, 쓰촨성, 윈난성, 광시쫭족자치구에서 생산된다.

흑차의 대표적인 상품은?

흑차는 종류가 매우 다양하다. 대표적인 것으로는 후난성의 호남복전(湖南茯磚), 천량차(千兩茶), 허베이성의 청전(靑磚), 광시쫭족자치구의 육보차(六堡茶) 등이 있다. 예전에는 보이차(普洱茶)도 흑차로 분류했지만, 최근 몇 년간 보이차에 대한 사람들의 관심이 높아지면서 전문가들의 연구도 활발히 진행되었는데, 그 결과 보이차는 흑차와는 가공 방식과 품질 등 모든 면에서 차이가 있는 것으로 판명되었다. 이에 따라 보이차의 종류를 재정립하고, 별도의 차류(茶類)로 분류해야 한다는 주장이 제기되고 있다.

광서육보차(廣西六堡茶)

호남복전(湖南茯磚)

호남천량차(湖南千兩茶)

흑차의 가공 방식은?

흑차의 가공은 일반적으로 살청(殺靑), 유념(揉捻), 악퇴(渥堆), 건조(乾燥)의 과정을 거친다. 그중에서도 '악퇴'는 흑차 특유의 가공 과정이면서 품질의 형성에도 매우 중요한 과정이다.

악퇴는 유념 과정을 마친 찻잎을 쌓아 놓고, 젖은 천이나 마대로 덮은 뒤 일정한 온도와 습도를 유지시키면서 일정 기간 동안 발효시키는 과정인데, 적당한 시점에 찻잎을 1~2회 정도 뒤집어 준다. 발효가 진행되면서 폴리페놀류 물질이 산화되면, 찻잎이 녹색에서 황갈색으로 변하고, 떫은맛도 없어지면서 맛이 전체적으로 순수하고 농후해진다.

흑차를 다시 분류하면?

흑차는 보통 산지와 가공 기술에 따라 후난성의 호남흑차(湖南黑茶), 허베이성의 호북흑차(湖北黑茶), 쓰촨성의 사천변차(四川邊茶), 윈난성과 광시좡족자치구의 전계흑차(滇桂黑茶)로 분류할 수 있다.

호남흑차에는 다시 안화흑차(安化黑茶) 등이 있고, 호북흑차에는 포기노청차(蒲圻老靑茶) 등이 있다. 그리고 사천변차에는 남로변차(南路邊茶), 서로변차(西路邊茶) 등이 있고, 전계흑차에는 보이차(普洱茶), 육보차(六堡茶) 등이 있다.

흑차의 발원지는?

『감숙통지·차법(甘肅通志·茶法)』에는 '안화흑차는 명나라 가정(嘉靖) 3년(1524년) 이전부터 생산되기 시작하였다'고 기록되어 있다. 이를 근거로 흑차는 15~16세기 무렵에 후난성 안화현(安化縣)에서 처음으로 생산되었고, 따라서 중국 흑차의 발원지는 안화현이라고 할 수 있다.

건조 찻잎은
검고 윤기가 있다.

찻빛은
홍갈색이다.

우린 찻잎은
노쇠하다.

고급 흑차

흑차의 대표적인 특징은?

찻잎의 외형은 흑색을 띠고 윤기가 있다. 찻빛은 황갈색이나 홍갈색이다. 향은 녹나무의 향, 빈랑나무의 향, 청아하면서도 순수한 향이 있다. 맛은 순수하고 농후하며 떫지 않다. 우린 찻잎은 황갈색을 띠고 노쇠한데, 약간 성숙한 찻잎으로 흑차를 만들기 때문이다. 보통 일아삼사엽(三四葉)에서 일아오육엽(五六葉)까지 사용된다.

대부분의 차는 신선함이 중요시되기 때문에 생산된 뒤 기간이 오래되지 않은 것이 더 귀하게 취급되고, 반면 오래 묵은 진차는 찾는 사람도 많지 않다. 그러나 흑차는 특이하게도 저장 기간이 길수록 오히려 더 귀하다.

흑차는 발효도가 높은 차로 80% 이상을 발효시키기 때문에 저장 기간이 길수록 향이 깊어지며, 오래된 것일수록 품질이 좋고 약리적인 효능도 좋다.

흑차는 체중 감소와 콜레스테롤 감소, 동맥경화증 억제 등의 효능이 있고, 육류와 잡곡을 위주로 섭취하는 사람들의 건강에 유익하여 건강 증진의 효과가 있다.

흑차를 우릴 때 적당한 차구는?

흑차는 두께가 두꺼운 200~350cc의 중품 자사호나 투명한 유리 공도배, 안쪽에 백색 유약을
바른 내괘백유(內掛白釉) 자사잔, 또는 녹갈색 계열의 자기잔을 사용하는 것이 좋다.

흑차의 맑고 윤기가 있으면서 중후한 느낌은 자사호나 자사잔을 사용했을 때 가장 돋
보인다.

육보차
(六堡茶)

건조 찻잎	잎줄기가 달라붙어 송이를 이룬다. 색상은 흑갈색으로 윤기와 광택이 난다. 곳곳에 황색균류의 포자가 있다.
찻빛	붉은빛이 진하고 밝고 맑다. 호박색을 띤다.
향	향이 순수하고 진하면서 오래 묵은 향과 빈랑나무의 향이 난다.
맛	농후하고 순수하다. 감미로우면서도 부드럽다.
우린 찻잎	갈색이나 홍갈색을 띤다.

육보차(六堡茶)의 정통 원산지는?

흑차로 분류되는 육보차는 광시좡족자치구의 창우현(蒼梧縣) 루부진(六堡鎭)과 허저우(賀州), 궁청(恭城) 등에서 생산된다.

품질이 우수한 육보차의 특징은?

육보차를 서늘한 곳에서 묵히면 찻잎에 황금색의 '금화(金花)'가 피는 것을 볼 수 있는데, 이는 품질에 유익한 노란곰팡이류이다. 노란곰팡이는 디아스타아제(diastase)와 산화 효소를 분비해 찻잎 내 녹말이 단당류로 전환되는 것을 촉진시키고, 폴리페놀류 화합물의 산화도 촉진시켜, 찻빛을 밤색으로 변하게 하고 거친 풀 냄새를 없애 준다. 고급 육보차는 오래 묵은 진차가 좋은 것이고, 우린 뒤 빈랑나무의 맛과 향, 찻빛은 품질이 우수한 육보차의 상징이다.

광시좡족자치구
(廣西壯族自治區)

우저우시
(梧州市, 오주시)

건조 찻잎에 '금화(金花)'가 보이면 품질이 좋은 것이다.

호남흑차

(湖南黑茶)

건조 찻잎	팽팽하게 말려 있다. 주로 곡선 형태로 말려 있고 곧은 편이다. 엽질이 연하고, 흑색을 띠며 윤기가 있다.
찻빛	붉은빛이 진하고 밝고 맑다.
향	순수하고 농후하면서 송연향이 난다.
맛	순수하고 농후하다.
우린 찻잎	황갈색을 띤다.

호남흑차(湖南黑茶)의 정통 원산지는?

호남흑차의 원산지는 후난성 안화현이지만, 지금은 그 생산지가 타오장현(桃江縣), 환장(浣江) 지구, 한서우현(漢壽縣), 닝샹현(寧鄕縣), 이양시(益陽市), 린샹시(臨湘市) 등으로 확대되었다. 호남흑차는 중국 세계박람회 '10대 명차'에 선정된 유일한 흑차이다.

천량차(千兩茶)란?

천량차는 품질이 우수한 흑차를 원료로 종려나무의 잎과 댓살로 묶어 눌러서 만든 '화권차(花捲茶)'인데, 후난성 안화현에서 생산된다.
천량차는 호남흑차의 일종이고 모양은 원주형으로, 길이가 약 166.7cm, 둘레는 약 56.8cm이며, 무게는 옛 도량형으로 1000냥(兩, 1냥은 약 37.5g에 상당함)에 달해 '천량차'라고 이름이 붙었다. 청나라 도광(道光) 원년(1775년)에 창제되었는데, 가공 기술이 복잡하고 정교하며 10~20년 묵은 것이 품질이 가장 좋다. 찻빛은 붉은빛이 도는 호박색으로 맑고 밝다. 맛은 순수하고 농후하며, 특히 오래 묵은 진향이 풍부하다.

후난성
(湖南省)

안화현
(安化縣, 안화현)

천량차는 견고하면서도 팽팽하게 휘말려 있다. 흑색에 회색 기운이 감돈다.

09

보이차(普洱茶)

보이차는 지혜로운 노인과 같아서 당신의 귓가에 지나간 옛 이야기들을
흥미롭게 들려준다. 다른 차들은 3회 정도 우려내면 이내 그 맛이
사라지지만, 보이차는 3회 이상 우려내야 본연의 맛을 음미할 수 있다.
쓴맛과 떫은맛이 강해 입이 마비되는 듯한 고삽미(苦澁味)가
느껴지다가도 우리는 횟수가 늘수록 더욱더 부드러운
단맛으로 변하게 되니 고진감래(苦盡甘來), 마치 인생과 같다.

보이차란 무엇인가?

보이차(普洱茶)는 윈난성 특유의 지리표지산품으로, '생산지의 환경 조건에 부합하는 운남대엽종쇄청차(雲南大葉種曬青茶)를 원료로 특정한 가공 기술에 따라 생산해 독특한 품질의 특징을 갖춘 찻잎'을 말한다. 보이차의 명칭은 당송 시대 이후로 윈난성 남부를 관할하던 관청 소재지였던 보이부(普洱府)에서 찻잎을 집산 및 판매하면서 유래되었다.

보이차는 성질이 온화하고, 항균 작용이 있고, 혈중 지질 감소, 체중 감량, 고혈압 예방 등의 효능이 있어, 다이어트차, 요조차(窈窕茶)(미인차), 익수차(益壽茶)(장수차)로 명성이 높다. 현재 보이차의 연간 총생산량은 2000여 톤, 수출량은 약

대표적인 보이차인 '이무차(易武茶)'는 청나라 시대에 가장 비싼 공차(貢茶)였고, 그 값어치가 황금과도 같았다.

1500톤에 달하며, 미얀마, 일본, 싱가포르, 말레이시아, 유럽, 미국 등으로 수출되고 있다.

보이차의 '지리표지산품(地理標志産品)' 보호 범위는?

보이차의 지리표지산품의 보호 범위는 윈난성인민정부의 <보이차 지리표지산품 보호 범위 확정에 관한 서한>(운정함(雲政函)[2007] 134호)에 의거해, 윈난성 쿤밍시(昆明市), 추슝저우(楚雄州), 위시시(玉溪市), 훙허저우(紅河州), 원산저우(文山州), 푸얼시(普洱市), 시솽반나자치주(西雙版納自治州), 다리바이족자치주(大理白族自治州), 바오산시(保山市), 더훙저우(德宏州), 린창시(臨滄市) 등 11개 주(또는 시), 75개 현(또는 시), 구, 639개 향(또는 진), 사무처의 관할 행정구역이 포함된다.

보이차를 다시 분류하면?

보이차는 가공 방식에 따라 '보이생차(普洱生茶)'와 '보이숙차(普洱熟茶)'로 분류할 수 있고, 형태에 따라 '보이산차(普洱散茶)'와 '보이긴압차(普洱緊壓茶)'로 분류할 수 있다. 보이산차는 압축해 한 덩어리의 형태로 만들기 전의 날 차 상태의 보이차를 이르는 말이다. 보이긴압차는 악퇴(渥堆)와 찌고 압력을 가하는 등의 전형적인 가공 과정을 거쳐 생산한 각종 형태의 차를 이른다. 보이긴압차는 둥글고 넓적한 떡 모양의 원병형(圓餅形), 절구처럼 옴폭한 완구형(碗臼形), 정사각형의 방형(方形), 기둥 모양의 주형(柱形) 등 다양한 형태와 규격이 있다. 또 보관 방식에 따라 '건창보이차(乾倉普洱茶)'와 '습창보이차(濕倉普洱茶)'로도 분류할 수 있다.

보이생차와 보이숙차의 구별 방법은?

보이생차는 보이차 생산지의 환경 조건에 부합하는 지역에서 성장한 운남대엽종 품종의 찻잎을 원료로 하여, 살청, 유념, 일광 건조, 증압 성형(蒸壓成型) 등의 과정을 거쳐 만들어진 긴압차(緊壓茶)를 말한다. 품질상의 특징은 건조 찻잎의 색상이 흑녹색이고, 찻빛은 황록색으로 맑고 깨끗하다. 향은 맑고 순수하면서 오래 지속된다. 맛은 농후하면서 회감이 있다. 우린 찻잎은 새싹이 튼실하고 엽질이 풍만해 도톰하면서 황록색을 띤다.

보이숙차는 보이차 생산지의 환경 조건에 부합하는 운남대엽종쇄청차를 원료로 하여, 특정한 가공과 후발효(쾌속 후발효나 완만 후발효)의 과정으로 만든 산차와 긴압차를 말한다. 품질상의 특징은 건조 찻잎의 색상이 홍갈색이고, 찻빛은 진홍색으로 밝고 투명하다. 또 독특한 오래 묵은 진향이 있고, 맛은 순수하고 농후하면서도 회감이 있다. 우린 찻잎은 홍갈색을 띤다.

흑녹색 · 황록색으로 밝고 투명하다. · 홍갈색 · 진홍색으로 밝고 투명하다.

보이생차   보이숙차

건창보이차(乾倉普洱茶)란?

건창보이차는 건조하고 통풍이 잘되며, 습도가 낮은 환경의 창고에 보관하여 발효시킨 보이차이다. 이와 같은 발효는 시간이 흐르면서 찻잎 성분에 색, 향, 찻빛 등에 변화가 일어나는 자연적인 진화(陳化) 과정에 속한다.

습창보이차(濕倉普洱茶)란?

습창보이차는 상대적으로 밀폐되고 습도가 약간 높은 환경의 창고에 보관하여 급속히 발효시킨 보이차이다.

칠자병차(七子餠茶)란?

칠자병차는 긴압차의 일종으로, '교소원차(僑銷圓茶)' 또
는 '교소칠자병차(僑銷七子餠茶)'라고도 한다.

칠자병차는 주로 멍하이차창(勐海茶廠)에서 생산되며,
한 편(片)의 무게는 357g이고, 7편을 묶어서 한 통(筒)을
만드는데, 총무게는 약 2500g이다.

칠자병차는 모양이 보름달 같고, 칠자(七子)에는 자손
이 번성하고 부귀하다는 뜻이 있어, 윈난성의 소수민
족들은 칠자병차를 친지와 친구들에게 보내는 예물이
나 선물로 사용한다.

칠자병차(七子餠茶)

보이차의 품질을 감별하는 방법은?

고급 보이차

저급 보이차

보이차를 감별할 때는 먼저 외형을 본다. 떡 모양의 병차(餠茶), 안이 옴폭한 타차(沱茶), 벽돌 모
양의 전차(磚茶) 등 각종 형태의 차들은 우선 찻잎의 외형을 본다. 외형이 온전한 모습인지, 어리
고 연한 잎, 즉 눈엽(嫩葉)은 가는 편인지, 성숙한 잎, 즉 노엽(老葉)은 큰 편인지를 본다. 차병(茶餠)
의 경우, 찻잎의 모양이 외관상 뚜렷하지 않고 부서지면서 가늘다면 이는 차등품이다.

두 번째로 찻잎의 색을 본다. 진한지, 연한지, 광택은 어떠한지를 살펴본다. 정품 보이차는 갈색
을 띠고, 5년 이상 보관한 것은 흑색에 전체적으로 붉은빛을 띤다.

세 번째로 찻빛을 본다. 좋은 보이차는 우린 뒤의 찻빛이 투명하고 밝으며, 찻물 표면에 기름
방울 모양의 막이 있다. 품질이 나쁜 것은 찻빛이 검고 어둡다.

네 번째로 향을 맡는다. 청아하고 순수한 향이 나는지, 입안을 감도는 회감이 있는지를 감별한
다. 오래 묵은 진차에서는 매우 감미롭고 청량한 맛인 특유의 진미(陳味)가 있는지를 살펴보아야
한다. 시음할 수 있으면 우린 뒤의 찻잎이 온전한 모양인지, 또는 유연한지를 살펴본다.

'역사상의 보이차'와 '현대 보이차'란 무엇인가?

'역사상의 보이차'는 '현대 보이차'와 상대되는 개념으로 1973년 이전까지 생산된 자연적인 진화(陳化) 과정으로 만든 보이차이다. 엄밀하게는 시쌍반나다이족자치주에 위치한 '육대차산(六大茶山)'을 중심으로 시쌍반나 지역에서 생산된 대엽종차를 원료로 생산한 청모차(青毛茶) 및 청모차에 압력을 가해 만든 각종 규격의 긴압차를 말한다. 예를 들면, 보이방차(普洱方茶), 보이타차(普洱沱茶), 칠자병차(七子餅茶), 장소긴압차(藏銷緊壓茶), 원차(圓茶), 죽통차(竹筒茶), 병장산차(拼裝散茶) 등이 있다.

현대 보이차인 궁정보이숙차(宮廷普洱熟茶).

1973년부터 윈난차엽수출입회사는 고온다습한 환경에서 쇄청 모차를 급속히 후발효 처리한 운남보이차를 쿤밍차창(昆明茶廠)에서 생산하기 시작했다. 보통 언급되는 '현대 보이차'는 이와 같이 인위적인 속성 후발효 기술을 통해 생산된 보이숙차를 말한다.

보이차를 처음 마실 때, 생차와 숙차 중 어떤 것이 더 좋은가?

보이차는 '먹을 수 있는 골동품'이다. 신선함을 중시하는 다른 차들과는 달리, 보이차는 '진(陳)' 즉, 묵은 것이 귀하고, 보관 기간이 길수록 향기로워지는 것이 가장 큰 특징이다.

보이생차는 담금질하지 않은 무쇠처럼 향이 높고 선명하다. 그러나 생차가 위장을 자극한다고 느끼는 사람도 있어, 생차를 처음 마실 때는 자신의 신체적인 반응에 주의해야 한다.

완전 발효를 거친 보이숙차는 입안에서의 느낌부터 그 맛까지 모두 비교적 부드럽고 도톰하며, 온화하고 매끄럽다. 보이차를 처음 접한다면 우선 보이숙차부터 음미해 보는 것이 좋다.

생차와 숙차를 섞어 마시면 보이차의 패기와 부드러움을 함께 즐길 수 있어 초보자도 시도해 볼 만하다.

보이산차(普洱散茶)를 심사 평가하는 방법은?

1. 외관을 본다

외관을 볼 때는 우선 찻잎의 가늘고 긴 정도를 살펴본다. 찻잎이 온전한 모양을 갖추고 있는지, 잎이 연한지 또는 성숙한지, 성숙한 잎은 큰 편인지, 어리고 여린 잎은 가는 편인지를 살펴본다. 또 건조 찻잎의 향기를 맡아 보고, 색상과 불순물이 있는지를 살펴본다.

품질이 높은 운남보이산차는 건조 찻잎의 진향이 뚜렷하다. 이때 진향은 버섯향, 한약향, 말린 계원향, 마른 곰팡이향 등이다. 그리고 녹나무향인 장향(樟香) 등을 띠기도 한다. 잡내가 없으며, 색상은 황갈색이나 홍갈색이고, 윤기가 도는 광택이 있다. 갈색에 붉은빛을 띠고, 찻잎의 외형이 살지고 튼실하다. 그리고 부서지고 끊어진 단쇄차(斷碎茶)가 적다.

품질이 낮은 것은 진향이 약간 있거나 진화(陳化)된 기운만 있고, 심지어 쉰내나 다른 잡내가 난다. 찻잎은 작고 가늘며 팽팽히 말려 있다. 모양이 온전하지 못하고, 색상이 흑갈색을 띠면서 건조하고 광택이 나지 않는다.

2. 찻빛을 본다

찻빛이 진한지, 밝고 투명한지를 살펴본다. 품질이 좋은 운남보이산차는 우린 뒤의 찻빛이 짙고 어두운 홍색을 띠면서 밝고 투명하다. 찻잔 가장자리에는 황금빛의 테두리, 즉 '금권(金圈)'이 있고, 찻물 표면에 기름 방울 모양의 막이 떠 있다. 품질이 낮은 것은 찻빛이 붉지만 진하지 않고, 어둡고 투명하지 못하며, 먼지 같은 부유물이 섞여 있기도 하다. 심지어 어떤 것은 흑빛을 띠면서 너무 어두워서, 속칭 '장유탕(醬油湯)'(간장탕)이라고도 한다.

찻잔의 가장자리에 왕관을 쓴 듯한 황금빛의 테두리, 즉 금권(金圈)은 품질이 좋은 보이차의 상징이다.

3. 향을 맡는다

향을 맡는 방식으로는 찻물이 따뜻할 때 향을 맡는 '열후(熱嗅)'와 찻물이 식은 뒤에 향을 맡는 '냉후(冷嗅)'가 있다. 열후는 향이 순수하고 깨끗한지를, 냉후는 향이 오래 지속되는지를 살펴보는 방식이다. 품질이 좋은 보이차는 열후 방식으로 향을 맡을 경우에 진향(陳香)이 뚜렷하고 진하며, 잡냄새가 없고 정상적인 향이 나고, 진화(陳化)된 느낌이 강하다. 냉후 방식으로 향을 맡을 경우에는 일종의 감미롭고 청량한 느낌인 진향이 오래 지속된다. 반면 품질이 낮은 것은 진향이 있지만, 시큼한 냄새, 쉰내, 녹물 냄새 또는 기타 잡냄새가 섞여 있고, 독한 곰팡이 냄새가 나는 경우도 있다.

4. 맛을 음미한다

맛을 음미할 때는 입안에서 매끄러운 느낌인 '활구감(滑口感)', 입안을 감도는 '회감감(回甘感)', 인후를 적시는 느낌인 '윤후감(潤喉感)'을 음미해 본다. 품질이 좋은 것은 맛이 순수하고 진하며, 활구감, 윤후감, 회감감의 특징이 있고, 혀에 침이 돈다. 반면 품질이 낮은 것은 맛이 연하고 활구감 또는 회감감이 없다. 혀의 양쪽이 불편하고, 심지어는 떫고 얼얼한 느낌마저 든다.

5. 우린 찻잎을 살펴본다

우린 찻잎을 살펴볼 때는 색상과 윤기, 엽질을 먼저 보고, 찻잎이 온전한 모습을 갖추었는지와 유연도의 유지 여부를 본다. 품질이 좋은 것은 색상이 홍갈색으로 균일하게 밝다. 또한 찻잎의 외형이 온전하고 엽질이 유연하며 변질되거나 굳어 있지 않다. 반면 품질이 낮은 것은 색상이 균일하지 못하고 어두우며, 엽질이 변질되고 굳어 있다.

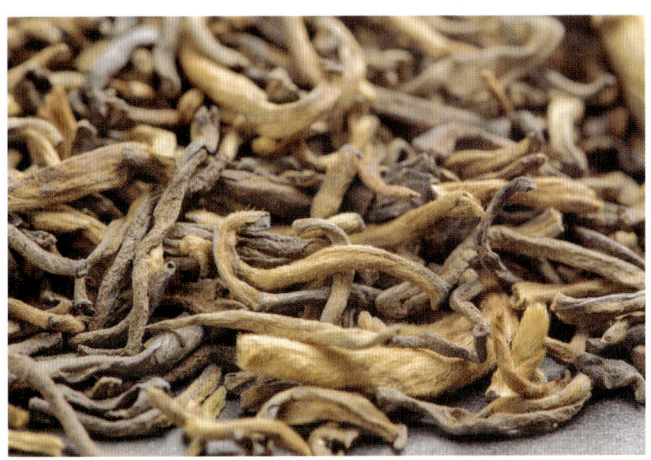

보이긴압차(普洱緊壓茶)를 심사 평가하는 방법은?

1. 포장을 본다

운남보이긴압차는 대부분 전통적인 재료로 포장한다. 한 예로 면지(綿紙)로 속포장을 하고, 대나무인 얼룩조릿대의 잎과 대바구니로 겉포장을 하며, 삼노끈이나 대나무 껍질로 만든 끈을 사용해 묶는다. 이 포장 방식은 보이차 애호가들로부터 높게 인정을 받고 있는 포장법이다.
포장 재료가 불결하고 잡냄새가 나는지, 포장이 정상적인지, 외부 포장이 차의 실제 크기와 잘 맞는지, 헐렁하지는 않은지와 면지는 순면 재질인지, 필적(筆跡)은 분명한지를 확인한다. 그 밖에 독창적인 포장 방식이나 정교한 소포장 등의 경우에도 세밀하게 확인한다.

2. 외관을 본다

온전한 모양을 갖춘 정도, 느슨한 정도, 색상과 윤기, 찻잎의 성숙도, 균일한 정도를 주로 보고, 형태가 단정한지, 모서리가 온전한지, 차의 외형이 분명한지, 층이 올라오거나 꺼진 면이 있는지를 살펴본다. 예를 들면, 운남칠자병차(7572, 7542, 7262 등)는 직경이 20cm이고, 가운데가 두꺼우며(2.5cm), 가장자리는 얇아야(1.0cm) 하고, 옴폭 들어간 부분은 치우치지 않고 병차의 한가운데에 위치해야 한다. 차의 외형이 분명하며, 층이 올라오거나 꺼진 면이 없고, 모서리가 부서진 곳이 없고, 느슨한 정도가 적당하고, 가장자리는 미꾸라지 같은 모양이어야 한다.

포장을 벗긴 보이병차. 모양과 크기가 균일하고, 느슨한 정도도 적당하면서 무게감이 있다.

3. 찻빛을 본다

찻빛을 볼 때는 찻빛의 진한 정도와 밝고 투명한지를 살펴본다. 품질이 좋은 운남보이긴압차는 우린 뒤의 찻빛이 밝고 투명하다. 반면 품질이 낮은 것은 찻빛이 어둡고 투명하지 못하며, 먼지나 풀솜 같은 부유물이 있기도 하다. 심지어는 '간장색'인 것도 있다.

4. 향을 맡는다

주로 열후와 냉후의 방식을 취하고, 방법은 보이산차와 같다. 품질이 좋은 것은 열후의 방식으로 맡을 경우에 향이 뚜렷하게 진하고 깊고, 잡냄새가 없으며, 정상적인 향이 난다. 냉후의 방식으로 맡을 경우에 향이 오래 지속되고, 달콤하면서도 청량한 느낌이 난다. 반면 품질이 낮은 것은 향이 낮고, 시큼한 냄새, 쉰내, 녹물 냄새, 기타 잡냄새가 섞여 있기도 하다. 심지어는 '독한 곰팡이 냄새'나 '썩은 냄새'가 나기도 한다.

5. 맛을 음미한다

보이산차와 기본적으로 동일하다.

6. 우린 찻잎을 본다

보이산차와 기본적으로 동일하다. 그 밖에 운남보이긴압차의 품질을 감별할 때는 긴압차의 겉과 속의 품질이 같은지, 즉 겉에만 좋은 차를 입히고 안에는 가루차로 채운 '개면차(蓋面茶)'나 '살면차(撒面茶)'는 아닌지를 주의 깊게 살핀다.

Chinese Tea

보이차를 가정에서 우릴 때 적당한 방법은?

여기서는 보이차를 가정에서 우리는 일반적인 방법을 간략히 소개하기로 한다.

1 보이차 10g을 차호에 넣는다.

2 끓인 물을 보이차가 든 차호에 넣는다.

3 세차한 물을 신속하게 차반에 쏟아 버린다.

4 다시 끓인 물을 붓고 우려낸다.

5 공도배에 찻물을 따른다.

6 찻물을 품명배에 따른다. 향을 맡고 찻빛을 살피며 음미한다.

보이차를 마시는 독특한 방법

보이차는 특수 제작한 질항아리에 담아 불가마에서 구운 뒤 소금을 넣고 마실 수도 있다. 또 돼지 기름이나 닭 기름을 넣고 유차(油茶)를 끓이거나 수유차(酥油茶)를 만들 수도 있다. 유차는 찻물에 돼지 기름이나 닭 기름을 넣고 끓인 뒤 향신료와 소금을 가해 땅콩이나 야채 등과 곁들여 먹는 탕이며, 수유차는 소나 양의 젖에서 얻은 지방인 수유(酥油)와 차즙을 섞어 우유 형태로 만든 음료로 중국 변방의 전통 음식이다.

보이차를 100도의 끓는 물로 우려야 하는 이유는?

보이차는 잘 우러나지 않는 편이기 때문에 끓는 물로 우려야 한다. 보이차는 생차와 숙차 모두 발효 과정이 길어서 찻잎이 잘 우러나도록 하려면 뜨거운 물에 적시는 윤차 과정이 필수적이다. 이 윤차를 통해 긴압차의 차성(茶性)을 깨우고 잡맛을 없앨 수 있다. 또 먼지를 제거하고 차를 깨끗이 씻어 내는 기능도 있다.

보통 정수기의 물은 가열 뒤의 최고 온도가 약 90도 정도로, 보이차를 우리기에는 적합하지 않다. 따라서 사무실에서 보이차를 우려내려면 전기 포트를 준비하는 것이 좋다.

보이차의 첫 찻물은 음미하지 않는다. 즉, 끓인 물을 부은 뒤 바로 쏟아 내는 온윤포(溫潤泡)의 과정으로, 이 찻물로 찻잔을 씻어 낸다. 두 번째로 우릴 때는 끓는 물을

스테인리스 주전자와 인덕션으로 구성된 전기 포트.

붓고, 개인의 취향에 따라 우리는 시간을 조절한 뒤 찻잔에 따른다. 찻물의 농도를 조절하기 위해서 두 번째와 세 번째로 우린 찻물을 섞어 마실 수도 있다. 이후부터는 우려내는 시간을 적당히 늘려 준다.

보이차를 배가 볼록한 차호에 우려야 하는 이유는?

보이차를 우릴 때는 배가 볼록한 차호를 선택할 필요가 있다. 보이차는 농도가 높아 배가 볼록한 차호에 우려야 차가 지나치게 진해지는 것을 막을 수 있다. 자사로 만든 자사호나 질흙으로 만든 차호인 도호(陶壺)가 좋다.

보이차를 우리는 시간의 조절 방법은?

보이차를 우릴 때는 다음과 같이 시간을 조절할 수 있다. 처음 우릴 때는 손가락을 튕기는 탄지(彈指) 작업을 14회 반복한다. 두 번째 우릴 때는 탄지를 13회, 세 번째 우릴 때는 12회, 네 번째 우릴 때는 11회 반복한다. 다섯

배가 볼록하고 입이 작은 자사호는 보이차의 향을 잘 잡아 준다.

번째로 우릴 때는 탄지를 10회, 여섯 번째부터는 매번 탄지 작업을 한 번씩 추가한다. 이때 탄지 작업은 최대 20회까지만 한다.

보이생차

(普洱生茶)

건조 찻잎	색상은 흑녹색, 녹갈색이고, 품질이 좋은 것은 찻잎에 백호가 있다.
찻빛	밝고 투명하며, 연한 황녹색이다.
향	진하고 무게감이 있는 녹차의 향이 있다.
맛	떫은맛이 있고 자극적이지만, 입안을 감도는 회감이 좋다.
우린 찻잎	황녹색이고, 유연하며, 비교적 온전한 모양이다.

보이생차를 가정에서 우릴 때 적당한 방법은?

여기서는 가정에서 보이생병차(普洱生餅茶)를 우리는 방법을 간략히 소개하기로 한다.

1 차호에 물을 부어 예열한다.

2 그 물을 다시 공도배에 부어 예열하고, 마지막으로 품명배에 부어 준다.

3 차도(茶刀)로 적당량의 찻잎을 떼어 차하에 담는다.

4 단단히 긴압된 병차의 경우에는 우리기 전에 손으로 잘게 뜯어 놓는다.

5 차시를 사용해 차호에 찻잎을 넣는다.

6 차호에 끓인 물을 반쯤 따른다.

7 그 뒤 신속하게 공도배로 옮긴다.

8 품명배를 반시계 방향으로 돌려 고루 예열하고, 찻잔의 물을 차반에 버린다.

9 차호에 물을 가득 붓고, 거품을 걷은 뒤 뚜껑을 덮는다. 약 30초간 둔다. 햇차는 10~20초, 노생차는 20~30초를 넘지 않는다.

10 공도배에 여과망을 얹고, 차호의 찻물을 신속히 따른다.

11 공도배의 찻물을 각 품명배에 나눠 따른다.

보이숙차

(普洱熟茶)

건조 찻잎 작고 가늘면서 팽팽히 말려 있다. 모양이나 크기, 그리고 무게 등이 일정하다. 홍갈색이나 진한 밤색이고, 보통은 돼지 간과 같은 색이라고 하여 '저간홍(猪肝紅)'이라고 한다.

찻빛 어두운 홍색이며 투명하다.

향 독특한 진향이 있다.

맛 진향이 순수하고 농후하고, 맛은 거칠지 않고 매끄러우면서 회감이 좋다.

우린 찻잎 홍갈색이나 진한 밤색이다.

보이숙차를 가정에서 우릴 때 적당한 방법은?

여기서는 가정에서 보이숙차를 우리는 적당한 방법을 간략히 소개하기로 한다.

1 더운물로 차호를 예열한다.

2 그 물로 공도배를 예열하고, 다시 품명배를 예열한다.

<u>3</u> 잘 떼어 놓은 숙차를 차칙으로 차통에서 꺼내 차하에 담고, 적당량의 찻잎을 차시로 자사호에 넣는다.

<u>4</u> 끓인 물을 차호에 붓고, 신속하게 공도배로 옮긴다.

<u>5</u> 차호에 물을 가득 붓고, 거품을 걷은 뒤, 뚜껑을 덮는다. 공도배에 든 찻물로 차호를 씻어 내고, 약 1분간 둔다.

<u>6</u> 품명배를 반시계 방향으로 돌려 고루 예열하고, 그 물을 차반에 버린다.

<u>7</u> 찻물을 여과망을 얹은 공도배에 신속히 따른다.

<u>8</u> 공도배의 찻물을 각 품명배에 나눠 따른다.

반장차

(班章茶)

건조 찻잎	외형이 거칠고 크기가 크다.
찻빛	묵은 햇수에 따라 찻빛이 변한다. 3년 이상 된 것은 농후하고 윤기가 있으며 밝다.
향	부드러우면서도 강하고, 깊이감과 무게감이 있다.
맛	패기가 있고, 향이 입안에서 무겁게 가라앉는다. 입안에서 감도는 회감이 빠르다.
우린 찻잎	도톰하며, 무겁다.

반장차(班章茶)를 가정에서 우릴 때 적당한 방법은?

여기서는 일반 가정에서 반장차를 쉽게 우릴 수 있는 방법을 간략하게 소개하기로 한다.

<u>1</u> 적당량의 찻잎을 차하에 넣어 준비한다.

<u>2</u> 차호에 끓는 물을 가득 부어 예열한다.

<u>3</u>　차호의 물로 공도배를 예열한다.

<u>4</u>　공도배의 물로 품명배를 예열한다.

<u>5</u>　예열한 물을 수우에 버린다.

<u>6</u>　차하의 찻잎을 차호에 넣는다.

<u>7</u>　차호에 끓인 물을 반쯤 따른다.

<u>8</u>　그 뒤 수우에 물을 쏟아 버린다.

<u>9</u>　차호에 물을 가득 붓고, 거품을 걷은 뒤 뚜껑을 덮고 우려낸다.

<u>10</u>　공도배에 여과망을 얹고, 찻물을 신속히 따른다.

<u>11</u>　공도배의 찻물을 각 품명배에 나눠 따른다.

Chinese Tea Story

Part

IO

화차(花茶)와
대용차(代用茶)

꽃을 차로 만드는 것은 꽃의 전성기이자, 또한 차의 전성기이다.
꽃향과 차향의 완벽한 조화로 꽃송이가 보이지 않아도 입안에 꽃향이
가득하고, 꽃향이 사그라진 자리에 차향이 남는다. 대용차는 차에 대한
뜨거운 사랑의 연장선으로 사람들에게 있어 우릴 수 있는 음료들은
모두 '차(茶)'와 관계가 얽혀 있어야만 하는 듯하다.

화차(花茶)란 무엇인가?

화차(花茶)는 가공에 사용되는 기본 차와 식용 가능한 향기로운 생화를 섞어 찻잎에 꽃향이 흡착되도록 특수한 가공 기술을 거쳐 제조한 차를 말한다. '훈화차(燻花茶)', '음화차(窨花茶)', '훈제차(燻製茶)', '향화차(香花茶)', '향편(香片)'이라고도 한다.

화차는 홍차나 우롱차로 가공하는 경우도 있지만, 대부분은 녹차를 기본 차로 사용해 가공한다. 그중에서도 '홍청녹차(烘靑綠茶)'를 기본 차로 생산된 화차의 품질이 가장 좋다.

화차는 향을 흡착시키는 과정에 사용되는 생화의 종류에 따라, 말리화차(茉莉花茶)(재스민차), 백란화차(白蘭花茶), 주란화차(珠蘭花茶), 대대화차(代代花茶)(등자나무꽃차), 계화화차(桂花花茶) 등으로 분류된다.

그중 말리화차를 가장 자주 접할 수 있는데, 향이 맑고 고결하고 향기롭다. 그 다음은 주란화차로, 향이 순수하면서 청아하다. 옥란화차(玉蘭花茶)는 향이 강렬하고 자극성이 있어 수렴성이 있고, 대대화차는 향과 맛이 진하며, 계화화차는 향미가 연하지만 오랫동안 지속된다. 또 말리화차는 화차 총생산량의 70%를 점유할 정도로 생산량이 가장 많고, 푸젠성의 푸저우와 장쑤성의 쑤저우에서 생산된 것이 가장 좋다.

말리화차는 백자 개완에 우려냈을 때 맑고 높은 향이 가장 돋보인다.

대용차(代用茶)란 무엇인가?

사람들은 차처럼 우려내 마실 수 있는 식물의 잎이나 가공을 거친 줄기, 잎 등을 통틀어 습관적으로 '차(茶)'라고 부른다.

그러나 이러한 것들은 실제로 카멜리아 시넨시스 품종의 차(茶)와는 완전히 다른 식물 종속(種屬)에 속하고, 유전적인 관계도 전혀 없다. 예를 들면, 인삼차, 두충차, 돌외차, 국화차, 상아차(桑芽茶)(뽕잎차), 금은화차(金銀花茶), 계화차(桂花茶), 반대해차(胖大海茶)(벽오동과 반대해의 씨로 만든 차) 등이 있다.

이와 같이 차가 아닌 제품들을 '대용차'라고 하며, 보건차와 간식차로 나눌 수 있다. 보건 효과가 있어 '약차(藥茶)'라고도 하는 보건차는 식물의 줄기와 잎 또는 꽃에 소량의 찻잎이나 기타 맛을 내는 재료들을 가하여 만드는데, 돌외차가 대표적이다. 간식차는 여가 시간에 가볍게 즐기는 차로, 청두차(靑豆茶), 누룽지차 등이 있다.

계화, 라벤더, 장미 등으로 만든 화차. 맛과 모양이 모두 화사하다.

화차의 주요 산지는?

중국의 화차는 주로 푸젠성, 광시좡족자치구, 저장성, 장쑤성, 후난성, 쓰촨성 등에서 생산된다. 대표적인 화차로는 말리화차, 주란화차, 옥란화차, 매괴화차(玫瑰花茶)(장미차) 등이 있다.

화차는 주로 중국의 남방 지역에서 생산되지만, 북방 지역의 사람들이 오히려 즐겨 마신다. 북방 사람들이 진한 맛을 선호하는 반면, 남방 사람들은 화차의 무게감 있고 진한 꽃향미를 비롯해 쓰고 떫은맛이 강해 입이 마비되는 느낌을 주는 '고삽미(苦澁味)'를 꺼린다.

화차를 다시 분류하면?

화차는 가공에 사용되는 기본 차의 종류에 따라, 녹차류, 홍차류, 청차류로 분류할 수 있다. 녹차류 화차로는 말리화차, 계화화차, 유자화차(柚子花茶), 계화용정(桂花龍井) 등이 있고, 홍차류 화차로는 매괴홍차(玫瑰紅茶)(장미홍차) 등이, 청차류 화차로는 계화철관음(桂花鐵觀音), 말리우롱(茉莉烏龍), 계화우롱(桂花烏龍) 등이 있다.

찻빛은 녹색에서 점차 밝은 황색으로, 맛은 연하고 떫은맛에서 진하고 순수한 맛으로 변한다.

가짜 화차를 감별하는 방법은?

화차는 기본 차에 꽃향이 흡착되도록 꽃을 첨가해 가공한다. 고급 화차는 향을 흡착시키는 작업을 여러 번 반복하여 향미가 강하다. 이 작업이 끝난 뒤 걸러 낸 꽃은 향이 없는데, '건화(乾花)'라 한다. 화차에는 보통 건화가 적을수록 좋다. 그러나 벽담표설(碧潭飄雪)을 비롯한 일부 화차에는 꽃잎을 비교적 많이 남겨 두는 경우도 있다.

시중에서 보이는 가짜 화차에는 건화를 섞은 '반건화차(拌乾花茶)', 향료를 뿌린 '분화차(噴花茶)', 색상을 입힌 '착색화차(着色花茶)' 등의 세 종류가 있다.

반건화차는 향이 없는 건화를 등급이 낮은 찻잎에 뒤섞은 것으로, '음화차(窨花茶)'로 속여 유통시킨다. 그러나 이러한 차는 보통 꽃향이 없고 차향만 있어, 그 향을 맡아 보면 진위를 감별해 낼 수 있다.

분화차는 찻잎에 향료를 뿌린 가짜 화차로, 우린 뒤의 맛이 전체적으로 진하면서 떫은맛이 강해 입이 마비되는 느낌이 있다. 처음 우려냈을 때는 향이 매우 진하지만 두 번째 우려냈을 때는 향이 흔적도 없이 사라진다.

착색화차는 인공적으로 찻잎을 착색시킨 화차이다. 이것도 가짜 화차에 속한다. 우린 뒤의 찻빛이 이상하고 색료가 가라앉아 있으면 착색화차로 볼 수 있다.

벽담표설(碧潭飄雪)

벽담표설은 고급 말리화차로, 쓰촨성 어메이산(峨眉山)에서 생산된다. 초봄의 연한 싹을 기본 차로 하여 꽃봉오리가 갓 피려는 말리화와 섞어 수작업으로 향을 입히고, 차에는 꽃잎을 남겨 둔다.

화차를 심평(審評)하는 방법은?

'심평(審評)'이란 찻잎의 품질을 감정하기 위하여 시각, 후각, 미각, 촉각 등의 감각기관을 통해 찻잎의 품질과 관련된 요소들을 자세히 평가하는 과정을 말한다. 화차의 외형을 심평할 때는 찻잎이 말려 들어간 모습과 색상과 윤택, 외형의 온전하거나 부서진 정도, 불순물이 없는 정도를 평가한다. 내재한 성질을 심평할 때는 향기에 중점을 두며, 꽃 향이 뚜렷한 지를 평가한다.

화차의 심평은 심평완(審評碗)(찻잎을 심평할 때 사용하는 백색 사발)에 샘플차 3g을 넣고 꽃 부스러기를 골라 낸 뒤, 심평배(審評杯)(찻잎을 심평할 때 사용하는 원주형 백색 자기잔)에 넣고 끓는 물로 우리는 것이 일반적이다.

이때 차를 우리는 방식에는 세 종류가 있다. 첫 번째는 5분간 1회 우리는 방식, 두 번째는 5분간 2회 우리는 방식, 세 번째로는 두 개의 찻잔에 동시에 우리는 방식이다.

첫 번째 방식은 홍차나 녹차를 심평할 때 차를 우리는 방식과 동일하다. 두 번째 방식은 먼저 심평배에 3분간 샘플 찻잎을 우린 뒤 찻물을 심평완에 쏟아 내고, 향의 신선하면서 높고 진한 정도와 전체적인 맛의 신선하고 상쾌한 정도를 각각 심사 평가한다. 이어 다시 5분간 우린 뒤, 향의 농도와 순도를 평가한다.

세 번째 방식은 두 잔의 동일한 샘플을 5분간 우린 뒤, 한 잔은 심평완에 따라 향의 신선하면서 높고 진한 정도를 평가하고, 다른 한 잔은 찻물을 따라 내지 않고 거름망으로 우린 찻잎을 건져 내고 뜨거울 때 향을 맡아 향의 농도와 순도를 평가한다.

주란화차(珠蘭花茶)의 산지와 특징은?

주란화차는 중국 전역의 화차 산지에서만 생산되며, 주산지는 안후이성 서현(歙縣)이다. 품질상의 특징은 찻잎이 작고 가늘면서 팽팽하게 말려 있고, 모양이나 크기 등이 전체적으로 균일하다. 색상은 흑녹색이고 윤기가 돈다. 내적인 성질로는 청아하고 순수한 향이 있고, 그 향이 매우 그윽하면서 오래 지속된다. 찻빛은 담황색으로 맑고 윤기가 있다. 맛은 신선하고 상쾌하면서 은은하고 회감이 있다. 우린 찻잎은 황녹색으로 맑고 윤기가 있다.

매괴화차(玫瑰花茶)의 산지와 특징은?

매괴화차(장미차)는 산지가 비교적 광범위하게 분포되어 있다. 주로 광둥성, 푸젠성, 저장성 등에서 생산된다. 매괴화차는 '매괴홍차'와 '매괴녹차'로 분류되고, 그중에서도 매괴홍차가 더 많이 생산된다.

매괴홍차는 붉은 장미를 첨가해 가공하며, 향이 진하고 꿀이나 시럽 또는 말린 용안과도 같은 향이 난다. 매괴녹차는 흰 장미를 첨가해 가공하고, 향이 진하면서도 청아한 향이 풍부하다.

말리화차

(茉莉花茶)

건조 찻잎 작고 가늘면서 팽팽히 말려 있고, 모양이나 크기 등이 균일하다. 색상은 녹색이고, 윤기가 있다.

찻빛 황녹색이고 밝고 투명하다.

향 향이 풍부하고, 신선하며, 높고 진한 향이 강하다.

맛 순수하면서도 농후하다. 향긋한 맛이 느껴지며, 신선하고 상쾌하다.

우린 찻잎 황녹색이고 유연하다.

말리화차(茉莉花茶)를 우리는 일반적인 방법은?

화차의 가장 큰 특징은 차의 맛과 꽃의 향을 함께 즐길 수 있다는 점이다. 차를 우릴 때는 향이 충분히 퍼져 나올 수 있도록 해야 하고, 차향도 흩어지지 않도록 주의해야 한다. 따라서 화차는 100도의 끓는 물로 우려내고, 뚜껑이 있는 차구를 사용해야 한다.

화차를 마실 때는 흔히 백색의 개완(뚜껑이 있는 백자 차완)을 사용한다. 화차 한 줌(3~5g)을 개완에 넣고 끓는 물을 따른 뒤, 즉시 뚜껑을 덮고 4~5분간 우린다.

찻자리에 함께 한 사람들이 많으면 차호를 사용해 차를 우려낸다. 차호에 알맞은 양의 화차를 넣고 5분간 우려낸 뒤 백색의 자기잔에 따라 내 음미한다. 화차는 보통 2~3회 우려낼 수 있으며, 더 우릴 경우 차의 맛은 남아 있지만 꽃향을 즐기기는 어렵다.

화차를 우릴 때는 물을 7할까지 따르며, 소위 '남겨 둔 3할은 정'이라 한다.

말리화차를 가정에서 우릴 때 적당한 방법은?

여기서는 말리화차를 가정에서 우리는 방법을 간략하게 소개하기로 한다.

1 적당량의 말리화차를 차하에 담는다.

2 소량의 더운물을 개완에 따라서 예열하고, 사용한
물은 차반에 버린다.

3 개완에 말리화차를 넣는다.

4 7할까지 물을 따르고 뚜껑을 덮는다.

5 배탁(杯托)을 두 손으로 들고 차를 건넨다.

6 한 손으로 배탁을 받치고, 다른 한 손으로는 뚜껑을 뒤쪽으로 기울여 향을 맡는다.

7 마시기 전에 뚜껑으로 찻물 표면의 거품을 걷어 낸다.

8 마실 때는 뚜껑을 앞쪽으로 기울인 뒤 음미한다.

Part

II

차구의 선택과 관리

'장인이 일을 잘하려면, 먼저 그 연장부터 날카롭게 벼려야 한다'는
중국 속담이 있다. 차구를 차 문화의 절반으로 본다고 해도 과언이
아니라는 말이다. 한 잔의 차를 마신다는 것은 그 맛을 음미하는
것일 뿐만 아니라, 차와 사람의 정서가 어우러지는 과정이라 할 수 있다.
차구는 그 과정에서 가장 감관(感官)적인 부분이다. 차구의 아름다움은
그 값이 아니라, 차와 적절하게 이루는 조화로움에서 찾을 수 있다.

'차도육용(茶道六用)'이란?

차도육용(茶道六用)은 흔히 '차도육군자(茶道六君子)'라고 하며, 차통(茶筒)을 비롯해 차통에 담아 두고 사용하는 차침(茶針)과 차협(茶夾), 차시(茶匙), 차칙(茶則), 차루(茶漏) 등 차를 우릴 때 사용하는 여섯 종류의 도구를 통틀어 일컫는다.

차침(茶針)

차호가 막히지 않도록 부리에 낀 찻잎을 빼낼 때 사용한다.

차협(茶夾)

찻잔 또는 품명배를 예열하거나 옮기는 과정에서 집을 때 사용한다.

차시(茶匙)

차하(茶荷)나 차엽관(茶葉罐)에서 찻잎을 덜어 낼 때 사용한다.

차칙(茶則)

차엽관에서 건조 찻잎을 덜어 낼 때 사용한다.

차루(茶漏)

찻잎이 옆으로 새지 않도록 차호 위에 올려놓고 찻잎을 넣을 때 사용한다.

차통(茶筒)

차침, 차협, 차시, 차칙, 차루를 담아 놓는다.

차도육용의 선택과 사용법은?

차도육용은 차를 우릴 때 사용하는 보조 도구로, 차를 우리는 전체적인 과정에서 우아함과 섬세함을 극대화시켜 준다.

차도육용은 취향에 따라 다양하게 선택할 수 있다. 예를 들면, 병의 형태는 우아한 풍격이 있고, 사각의 형태는 수수하면서 고풍스럽다. 따라서 차도육용은 다른 차구와 조화를 이루면서도 차를 우릴 때 우아한 정취를 더해 주는 것을 선택하는 것이 가장 좋다. 차도육용을 사용할 때는 찻잎이 닿는 부분을 손으로 들거나 만지지 않도록 주의해야 한다.

목재 차도육용은 수수하면서 고풍스럽고, 차향과도 조화를 이루어 찻자리의 운치를 더해 준다.

자주 사용되는 차구(茶具)는?

차도육용 외에도 차를 우릴 때 자주 사용되는 차구로는 차호(茶壺), 개치(蓋置), 호승(壺承), 차반(茶盤), 품명배(品茗杯), 문향배(聞香杯), 개완(蓋碗), 잔받침(杯垫), 전기포트(隨手泡), 수우(水盂), 공도배(公道杯), 차하(茶荷), 차도(茶刀), 여망가(濾網架)(거름망 받침), 차건(茶巾), 거름망(過濾網), 차엽관(茶葉罐) 등이 있다.

차호(茶壺)
차호는 차를 우리는 주된 용기이다. 자사호(紫砂壺), 자호(瓷壺)(자기 재질의 차호), 유리호 등이 있다.

개치(蓋置)
차를 우리는 과정에서 차호의 뚜껑을 놓아 두는 도구로, '개탁(蓋托)'이라고도 한다. 뚜껑이 찻상에 직접적으로 닿아 마모되는 것을 방지해 준다.

호승(壺承)
차호를 놓아 두는 전용 도구로, '호탁(壺托)'이라고 한다. 차호에서 흐른 뜨거운 물이 호승에 고여 찻상을 깨끗이 유지시켜 준다. 일반적으로 자사(紫砂), 자기(瓷器), 도기(陶器) 등의 재질이 있고, 동일한 재질의 차호와 세트로 사용하거나 원하는 대로 조합해서 사용할 수도 있다.
호승은 단층과 쌍층의 두 종류가 있다. 주로 원형이고, 다양하게 장식된 것들도 있다. 자사호를 호승에 놓을 때는 서로 부딪치지 않도록 호승 위에 천으로 된 받침을 올려 놓는 것이 좋다.

차반(茶盤)
찻잔 등의 차구를 올려놓는 쟁반이다. 차를 우리는 과정에서 흐르거나 쏟아 버리는 찻물을 받아 두기도 하며, 찻잔을 놓는 쟁반으로 쓸 수도 있다. 차반은 방형, 원형, 부채형 등 모양과 크기가 다양하고, 단층 또는 쌍층으로 된 것도 있다. 그 소재도 플라스틱을 비롯해 각종 금속과 목재, 도기 등이 다양하게 사용된다.

품명배(品茗杯)

품명배는 찻물을 마실 때 사용하는 찻잔이다. 백자잔, 자사잔, 그리고 찻빛을 잘 감상할 수 있는 유리잔 등 세 종류의 품명배가 가장 많이 사용된다.

문향배(聞香杯)

문향배는 찻잔 속에 남은 향을 맡을 때 사용하는 용기이다. 동일한 재질의 품명배와 함께 사용하고, 문향배, 품명배, 잔받침이 한 세트로 구성된다. 문향배는 대부분 향이 높은 우롱차를 우릴 때 사용된다. 주로 자기(瓷器) 재질이 많이 쓰이고, 안쪽에 백색 유약을 바른 자사(紫砂)나 도기(陶器) 소재의 문향배도 있다.

개완(蓋碗)

개완은 찻잎을 우릴 때 사용하는 차구로, '삼재배(三才杯)'라고도 한다. 삼재(三才)는 천(天), 지(地), 인(人)을 말한다. 상단의 뚜껑인 차개(茶蓋)는 천(天), 하단의 받침인 차탁(茶托)은 지(地), 중간의 찻잔인 완(碗)은 인(人)을 뜻한다. 개완은 중국 차 문화의 정수인 '천인합일(天人合一)'의 사상을 잘 보여 준다.

개완은 여러 명이 함께 한 찻자리에서 차호처럼 차를 우려 내기 위한 도구로 사용할 수도 있고, 혼자서 한 세트의 개완을 사용해 차를 음미할 수도 있다. 개완의 재질은 자기, 자사, 유리 등이 있고, 그중에서도 자기 개완은 모양이 특히 다채롭다.

배탁(杯墊)

찻잔과 문향배를 내려놓는 받침으로, '배탁(杯托)'이라고도 한다. 찻잔의 물이 튀어 찻상이 젖거나 찻잔이 마모되는 것을 방지한다.

잔 받침은 종류가 매우 다양한데, 주로 자기, 자사, 도기 등의 소재가 많이 사용되며, 목재나 대나무로 된 것도 있다. 잔 받침은 품명배와 세트로 사용하거나 원하는 대로 조합해 사용할 수도 있다. 사용한 뒤에는 즉시 세척해야 하고, 목재나 대나무 재질은 바람이 잘 통하는 그늘에서 건조시켜야 한다.

전기포트(隨手泡)

찻자리에서 물을 끓일 때 사용되는 가장 일반적인 도구이
며, 수시로 사용할 수 있어 간편하다. 공부차(工夫茶)를 마
실 때에는 특히 전기포트를 사용하는 것이 좋다. 거의 대부
분의 공부차는 끓는 물로 차를 우려내야 하는데, 일반 정수
기나 업소용 온수기는 온수 기능이 최고 80도인 경우가 많
기 때문이다.

공도배(公道杯)

우린 찻물을 담아 두었다가 찻잔에 따를 때 사용하는 도구
이다. '차충(茶盅)', '차해(茶海)', '모배(母杯)'라고도 한다. 공
도배를 사용하면 각 찻잔마다 찻물의 농도와 맛을 일정하게
맞출 수 있고, 동시에 차 찌꺼기를 가라앉혀 주기도 한다.

수우(水盂)

차를 우리는 과정에서 끓인 물이나 차 찌꺼기를 버릴 때 사
용하는 도구이다. '차우(茶盂)', '폐수우(廢水盂)'라고도 한
다. 폐수통 또는 차반과 쓰임새가 비슷하다. 자기, 도기 등의
재질이 있다.

차하(茶荷)

차엽관에서 덜어 낸 건조 찻잎을 잠시 담아 놓을 때 사용하
는 도구이다. 찻잎을 감상하는 용도로도 사용된다.

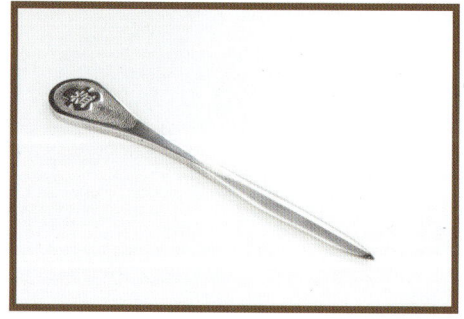

차도(茶刀)

긴압차의 찻잎을 잘게 떼어낼 때 사용하는 도구이다. 보이
차를 마실 때 주로 사용되어 '보이도(普洱刀)'라고도 한다

여망가(濾網架)

과려망, 즉 거름망을 올려놓는 도구이다. 각종 동물이나 사람의 손 모양 등 형태가 다양해 장식 효과가 뛰어나다. 철제 여망가는 녹이 슬기 쉬워 자기나 스테인리스 재질을 선택하는 것이 좋다.

과려망(過濾網)

과려망은 차 찌꺼기를 걸러 낼 때 공도배 위에 얹어 사용하는 도구로, 거름망이라고도 한다. 스테인리스, 자기, 도기, 대나무, 목재, 조롱박 등 다양한 재질이 있다. 차 찌꺼기가 걸러지는 부분은 스테인리스, 무명실, 섬유 등의 소재로 된 망사가 쓰인다. 사용하지 않을 때는 여망가 위에 올려놓는다. 찻자리에서 사용한 과려망은 곧바로 세척해 둔다.

차건(茶巾)

찻자리에서 차구에 묻은 물 얼룩이나 찻물, 특히 차호나 품명배의 측면과 아랫부분을 닦을 때 사용하는 수건이다. '차포(茶布)'라고도 한다. 주로 면이나 마 소재가 많은데, 실제로 차건을 고를 때도 흡수성이 좋은 면이나 마 재질의 제품을 선택하는 것이 좋다.

차엽관(茶葉罐)

찻잎을 보관하는 용기이다. 도기, 자기, 철, 종이, 플라스틱, 법랑, 주석 등의 재질로 된 차엽관이 주로 사용된다.

차구를 다시 분류하면?

차구는 그 소재에 따라 크게 다음과 같이 분류할 수 있다.

자기 차구(瓷器茶具) 중국에서는 '자토(瓷土)'라고 하는 고령토로 만든 음차 도구이다. 일반적으로 고령토는 철 함량이 3% 이하로 '도토(陶土)'보다 낮고, 소성(燒成) 온도는 도토보다 높은 약 1200도이다. 외형이 견고하고 조밀하며, 표면은 매끄럽다. 얇은 것은 반투명 상태를 띠기도 한다. 단면은 물을 흡수하지 않고, 두드리면 맑은 금속 소리가 난다. 자기 차구는 그 종류가 매우 다양하지만, 청자(靑瓷), 백자(白瓷), 흑자(黑瓷), 채자(彩瓷)가 주를 이룬다. 찻주전자, 찻잔, 잔 받침, 작은 잔, 사발, 술잔, 숟가락 등 다양한 차구들이 제작된다.

자사 차구(紫砂茶具) 도토(陶土) 중에서도 철 함량이 높아서 '진흙 중의 진흙이자, 암석 중의 암석(泥中泥, 岩中岩)'이라는 '자사도토(紫砂陶土)'로 만든 음차 도구이다. 자사도토는 성질이 특수하게도 재질이 매우 세밀하여 매끄럽고, 색이 매우 선명하다. 자사 진흙은 색상에 따라 '자니(紫泥)', '녹니(綠泥)', '홍니(紅泥)'의 세 종류가 있고, 그 진흙 원료의 비율에 따라 주사자(朱砂紫), 율색(栗色)(밤색), 해당홍(海棠紅) 등의 색을 얻을 수 있어 '오색토(五色土)'라고도 한다.

자사로 제작한 도기(陶器)는 재질이 조밀해 물이 투과되지는 않지만, 도기의 미세한 기공(氣功)으로 찻물이 흡수되면서 차의 맛이 배어들게 된다. 표면은 깨끗하고 고르면서도 다소 오돌토돌한 일종의 모래 질감이 느껴진다. 열전도가 완만해 손이 데일 염려가 없고, 갑작스런 온도 변화에도 파열되지 않는다. 자사호는 보온성이 좋고, 찻잎이 더운물에 너무 익어서 신선함을 잃었을 때 느껴지는 '숙탕(熟湯)' 맛이 나는 것을 방지해 준다. 따라서 자사호에 차를 우리면, 찻잎 본연의 순수하면서도 진한 향미를 느낄 수 있다. 특히 우롱차와 같은 부분 산화차를 우릴 때 사용하면 차의 특색이 가장 잘 표현된다.

자기 차구

자사 차구

금속 차구(金屬茶具) 금, 은, 구리, 철, 주석 등의 금속으로 만든 음차 도구이다. 중국에서 가장 오래된 생활용품 중의 하나이다.

진한(秦漢)에서 육조(六朝) 시대까지 차를 음료로 마시는 풍습이 유행하면서 차구는 공용으로 쓰이던 음료 용기로부터 분리되기 시작하였다. 남북조(南北朝) 시대에 이르러서는 차를 마실 때 사용하는 기명(器皿)을 비롯한 금속 도구가 출현하였고, 수당(隋唐) 시대에 황금기를 이루었다. 그러나 송나라 시대부터 금속 차구에 대한 평가가 엇갈리기 시작하였다. 원나라 시대 이후 특히 명나라 시대부터는 차 종류의 혁신에 따른 음차 방법에 변화가 일어남과 동시에 도자기 재질의 차구들이 급속히 발전함에 따라, 금속 차구는 점차 자리를 잃게 되었다. 특히 주석, 철, 납 등 금속으로 제작한 차구로 물을 끓이고 차를 우려내면 '차맛을 잃는다'는 인식이 생기면서부터 점차 사용이 뜸해졌다. 명나라 시대의 저명한 학자인 장겸덕(張謙德)은 금은 차구를 차등(次等)으로, 구리와 주석의 차구를 하등(下等)으로 분류하기도 하였다.

일반적으로 사용되는 금속 차구로는 금은 차구, 주석 차구, 구리 차구 등이 있다.

금속 차구

칠기 차구(漆器茶具) 죽목(竹木) 등을 조각한 뒤 옻칠한 음차 도구이다. 이때 사용되는 옻은 옻나무의 수액을 가공한 뒤 필요한 염료를 섞어서 만든다.

칠기 차구는 가볍고 견고하며, 열의 발산이 완만해 실용적일 뿐만 아니라 예술적인 가치도 높다. 인테리어 효과를 위해 거실이나 서재에 진열하는 등 공예품으로써의 역할도 하여 수집가들로부터 많은 사랑을 받는 제품이다.

칠기 차구는 주로 푸젠성의 푸저우 일대에서 생산된다. 아주 화려하고도 다채로운 차구들을 비롯해 차호와 차반 등의 각종 차구들도 제작되고 있다. 보사섬광(寶砂閃光), 금사마노(金絲瑪瑙), 유변금사(釉變金絲), 방고자(倣古瓷), 조전(雕塡), 감백은(嵌白銀) 등의 다양한 방식으로 가공되며, 특히 홍보석처럼 선명한 적금사(赤金絲)와 암화(暗花) 등의 새로운 가공 공예가 등장하면서 그 아름다움과 화려함을 더해 주고 있다

칠기 차구

죽목 차구(竹木茶具) 대나무나 목재를 소재로 만든 음차 도구이다. 목재를 깎는 '차(車)', 조각을 내는 '조(雕)', 쪼는 '탁(琢)', 깎아내는 '삭(削)', 엮어 주는 '편(編)' 등의 공예를 거쳐 제작된다. 주로 차엽관, 차칙, 차해, 차사(茶篩), 차합(茶盒), 차완(茶碗)을 비롯해 차구를 씻은 물을 담아 두는 통인 척방(滌方), 차구를 진열해 놓는 선반인 구열(具列) 등의 제품이 있다. 그 밖에도 대쪽을 엮어 제작한 죽편(竹編) 차구도 있다. 죽편 차구는 대부분 도자기 계열의 음차 도구에 엄선된 대나무를 덧입힌 형태이다. 쪼개는 '벽(劈)', 펼치는 '계(啓)', 구부리는 '유(揉)', 고르게 펴는 '균(勻)' 등의 과정을 거쳐 머리카락처럼 가늘고 유연해진 '죽사(竹絲)'를 만들고, 이를 불에 구워서 색을 내거나 염색한 뒤, 음차 도구의 형태에 맞춰 엮어서 짜는 방식으로 하나의 차구를 제작한다.

이러한 차구는 색이 조화를 이루면서 매우 아름답고 고상한 품격이 있다. 대나무 재질이 감싸고 있어서 음차 도구의 손상을 막아 줄 뿐만 아니라, 뜨거운 찻물에 손이 데일 염려가 없기 때문에 실용적이다. 또한 예술적인 가치도 높아 선물용으로 매우 선호된다. 주로 찻잔, 차충, 차탁, 차호, 차반 등이 제작되는데, 대부분 세트로 구성되어 있다. 중국 전역에 분포되어 있는 대나무 산지에서 주로 생산된다.

죽목 차구

유리 차구(琉璃茶具) 유리를 소재로 만든 음차 도구이며, 주로 찻잔, 쟁반, 병, 수우 등의 제품이 있다. 유리 차구는 가공 방식에 따라 주조(鑄造) 차구와 각화(刻花) 차구로 구분된다. 주조 차구는 주형에 녹인 유리를 주입해 만든 것으로 가격이 저렴하고 품질이 좋다. 반면 '크리스털 글라스'라고도 하는 각화 차구는 유리에 무늬를 넣은 것으로 가격이 비싸고 매우 화려하다.

유리 차구는 투명하기 때문에 찻잔에 김이 아른거리면서 찻잎이 하나하나 곧게 늘어서거나 찻잎과 싹이 뒤얽혀 오르내리는 아름다운 모습을 감상할 수 있다. 특히 용정이나 벽라춘 등의 녹차를 마실 때 유리 차구를 사용하면 더욱 운치가 있다.

유리 차구

옥질 차구(玉質茶具) 옥돌을 조각해 만든 음차 도구이다. 일반적으로 진옥(眞玉), 연옥(軟玉), 경옥(硬玉), 터키석, 마노, 수정, 공작석, 호박(琥珀), 홍옥, 녹옥 등의 채석옥이 사용된다. 주로 차호, 차관, 찻잔, 잔, 차충, 개완 등이 제작된다.

과각 차구(果殼茶具) 열매의 외피 또는 껍데기로 만든 음차 도구이다. 조롱박이나 야자 등 딱딱한 열매의 껍데기를 가공한 뒤 조각하여, 주로 바가지나 차엽관을 제작한다. 조롱박으로 만든 바가지는 육우(陸羽)의 『다경(茶經)』에서도 언급된 적이 있고, 현재까지도 중국 전역의 농촌에서 여전히 사용되고 있다. 바가지는 주로 중국의 북방 지역에서 생산되고, 야자 껍데기로 만든 차구는 주로 하이난성에서 생산된다.

옥질 차구. 사진은 백옥영지이대탁잔(白玉靈芝耳帶托盞)이다.

과각 차구

차구의 색상을 선택하는 좋은 방법은?

차구의 색상을 선택할 때 기본 원칙 중의 하나는 찻잎과의 조화로움이다. 차구의 색상이 찻잎과 어우러져 서로 돋보이는지를 고려해야 한다. 차의 종류와 어울리는 알맞은 차구의 특성을 종합해 보면 대략 다음과 같다.

녹차 무색 투명하고 무늬가 없으며 뚜껑 없이 사용하는 유리잔, 또는 백자, 청자, 뚜껑 없이 사용하는 청화자기가 적합하다.

홍차 안쪽에 흰색 유약을 바른 자사, 백자나 붉은 유약을 바른 홍유자기(紅釉瓷器), 그리고 따뜻한 색감의 난색자기(暖色瓷器) 계열의 차호와 찻잔 세트, 뚜껑이 있는 찻잔이나 개완이 적합하다.

황차 유백색 또는 황유자기(黃釉瓷器)나 등황색 계열의 차호와 찻잔 세트, 개완, 뚜껑이 있는 찻잔이 적합하다.

백차 백자나 황니사기호(黃泥砂器壺)와 찻잔, 또는 안쪽에 색을 입힌 흑자(黑瓷)가 적합하다.

청차(우롱차) 자사나 백자로 된 차호와 찻잔 세트, 개완, 뚜껑이 있는 찻잔이 적합하다.

흑차 특히 보이차는 용적이 200~350ml인 중품(中品)의 두께가 두꺼운 자사호, 투명한 유리의 공도배, 내면에 백색 유약을 바른 내괘백유(內挂白釉) 자사잔이나 갈녹색 계열의 자기잔이 적합하다.

재가공차 화차는 청자, 청화자기 계열의 개완이나 뚜껑이 있는 찻잔이 적합하고, 공예차(工藝茶)는 깊이가 있는 일자형의 투명 유리잔이 적합하다.

차호(茶壺)를 선택하는 방법은?

좋은 차호를 고르기 위해서는 다음과 같은 사항에 유의해야 한다.

① 차호의 부리는 물이 나오는 것이 원활해야 하고, 물이 끊어지는 것이 정확해야 하며, 물방울이 튀지도 않아야 하고, 물이 부리를 타고 흘러내리지도 않아야 한다. 뚜껑은 차호의 본체에 빈틈없이 맞아야 한다. 호구(壺口)는 물이 나오는 부리와 일직선상으로 위치해야 한다. 차호의 본체는 깊지 않고 얕은 것이 좋으며, 뚜껑은 헐겁지 않게 꼭 맞는 것이 좋다.
② 진흙 냄새나 잡냄새가 없어야 한다.
③ 냉열 급변성이 우수해야 하고, 물이 새거나 쉽게 파열되지 않아야 한다.
④ 재질이 찻잎과 조화를 잘 이루고, 차의 특색을 충분히 드러낼 수 있어야 한다.
⑤ 찻잎을 편하게 넣을 수도 있고, 용적이 충분해야 한다.
⑥ 보온성이 좋아 찻물이 빨리 식지 않고, 찻잎의 각종 성분도 단시간 내에 침출될 수 있어야 한다.

차호의 올바른 사용법은?

차호를 잡을 때는 엄지와 중지로 손잡이인 호파(壺把)를 잡고, 힘을 주어 위쪽으로 들어 올리도록 하고, 검지는 가볍게 뚜껑에 올려놓은 상태에서 기공(氣孔)을 막지 않아야 하며, 약지는 살짝 손잡이에 기대고 소지는 잘 모으는 것이 표준적인 자세이다.

초보자의 경우라면 차호를 손으로 들어 올릴 때 한쪽 손의 검지를 호뉴(壺鈕)에 올리고, 다른쪽 손의 엄지와 검지, 중지로 손잡이를 붙잡는 방식으로 양손을 같이 사용할 수도 있다.

어떠한 방식을 취하든지 차호를 잡을 때는 호뉴(壺鈕) 윗부분의 기공을 막지 않아야 한다는 점에 주의하도록 한다.

차호를 다루는 방법. 어떤 방법이든지 기공을 막지 않아야 한다.

차반(茶盤)을 선택하는 방법은?

차반을 고를 때는 그 종류에 관계없이 '관(寬)', '평(平)', '천(淺)', '창(暢)'의 네 조건을 고려해야 한다. 먼저 관(寬)은 인원 수가 많을 때 찻잔을 놓기 편하도록 차반이 넓어야 한다는 것이다. 그리고 평(平)은 찻잔이 불안정하게 흔들리지 않도록 차반의 밑부분이 편평해야 한다는 것이다. 다음으로 천(淺)은 차반의 가장자리 턱이 얕아야 하고, 창(暢)은 차반의 표면이 간결해야 한다는 뜻이다. 그래야 찻잔과 차호를 사용할 때 편리하고 미관상으로도 좋다.

차반의 올바른 사용법은?

차반을 사용할 때는 다음의 사항에 유의해야 한다.

① 단층 차반을 사용할 때는 고무관 한쪽을 차반 아랫쪽의 금속관에 연결하고, 다른 쪽을 퇴수통에 내려놓아 차반의 폐수를 흘려보낼 수 있도록 한다.

② 이중 차반은 '쌍층 차반'이라고도 하며, 위층에는 구멍과 격자 모양의 배수 구조가 있고, 아래층에는 물받침이 있어 우린 뒤의 폐수를 모아 둘 수 있다. 단, 물받침의 용량에는 한계가 있어 폐수가 넘치지 않도록 수시로 정리하도록 한다.

③ 차반을 옮길 때는 차반 위의 차호와 찻잔, 공도배 등이 깨지지 않도록 차반 위의 차구들을 모두 내려놓은 뒤에 들도록 한다.

④ 목재나 대나무 소재의 차반은 사용 뒤에 마른 수건으로 닦아 준다. 목재 차반은 수수하면서도 고풍스러운데, 우수한 공예로 만들어져 실용적이면서도 예술적이다. 따라서 목재 차반은 차를 음미하는 할 때 사용하는 단순 도구에서 더 나아가 일종의 예술적 미의 운치도 느낄 수 있다.

대나무 소재로 만들어 품질이 우수한 차반.

품명배(品茗杯)를 선택하는 방법은?

품명배를 고를 때는 '소(小)', '천(淺)', '박(薄)', '백(白)'의 네 조건을 고려해야 한다. 먼저 소(小)는 한입에 마실 수 있어야 한다는 것이다. 그리고 천(淺)은 잔의 바닥에 물이 남지 않아야 한다는 것이다. 다음으로 백(白)은 찻빛이 돋보이도록 옥처럼 깨끗해야 한다는 것이며, 박(薄)은 향이 잘 표현되도록 종이처럼 얇아야 한다는 뜻이다.

품명배는 잔의 크기와 두께, 구연부가 바깥으로 휘어진 형태 등의 외형적인 특색이 중시된다. 또한 색상(특히 내벽의 색상)이 차와 조화를 이루어야 한다. 특히 공부차를 음미할 때 사용되는 작은 찻잔, 즉 소배(小杯)와 같은 품명배는 손으로 찻잔을 들 때 안정감이 있어야 하고, 차를 마실 때 입에 닿는 느낌도 편안해야 한다.

찻잔은 '얇지 않은 것은 향이 오르지 않고, 정갈하지 않은 것은 찻빛을 돋보이게 하지 못한다'고 한다.

품명배의 올바른 사용법은?

① 품명배를 들 때는 엄지와 검지로 잔을 잡고, 중지로 아랫부분을 받친다.

품명배를 잡는 법.

② 품명배를 예열하는 방법은 다음과 같다.
  ◦ 맨손으로 품명배를 예열하는 법 : 먼저 각 품명배에 끓인 물을 부어 둔다. 첫 번째 잔의 뜨거운 물을 두 번째 잔에 붓고, 구연부를 4~5회 회전시켜 예열한 뒤 제자리에 놓는다. 이러한 방식으로 차례대로 잔을 예열한다.
  ◦ 차협으로 품명배를 예열하는 법 : 위생적인 면을 고려했을 때 차협을 사용해 품명배를 예열할 것을 권한다. 차협으로 첫 번째 잔의 왼쪽을 잡고 오른쪽으로 기울여서 위와 동일한 방식으로 차례대로 잔을 예열한다.

손으로 품명배를 예열하는 법.

차협으로 품명배를 예열하는 법.

③ 찻물을 품명배에 따르고, 세 번에 나눠 한 모금씩 마시고 찻물의 맛을 음미한다.

개완(蓋碗)을 선택하는 방법은?

개완을 선택할 때는 개완 입구 가장자리가 바깥쪽으로 휘어진 정도에 주의해야 한다. 휘어진 각도가 클수록 들어 올리기 쉽고, 우릴 때도 손이 잘 데지 않는다. 개완은 일반적으로 자기 소재가 많이 사용된다.

개완

개완의 올바른 사용법은?

① 개완을 예열하는 법은 다음과 같다. 왼손으로 잔의 아랫부분을 잡고, 오른손으로 뚜껑을 눌러 주면서 반시계 방향으로 한 바퀴 돌린다. 뚜껑을 열고, 사용한 물은 뚜껑 안쪽을 따라 수우나 차반에 흘려보내고 동시에 오른손으로는 뚜껑을 돌려 가며 예열한다.

② 차를 마실 때는 뚜껑으로 찻물에 떠 있는 찻잎을 밀어낸 뒤 마신다. 개완을 사용해 차를 마실 때 뚜껑과 찻잔, 잔 받침을 따로 사용하면 예의에도 어긋나고 보기에도 좋지 않아 주의해야 한다.

찻잔 뚜껑으로 가볍게 찻잎을 밀어낸다.

문향배(聞香杯)를 선택하는 방법은?

문향배는 일반적으로 자기 소재를 사용하는 것이 좋다. 자사 소재를 사용하면 향기가 자사 안쪽에 흡착될 수 있기 때문이다. 차를 우려내 음미할 때는 자사를 사용하는 것이 좋지만, 단순히 향을 맡기 위해서라면 자기 소재의 문향배를 선택하는 것이 가장 좋다.

문향배

문향배의 올바른 사용법은?

① 문향(聞香) : 문향배의 찻물을 품명배에 따라 내고, 두 손으로 문향배를 들어서 향을 맡는다. 또는 두 손으로 문향배를 비비듯이 돌린 뒤 향을 맡는다.

② 문향배는 일반적으로 품명배, 잔 받침과 함께 사용하고, 단독으로는 거의 사용하지 않는다. 그러나 일부의 차구 상점에서는 문향배를 단독으로 찻상에 놓고 장식용으로도 사용한다.

문향배를 비비듯이 돌리면서 향을 맡는다.

전기포트를 선택하는 방법은?

① 브랜드 제품을 선택하면 품질과 사후 관리가 보장된다.

② 온도 제어 기능이 있는 제품을 선택하면 물이 없는 상태에서 가열되는 것을 방지할 수 있고, 더욱더 안전하다.

일반적으로 스테인리스 주전자는 핫플레이트나 전기인덕션과 함께 사용된다. 유리 주전자나 도기 주전자는 알코올 버너를 사용하고, 도기 주전자와 철 주전자는 풍로를 사용하며, 철 주전자는 인덕션을 사용하기도 한다.

전기포트의 올바른 사용법은?

① 새로 구입한 전기포트는, 특히 도기나 철로 된 포트의 경우에는 사용하기 전에 물을 넣고 끓여 준 뒤 잠시 그대로 두어서 주전자 안의 냄새를 제거하는 것이 좋다.

② 야외에서 전기를 사용해 물을 끓이는 것이 불편할 때는 숯불을 피우고 도기 주전자나 철 주전자를 사용해 물을 끓일 수도 있다.

공도배(公道杯)의 올바른 사용법은?

① 찻잎을 오래 우려내 찻물이 너무 쓰거나 진해지지 않도록 우린 찻물은 즉시 공도배에 옮기고 수시로 따라 마신다.

② 공도배는 차호 또는 개완과 용적이 맞아야 하는데, 보통 공도배의 용적이 더 커야 한다.

일반적으로 공도배는 자기, 자사, 유리 등의 소재가 있고, 자기와 유리 소재의 공도배가 가장 많이 쓰인다.

수우(水盂)의 올바른 사용법은?

① 차반이나 폐수통이 없다면, 수우를 사용해 찻물과 차찌꺼기를 정리할 수 있다. 매우 간단하면서도 편리하다.

② 수우는 용적이 적어 수시로 폐수를 정리해야 한다.

차하(茶荷)의 올바른 사용법은?

① 찻잎을 덜어 낼 때 손으로 차하의 입구를 직접적으로 만지지 않도록 주의해야 한다.

② 차하를 드는 기본적인 자세는 엄지와 나머지 손가락으로 차하의 양쪽을 잡아서 손아귀 사이에 차하가 위치하도록 하고, 다른 손으로 아랫부분을 받쳐서 찻자리에 함께 한 이들이 찻잎을 감상할 수 있게 한다.

차도(茶刀)의 올바른 사용법은?

① 우선 차도를 차병에 비스듬히 찔러 넣고 힘을 주어 천천히 위쪽으로 비틀어 올리는데, 엄지로는 비틀려는 찻잎을 눌러 주면서 떼어 낸다.

② 긴압차는 보통 단단한 편이어서 찻잎을 떼어 낼 때 차도에 손이 다치치 않도록 조심해야 한다.

손은 차하의 입구에서 멀리 두도록 한다.　엄지를 사용해 찻잎을 떼어 낸다.

차건(茶巾)의 올바른 사용법은?

① 차건을 접는 방법

방법 1 : 차건을 3등분하여 안쪽으로 접고, 다시 4등분하여 안쪽으로 접어 준다.
방법 2 : 차건을 3등분하여 안쪽으로 접고, 다시 3등분하여 안쪽으로 접어 준다.

② 차건은 차구를 닦는 용도로만 사용해야 한다. 차구 중에서도 입에 닿는 부분과 찻물이 나오는 부분을 제외한 곳을 닦도록 하고, 찻상 위의 물이나 땟자국, 과일 껍질 등을 닦는 용도로 사용하지 않도록 한다.

1. 차건의 아랫부분을 위로 향하게 하여 중심선까지 접는다.

2. 차건의 윗부분을 아래로 향하게 하여 중심선까지 접는다.

3. 차건의 오른쪽 부분을 왼쪽으로 중심선까지 접는다.

4. 차건의 왼쪽을 오른쪽으로 중심선까지 접는다.

5. 차건을 반으로 접는다.

6. 잘 접어 놓은 차건.

차엽관(茶葉罐)을 선택하는 방법은?

차엽관을 선택할 때 가장 중요한 것은 밀폐성이다. 또한 냄새가 없어야 하고, 습기를 막아 주며, 빛이 투과되지 않아야 한다. 차는 맛이 흩어지기 쉽고, 그 자체로 습기를 흡수하는 성질이 있어 맛이 손실되거나 변질될 우려가 있기 때문이다.

도기 차엽관

자기 차엽관

주석 차엽관

차엽관의 올바른 사용법은?

① 차의 종류에 맞는 차엽관을 선택해야 한다. 예를 들면 철관음이나 말리화차 등 향이 무거운 차의 경우에는 주석 차엽관이나 자기 차엽관과 같이 향을 흡수하지 않는 차엽관을 선택하도록 한다. 특히 보이차의 경우에는 보관 과정에서 공기와 접촉하면서 서서히 향과 맛이 향상되어 통기성이 좋은 종이나 도기 소재의 차엽관에 보관하는 것이 좋다.

② 여러 종류의 차를 구입했다면 각기 다른 차엽관에 보관하는 것이 좋다. 차엽관에 차의 이름과 구입한 일시 등을 기록해 두면 편리하게 사용할 수 있다.

③ 새로 구입한 차엽관이나 다른 물품을 담아 두어 냄새가 남아 있는 차엽관의 경우에는 먼저 소량의 찻잎을 차엽관에 넣고 뚜껑을 잘 닫은 뒤 상하좌우로 흔들어서 차엽관의 안쪽 벽을 가볍게 털어 내 냄새를 없앤 뒤 사용한다.

폐수통(廢水桶)의 용도는?

차를 우리는 과정에서 차반에 고인 물은 고무관을 연결해 빼내는데, 이때 폐수나 차 찌꺼기를 담아 두기 위해 폐수통을 사용한다. 폐수통은 보통 대나무, 목재, 플라스틱, 스테인리스 등의 재질이 있다.

폐수통의 올바른 사용법은?

① 폐수통은 입구에 체가 있어 차찌꺼기를 걸러 낼 수 있고, 한 쪽에는 원주형의 노즐이 있어 고무관을 연결해 폐수를 통 안으로 흘려보낼 수 있다.

② 폐수통의 폐수는 차때가 끼지 않도록 잘 정리해야 한다.

표일배(飄逸杯)의 용도는?

복잡한 차예 절차를 진행하기에 불편한 장소에서는 표일배(飄逸杯)(멀티 티 서브라고도 한다)를 사용하는 것이 좋다. 특히 사무실에서 차를 우릴 때는 표일배가 적합하다. 표일배에 적당량의 찻잎을 넣어 잘 우린 뒤 찻잔에 따라 마시거나 큰 잔에 바로 우려내 취향껏 농도를 조절한 뒤 마신다.

표일배에는 거름망이 있어 찻잎을 즉시 꺼낼 수 있다. 따라서 찻물의 농도를 원하는 대로 조절할 수 있어 매우 편리하다.

차완(茶玩)의 용도는?

차완(茶玩)은 찻상을 아름답게 꾸며 주는 장식품으로, '차취구(茶趣具)', '차총(茶寵)'이라고도 한다. 수많은 차 애호가들이 대부분 소장하고 있는 애장품이기도 하다.

차완은 대부분 자사 도기로 제작하고, 그 형태가 매우 다양해 돼지나 강아지 등의 동물 모양에서부터 미륵보살이나 동자승 등의 인물 모양에 이르기까지 매우 다채롭다. 차를 우려내 음미할 때 찻상의 '차완'과 함께 감미로운 차를 나누면 정취를 한껏 더 만끽할 수 있다.

자사 차완은 자사호처럼 '길들여야(養)' 한다. 찻물을 적셔서 익히고 데워 주어야 하고, 정기적으로 솔로 정리한 뒤 차건으로 닦아 주어야 더 윤이 나고 아름다워진다.

배추 위에 달팽이 조각이 있는 차완. 차완은 차 애호가들이 대부분 소장하는 애장품이기도 하다.

여행용 차구란?

즐거운 기분을 만끽하기 위해 여행을 가듯이 차를 마시는 것도 좋은 기분을 즐기기 위한 것이다. 차구도 자연히 사용하는 사람의 마음에 즐거움을 주어야 한다. 여행용 차구를 선택하는 기준은 시간과 장소에 관계없이 차가 생각나면 곧바로 마실 수 있어야 한다는 것이다. 차구를 눈으로 보고 손으로 만지며 감상하다 보면, 흥미가 생기고 마음도 즐거워진다.

여행용 차구는 대부분 이싱자사명호(宜興紫砂名壺), 자기 차호, 품명배, 차협과 함께 죽목(竹木), 도자기 등으로 제작한 휴대용 보관함이 세트로 구성된다. 고풍스러우면서도 우아하고 간편해서 실용성이 있을 뿐 아니라 손으로 만지며 감상하는 즐거움도 겸비하고 있다.

여행용 차구 가방.　　　　　　　　　　품명배.

개완.　　　　　　　　　　공도배.

여행용 차구

차호를 고를 때의 삼평법(三平法)이란?

차호를 고를 때는 '삼평법(三平法)'을 고려해야 한다. 즉, 차호의 부리, 입구, 손잡이가 수평을 이루어야 하고, 5mm 이상 차이가 나지 않아야 한다. 차호의 부리가 입구보다 아래에 위치하지 않아야 하고, 손잡이는 입구와 평행을 이루어야 한다. 즉, 차호의 부리와 손잡이는 동일한 수평선상에 위치해야 한다. 그러나 좋은 차호는 이러한 방법에 국한되어서 판단되지 않는다는 점도 유의해야 한다.

차호의 입구, 부리, 손잡이가 수평을 이루고 있는 모습.

자사호(紫砂壺)를 선택하는 방법은?

자사호를 구입할 경우에는 다음의 사항에 유의해야 한다.

① 차호를 두드려 보았을 때 깨지는 듯한 소리가 나지 않아야 한다. 또한 너무 가라앉고 답답한 소리나 날카로운 소리가 나지 않아야 한다.

② 금수(禁水) 여부를 확인한다. 금수란 차호에 물을 가득 채운 뒤 손가락으로 기공을 막고 따랐을 때 물이 새어 나오지 않는 것을 말한다. 금수가 정확한 차호는 뚜껑과 입구가 꼭 맞는 상태로 차향을 잘 유지시켜 주고 보온성도 좋다.

③ 절수(切水) 여부를 확인한다. 차호의 물을 따르다가 잠시 수평으로 들어 올려 부리의 아랫쪽에 물이 묻어 흐르거나 물방울이 맺혀 있는지 살펴본다. 차호 입구의 아랫쪽에 물이 새거나 물방울이 맺혀 있다면 결함이 있는 것이다.

④ 차호의 용적과 중량의 비율이 적합한지, 손잡이는 들기에 편한지 등을 확인해 자신의 음차 습관과 악력에 따라 차호를 선택해야 한다. 차호에 물을 가득 채운 뒤 한 손으로 손잡이를 잡아 보았을 때 불편하거나 힘들지 않아야 한다.

⑤ 차호의 내벽이 깨끗하고 매끄러운지 확인한다. 또한 차호 내부에서 부리로 통하는 부분에는 단공(單孔), 다공(多孔), 구형(球形) 등의 물이 나가는 구멍인 출수공(出水孔)이 뚫려 있는데, 구멍이 너무 거칠거나 작은 것은 좋지 않다.

새로 구입한 자사호를 좋게 사용하는 방법은?

새로 구입한 자사호는 사용하기 전에 연마포로 차호 표면을 전체적으로 한 번 세심하게 닦아 준다. 단, 차호의 표면이 손상되지 않도록 적당히 닦아 주어야 한다. 부드럽게 닳은 연마포가 없다면, 새 연마포를 여러 차례 비벼 날카롭지 않게 만든 뒤 사용한다.

그 뒤 차호 안팎의 먼지를 씻어 내고 뜨거운 물을 부어 헹궈 주면 곧바로 사용할 수 있다. 차호에 뜨거운 찻물이 가득 차 있을 때, 깨끗한 젖은 수건을 사용해 수시로 차호를 닦아 주면 얼마 지나지 않아 차호의 색이 진해지고 깊어지면서 우아한 광택이 생긴다. 이렇게 열흘이나 보름 정도 잘 관리해 주면 차호의 외관이 사뭇 달라진다. 자사호는 오래 사용할수록 더욱더 빛이 나 '쓸수록 새롭다'고 형용하기도 한다.

젖은 수건으로 자사호를 자주 닦아 주면
자사호는 새것처럼 더욱더 광택이 난다.

자사호를 '보양(保養)'하는 방법은?

자사호의 장점 중 하나는 '향기는 품고, 열기는 뿜어 낸다'는 것이다. 자사호는 오래 사용하면 차의 향을 흡수하고, 윤기가 흐르는 광택이 생긴다. 오래 사용한 자사호가 더 귀하다는 것은 모두 이러한 이유 때문이다.

평소에 자사호를 '보양(保養)'할 때는 다음의 사항에 특히 주의해야 한다.

① 사용한 뒤에는 자사호 내부에 습기가 남아 있지 않도록 잘 건조시켜야 한다.

② 통풍이 잘되는 곳에 보관해야 한다. 귀하게 여겨 사용한 뒤 감싸 놓거나 밀봉해서 밀폐된 곳에 놓지 않도록 한다.

③ 매연이나 먼지가 많은 곳에 놓지 않도록 한다.

④ 사용한 뒤에는 뚜껑을 한쪽으로 놓고 닫아 두지 않는 것이 가장 좋다.

⑤ 차호에 물을 담아 놓지 않도록 하고, 오직 차를 우릴 때만 물을 넣는다.

⑥ 좋은 자사호를 여러 개 구비해 놓고, 차의 종류에 따라 특정한 차호를 사용하는 것이 가장 좋다. 차호를 혼용해 하나의 차호에 여러 종류의 차를 우리지 않도록 잘 구별해 사용하도록 한다.

⑦ 세정제나 화학 제품으로 자사호를 세척하면 차의 맛이 씻겨 나가고, 표면의 광택도 사라져 절대로 사용하지 않도록 한다.

⑧ 차호를 사용한 뒤에는 항상 무명천으로 표면의 물기를 닦아 준다. 찻자리를 정리할 때는 먼저, 우린 찻잎의 3분의 2는 버리고, 3분의 1 정도는 차호 안에 남겨 둔 채로 뜨거

자사호를 사용한 뒤에는 반드시 물기를 잘 닦아서 보관해야 시간이 흘러도 새것처럼 사용할 수 있다.

운 물을 부은 뒤, 두세 번 돌려서 차호를 헹궈 준다. 그 뒤, 차호 안의 물은 따로 담아 두고, 차호 안에 남아 있는 우린 찻잎을 깨끗이 정리한다. 그리고 따로 담아 둔 물을 차호 위에 고르게 끼얹어 준다. 마지막으로 차건을 사용해 물기를 가볍게 닦아 낸다.

이싱자사차구(宜興紫砂茶具)의 장점은?

이싱자사차구(宜興紫砂茶具)는 차를 우렸을 때 차 본연의 향이 잘 표현되고, 찻잎이 더운물에 너무 익었을 때 나타나는 숙탕의 맛이 올라오지 않는다. 또한 상대적으로 오랫동안 찻잎의 색, 향, 맛이 유지된다. 외관이 고풍스럽고 독특하며, 기질도 특히 우수하다. 찻물이 스며들고 손때가 오르면 광택이 돌면서 그 외관이 더욱 아름다워져 늘 소장가들에게 주목을 받는 차구이다.

자사호에서 우린 찻물이 잘 쉬지 않는 이유는?

전문가들의 연구 결과에 따르면, 일반적인 자기 차구는 내벽이 매끄럽고 삼투성이 낮아 차호 내벽에 응결된 물방울이 찻물에 떨어져 다시 섞이면서 호기성(好氣性) 곰팡이가 쉽게 번식해 찻물이 쉬고 변질될 수 있다고 한다. 반면 자사호는 내벽이 도기 재질로 거칠고 삼투성이 좋으며, 뚜껑에는 기공이 있어 수증기를 흡수하면서도 물방울이 맺히지 않아 이싱자사호에 담긴 찻물은 쉽게 쉬지 않는다고 한다.

차의 종류에 맞춰 찻잔을 사용해야 하는 이유는?

찻잔은 차의 종류에 맞게 사용해야 한다. 예를 들면 보이차의 찻빛을 감상할 때는 내벽이 흰색이나 연한 색을 띠는 찻잔을 선택하는 것이 가장 좋다. 또한 차호의 모양과 색상에 맞춰 어울리는 찻잔을 선택하면 함께 사용할 때 시각적인 아름다움도 더해 준다.

보이차는 내벽이 흰색인 찻잔을 사용할 때 찻빛이 더욱더 밝고 투명하게 돋보인다.

Part

12

좋은 물 구하기

좋은 차를 우릴 때는 좋은 물을 써야 차와 물의 장점이 더욱 돋보일 수 있다.
중국의 고전 소설 『홍루몽(紅樓夢)』에서는 묘옥(妙玉)이 차를 우릴
좋은 물을 구하기 위해 한 사찰을 찾는 이야기가 나온다.
묘옥은 마침 매화에 내려앉아 있는 눈을 항아리에 모아 담고,
그것을 땅 밑에 잘 묻은 후 5년이 지난 뒤에야 그 물의 맛을 보았다.
오늘날에는 대자연이 선물해 주는 훌륭한 물을 맛보기가 쉽지 않지만,
차를 우리는 물은 세심하게 고르는 것이 좋다.

차를 우리기에 적합한 물은?

물은 차의 침출제로, 좋은 물로 차를 우려내야 차의 청아하고도 순수한 향과 감미롭고 진한 맛, 그리고 찻물의 아름다운 찻빛을 감상할 수 있다. 좋은 물을 선택하는 것은 차를 우리는 과정에서 매우 중요하다.

좋은 물이란 '원(源)', '활(活)', '감(甘)', '청(淸)', '경(輕)'의 다섯 가지 기준에 부합하는 것을 말한다. 원(源)은 발원지가 명확한 것을, 활(活)은 발원지로부터 지속적으로 흐르는 것을, 감(甘)은 물에 약간의 단맛이 있는 것을, 청(淸)은 수질이 맑고 깨끗한 것을 의미한다. 마지막으로 경(輕)은 물의 경도(硬度)가 낮은 것을 의미한다. 경도가 낮은 물은 수용성 칼슘이나 마그네슘화합물의 함량이 적은 '연수(軟水)'를 말한다. 연수로 차를 우리면, 찻잎 내의 폴리페놀류 성분과 아미노산, 카페인 등의 성분이 쉽게 침출될 수 있다.

샘물은 차를 우리기에 적합한가?

대부분의 샘물은 암석이 많은 깊은 산중에서 흘러나온다. 삼림이 우거진 숲의 암반층으로부터 흘러나온 물줄기가 모여서 샘물을 이루는데, 이러한 샘물에는 이산화탄소를 비롯해 인체에 유익한 각종 미네랄 성분들이 풍부히 함유되어 있다. 특히 모래와 자갈을 거치면서 여과된 경우에는 수질이 맑고 깨끗하며 투명하게 빛난다. 또한 염소화합물이나 철화합물 등의 함량이 매우 적어서, 차를 우렸을 때 차의 색, 향, 맛, 외형이 가장 잘 드러난다.

수돗물은 차를 우리기에 적합한가?

수돗물은 도시에서 가장 편리하게 사용할 수 있는 수원이다. 그러나 수돗물에는 소독용 염소가 함유되어 있고, 수도관에 오랫동안 정체되어 있으면 상대적으로 다량의 철분을 함유하게 된다.

물 안의 철이온 함량이 1만 분의 5퍼센트를 초과하면, 찻물의 찻빛이 갈색을 띠게 되고, 또한 염소화합물이 찻잎에 든 폴리페놀류와 반응하여 찻물의 표면에 '녹기름(銹油)'을 형성하여 쓴맛과 떫은맛이 나게 된다.

수돗물로 차를 우리려면 먼저 오염되지 않은 용기에 하루 동안 담아 놓아 염소를 휘발시킨 뒤 끓여서 사용하거나 정수기로 수돗물을 정화시켜야 차를 우리기에 적합한 물이 된다.

수돗물을 바로 끓여서 차를 우리면, 찻물의 찻빛이 어두워지고, 쓴맛과 떫은맛이 나기 쉽다.

광천수는 차를 우리기에 적합한가?

광천수(鑛泉水)란 깊은 지하에서 천연적으로 솟아오르거나 인공적으로 개발된 오염되지 않은 지하수를 말한다. 양질의 광천수도 차를 우리는 물로 사용하기에 적합하다. 단, 현지의 차는 그 지역의 물로 우리는 것이 가장 좋기 때문에 광천수를 선택할 때는 근거리 원칙을 고려하도록 한다.

정제수는 차를 우리기에 적합한가?

현대에는 각종 여과 기술의 발전으로 일반 음용수로부터 불순물이 함유되어 있지 않은 정제수를 추출해 낼 수 있게 되었다. 이렇게 추출된 정제수의 수소이온농도지수(pH)는 중성을 띤다. 정제수로 차를 우리면 순도가 좋고 투명도가 높아서 찻물이 맑고 투명하다. 또한 잡냄새가 나지 않고, 신선하면서도 진하고 청량하다. 현재 출시되어 있는 다양한 브랜드의 정제수는 대부분 차를 우리기에 적합하다.

빙하 또는 자연환경이 우수한 지역의 광천수는 차의 맛을 잘 살려 준다.

정제수에는 불순물이 함유되어 있지 않아, 차를 우리면 향이 높고, 맛이 청량하고 감미로우며 진하다.

우물물은 차를 우리기에 적합한가?

우물물은 지하수에 속하는데, 부유물이 적고 투명도가 비교적 높은 편이다. 그러나 대부분은 지하 얕은 곳에 위치하는 '천층 지하수(淺層地下水)'이고, 특히 도시의 우물은 주변 지역의 환경오염에 노출되기 쉽기 때문에 차의 맛에 영향을 줄 수 있다. 따라서 가능한 한 실제 자주 사용되고 있는 우물의 물로 찻잎을 우려야 좋은 차를 마실 수 있다.

당나라 시대의 육우(陸羽, 733~804)는 『차경(茶經)(다경)』에서 '우물물은 자주 길어 올린 것을 사용해야 한다'고 기록하였고, 명나라 시대의 육수성(陸樹聲)은 『전차칠류(煎茶七類)』에서 '우물물은 자주 길어 올린 것을 사용해야 하고, 많이 길어 올린 것은 물이 흐르는 것과 같다'고 기록하였는데, 두 기록 모두 자주 사용하는 우물을 사용할 것을 의미한다. 또 명나라 시대의 『옥당총어(玉堂叢語)』, 청나라 시대의 두광정(竇光鼎)과 주균(朱筠)의 『일하귀문고(日下歸聞考)』에서는 '경성문화전동대포정(京城文華殿東大庖井)'이라는 우물이 언급되는데, 수질이 맑고 투명하며, 맛이 감미롭고 농렬하다는 내용이었다. 명나라와 청나라 시대에는 그 우물이 황궁의 식수원으로도 사용된 적이 있다고 한다. 푸젠성 난안(南安) 지역에 있는 관인정(觀音井, 관음정)은 송나라 시대에 차의 찻빛과 거품으로 승패를 가리는 놀이인 투차(鬪茶)의 용수로 사용되기 시작해 오늘날까지도 이어지고 있다.

우물물

강물, 하천물, 호수물은 차를 우리기에 적합한가?

강물, 하천물, 호수물은 지표수에 속하는데, 이물질이 비교적 많이 함유되어 있고 혼탁하여 일반적으로는 차를 우렸을 때 좋은 효과를 얻기는 힘들다. 그러나 사람이 사는 인가에서 멀리 떨어진 지역에 위치하고 수풀이 우거진 곳은 오염 물질이 비교적 적기 때문에, 이러한 곳에 위치한 강물, 하천물, 호수물은 차를 우리기에 좋은 물이라고 할 수 있다. 예를 들면, 저장성 퉁루현(桐廬縣)의 푸춘강(富春江), 춘안현(淳安縣)의 첸다오호(千島湖), 사오싱시(紹興市)의 젠후호(鑑湖)가 있다.

당나라 시대의 육우가『차경』에서 '강물은 인가(人家)에서 먼 것을 취한다'고 기록한 것도 이러한 의미이다. 같은 시대의 시인인 백거이(白居易, 772~846)는 그의 시(詩)에서 '촉(蜀)의 물이 특별하다고 하나 새로운 맛이 놀라울 뿐, 위(渭)의 물은 끓이면 진귀함을 깨닫게 된다'고 하여, 위하(渭河)의 물이 차를 끓이기에 아주 좋다고 인정하고 있다. 여기서 위하는 간쑤성에서 발원하여 산시성(陝西省)을 거쳐 황허강(黃河)으로 유입되는 강을 이른다. 또한 동시대의 이군옥(李群玉)은 '오(吳), 구(甌)나라 상강(湘江)의 물이 푸른 꽃처럼 새롭다'고 하여, 상강의 물로 우린 차의 정취를 노래하였다. 이 상강은 후난성을 남북으로 흐르는 강이다. 그리고 명나라 시대의 허차서(許次紓, 1549~1604)는『차소(茶疎)』에서 더 나아가 이르길, '황허강의 물은 하늘에서 온다. 탁한 것은 흙색이지만, 맑게 가라앉히면 투명하고, 향미가 있다'고 하였다. 즉, 혼탁한 황허강의 물도 정화시키면 향이 높고 맛이 진한 찻물을 얻을 수 있다는 것이다. 이러한 상황은 고대와 마찬가지로 현대에도 적용된다.

호수물

비와 눈은 차를 우리기에 적합한가?

옛 사람들은 비와 눈을 '천상의 샘물'이라고 불렀고, 특히 눈을 더 추앙하였다. 당나라 시인 백거이의 '눈을 쓸어서 향기로운 차를 끓인다', 송나라 시인 신기질(辛棄疾, 1140~1207)의 '차경을 세밀하게 필사하고, 찻물로 쓸 눈을 끓인다', 원나라 사종가(謝宗可, 1330~?)의 '밤에 눈꽃을 쓸어서 녹차를 끓인다', 청나라 소설가 조설근(曹雪芹, 1715~1763)의 '새로 내린 눈을 쓸어서 곧바로 끓인다'는 문장들은 모두 눈으로 차를 우리는 모습을 칭송한 것이다.

빗물은 일반적으로 시기에 따라 성질이 다르다. 가을에는 하늘이 높고 상쾌하며, 공기 중에 먼지가 적고, 빗물의 맛이 산뜻하고 시원하여 빗물 중에서도 가을비는 으뜸에 속한다. 장마철에는 날씨가 음습하여 답답하고, 비가 끊임없이 계속 내리며, 빗물의 맛이 달고 미끄러워서, 장맛비는 가을비에 못 미친다. 여름에는 소나기가 가끔 내리고 바람이 세차게 불며, 빗물의 맛이 원래의 맛과는 다르게 변하고, 수질이 깨끗하지 못하다.

그러나 공기만 오염되어 있지 않으면 강물이나 하천물, 호수물과 비교했을 때, 빗물과 눈이 상대적으로 깨끗하고 차를 우리기에도 좋은 물이라고 할 수 있다. 그런데 애석하게도 근대에 들어서면서 공업 지역을 비롯한 적지 않은 지역들이 매연과 공기 오염으로 인해 하늘에서 내리는 눈과 비도 변질되고 있는 실정이다. 따라서 빗물이나 눈을 받아서 차를 우리는 일은 권장할 일이 못 된다.

차를 우리기에 적합한 중국의 유명한 샘물은?

중국에서 차를 우리기에 적합한 유명한 샘물로는 주로 다음과 같은 것들이 있다.

산둥성에는 성도인 지난(濟南)의 바오투취안(趵突泉, 표돌천), 쯔보시(淄博市)의 류취안(柳泉, 유천)이 있다. 그리고 윈난성에는 안닝시(安寧市)의 비유취안(碧玉泉, 벽옥천)이 있고, 쓰촨성에는 충라이시(邛崍市)의 원쥔징(文君井, 문군정), 어메이산시(峨眉山市)의 유예취안(玉液泉, 옥액천)이 있다. 수도인 베이징시에는 유취안(玉泉, 옥천)이 있다.

안후이성에는 황산산의 원취안(溫泉, 온천)이 있고, 장시성에는 상라오시(上饒市)의 류위취안(陸羽泉, 육우천), 루산산(廬山)의 위구취안(谷簾泉, 곡염천)과 자인취안(招隱泉, 초은천)이 있다.

또한 장쑤성에는 우시시(無錫市)의 후이산취안(惠山泉, 혜산천), 양저우(揚州)의 다밍시취안수이(大明寺泉水, 대명사천수), 쑤저우의 스취안수이(石泉水, 석천수), 전장시(鎭江市)의 중링취안(中冷泉, 중령천)이 있다.

저장성에는 톈타이산(天台山)의 첸장푸부수이(千丈瀑布水, 천장폭포수), 창싱현(長興縣)의 진사취안(金沙泉, 금사천), 항저우의 룽징취안(龍井泉, 용정천), 후파오취안(虎跑泉, 호포천), 퉁루현(桐廬縣)의 옌링탄수이(嚴陵潭水 엄릉담수), 옌당산(雁蕩山)의 다룽추(大龍湫, 대룡추)가 있다.

후베이성에는 당양현(當陽縣)의 전주취안(珍珠泉, 진주천), 이창시(宜昌市)의 류유취안(陸遊泉, 육유천), 하마취안(蛤蟆泉 합마천)이 있고, 푸젠성에는 우이산(武夷山)의 주취시(九曲溪, 구곡계) 등이 있다.

13

'차 우리기'와 '차예(茶藝)'

차를 우리거나 차와 관련한 예술적인 공예, 즉 차예를 할 때는 좋은 차,
좋은 차구, 좋은 물이 필수적이지만, 결국 가장 중요한 것은
사람의 마음이다. 사람들은 차를 마신 뒤 각자 그 맛을 다르게 음미해 낸다.
깊은 맛이 오랫동안 감돈다거나, 여운이 부드럽게 이어진다거나,
뜨겁게 고양된다고 하는 것이다. 그저 한 잔의 차를 즐기고,
그윽한 향기 속에서 편안한 마음으로 차분히 무언가를 체득할 수 있다면,
소위 말하는 인생의 백 가지 맛이 그 속에 담겨 있다고 할 수 있다.

차를 우리는 적당한 횟수는?

차를 우리는 횟수는 차의 종류에 따라 다르다. 보통의 홍차나 녹차는 3~4회 정도 우릴 수 있지만, 아주 가늘고 여린 고급 녹차는 여러 번 우릴 수 없다. 찻잎을 우리는 횟수는 기본적으로 찻잎의 여린 정도와 관련이 있지만, 그보다도 가공을 마친 찻잎의 형태, 즉 외형의 온전한 정도와 더욱더 밀접한 관련이 있다. 가늘고 잘게 가공한 찻잎일수록 찻물이 쉽게 우러나오고, 성숙하고 온전한 형태의 찻잎일수록 찻물이 서서히 우러나온다

또한 차의 종류와는 무관하게 일반적으로 차에 함유되어 있는 가용 물질은 첫 번째로 우렸을 때 50% 이상, 두 번째에는 약 30%, 세 번째에는 약 10%, 그리고 네 번째에는 1~3% 정도가 침출된다. 영양적인 측면에서는 찻잎 중의 비타민 C와 아미노산의 경우, 첫 번째로 우렸을 때 80%가 침출되고, 두 번째에는 95% 이상으로 침출이 거의 완료된다. 차에 함유된 폴리페놀이나 카페인 등의 유효 성분도 첫 번째에 우렸을 때 가장 많이 침출되며, 세 번째 때부터는 침출이 거의 완료된다.

따라서 보통의 홍차, 녹차, 화차를 우리는 횟수는 3회 정도가 일반적이다. 우롱차를 마실 때는 찻잎을 많이 넣기 때문에 몇 차례 더 우려낼 수 있다. 반면 홍쇄차를 원료로 하여 가공한 티백은 침출이 쉽고 빠르게 일어나 보통 한 번 우려내 마시는 것이 가장 적합하다.

3, 4회 우린 찻물은 진미(珍味)이다.

2회 우림.

1회 우림.

세차(洗茶).

좋은 홍차는 일반적으로 세 번째와 네 번째로 우려냈을 때 찻빛과 맛, 그리고 향이 가장 좋다.

차를 우릴 때 물의 온도에 대한 주의 사항은?

차를 우릴 때 물의 온도는 일반적으로 찻잎에 함유되어 있는 유효 물질의 용해도와 밀접한 관련이 있다. 물의 온도가 높을수록 찻잎의 유효 물질이 대량으로 용해되고, 찻물이 진하게 우러나온다. 또한 물의 온도는 구체적으로 차의 종류에 따라 알맞게 조절해야 한다. 찻잎이 연하고 여린 녹차는 일반적으로 85도의 끓인 물이 적당하다. 보통의 홍차, 녹차, 화차는 물의 온도가 다소 높아야 한다. 우롱차는 반드시 100도의 끓는 물을 사용해야 한다. 이때 주의해야 할 사항은 차를 우리는 물은 먼저 100도 이상 끓인 뒤 사용해야 한다는 점이다. 즉 85도의 끓인 물이란 100도 이상으로 끓인 뒤 한 김 식힌 상태의 물을 말한다.

차를 우릴 때 찻잎과 물의 적당한 비율은?

차를 우릴 때 찻잎과 물의 비율에 대해서는 정해진 기준은 없다. 찻잎의 비율은 차의 종류와 차구의 크기, 그리고 마시는 사람의 취향에 따라 결정한다.

보통의 홍차나 녹차를 우릴 때는 찻잎과 물의 비율을 대략 1 : 50 ~ 1 : 60 정도로 맞출 수 있다. 즉 3g 정도의 건조 찻잎에 150~200ml의 끓인 물을 넣는다. 보이차나 우롱차를 우릴 때는 그에 비해 찻잎을 2배 이상 넣는다. 반면, 소수민족들이 즐겨 마시는 전차(磚茶)(벽돌 모양의 긴압차)는 찻물의 농도가 높고, 지방 분해와 소화 촉진의 효능이 강하여 찻잎과 물의 비율을 1 : 30 ~ 1 : 40으로 줄일 수 있다. 즉 50g 정도의 전차에 1500~2000ml의 물을 넣어서 끓인다.

찬물로 차를 우려도 되는가?

여행 중에는 끓인 물을 구하기가 쉽지 않은데, 이럴 때는 찻잎을 차가운 물에 냉침해도 좋다. 무더운 여름날에도 냉장고에 넣어 두었던 차가운 생수로 차를 우리면 시원함을 느낄 수 있다. 각종 찻잎은 모두 냉침에 적합하다. 그러나 일반적으로 오래 산화시킨 것일수록 인(P)의 함량이 상대적으로 높아지기 때문에 냉침 시에는 되도록 인의 함량이 비교적 적은, 산화도가 낮은 차를 선택해야 한다. 녹차는 산화 정도가 거의 없고, 우롱차는 중간 정도이고, 우롱차 중에서도 철관음이나 홍차는 산화 정도가 비교적 높은 편이다. 따라서 차를 냉침할 때는 녹차를 선택하는 것이 가장 적합하다.

냉장 보관했던 차를 우리는 방법은?

냉장 또는 냉동 보관했던 차는 냉장고에서 꺼내 상온에 한동안 두었다가 개봉해야 한다. 냉장고에서 꺼내 곧바로 개봉하면 차가 눅눅해지면서 차 한 통이 모두 변질될 수 있기 때문이다.

보온병에 차를 우려서는 안 되는 이유는?

찻잎에는 폴리페놀, 카페인, 방향유, 각종 비타민 등이 함유되어
있어 약 80도의 물로 우려내는 것이 적당하다. 보온병에 찻잎을
넣고 장시간 고온의 물에서 차를 우리는 것은 약한 불로 계속 끓
이는 것과 같아 차의 향미가 소실된다. 뿐만 아니라 찻잎에 함유
되어 있는 비타민이 파괴되고, 대량의 방향유가 휘발되며, 폴리페
놀이나 카페인 등의 성분도 대량으로 유실되어 영양적인 가치가
확연히 낮아지게 된다.

보온병은 차를 우리기에는 적합
하지 않다.

찻잎은 모두 '온윤포(溫潤泡)'를 해야 하는가?

티백차를 제외한 대부분의 찻잎은 '온윤포(溫潤泡)'를 하는 것이 좋다. 온윤포란 찻잎을 차호에
넣은 뒤 더운물을 붓고 즉시 쏟아 버리는 과정을 말한다. 온윤포를 하는 이유는 유념 과정을 거
쳐 단단하게 말려 있는 찻잎을 펼쳐 주고, 찻물을 음미할 때 차 본연의 색, 향, 맛이 잘 드러나도
록 하기 위해서이다. 온윤포를 하면 찻잎이 열기와 습기를 머금게 되어 가용 물질이 빠르게 우
러나와 찻물을 우리는 시간도 단축시킬 수 있다.

샘물로 차를 우리는 것이 가장 좋은 이유는?

샘물은 다수의 사암층을 투과해 솟아나오면서 결과적으로 여러 차례 여과된 것이다. 샘물에는
이물질이 잔류하지 않아 맑고 투명하다. 또한 맛이 감미롭고, 다양한 미네랄 성분도 함유하고
있다. 샘물로 차를 우리면 찻빛이 맑고 밝으며, 찻잎 본연의 색, 향, 맛이 충분히 발휘될 수 있다.

티백의 실을 찻잔에 빠뜨리지 않는 방법은?

티백은 다음과 같은 순서로 우려내야 실이 찻잔에 빠지는 번거로움을 피할 수 있다.

① 먼저 끓인 물을 찻잔에 약 3분의 1 정도 따른다.
② 티백을 넣고 실에 달려 있는 라벨을 찻잔 밖으로 걸친 뒤, 적당량의 더운물을 찻잔에 따른다.
　1~2분 뒤 실을 잡고 아래 위로 흔들어 준다.

티백을 먼저 넣고 물을 따르면, 찻물의 향과 맛에 영향을 줄 뿐 아니라, 티백의 실과 라벨까지
찻잔에 빠뜨리게 된다.

차를 우린 유리잔이 너무 뜨겁다면?

유리잔에 차를 마시면 더운물의 열기로 찻잔이 뜨거워져 손으로 잡기 곤란할 때가 있다. 일반적으로 찻잔으로 사용되는 유리잔은 바닥 부분이 두툼하기 때문에 잔을 들기에 너무 뜨겁다면 잔의 바닥 부분을 잡도록 한다.

'봉차(奉茶)' 과정에서 주의해야 할 사항은?

'봉차(奉茶)'란 손님에게 차를 올리는 일종의 찻자리 예절을 말한다. 이 예절은 중국의 남부와 북부 지역이 서로 다르기 때문에 한 가지 방식을 고수할 필요는 없지만, 손님에게 두 손으로 차를 올리는 것이 가장 일반적이다. 단, 연장자와 손님에게 먼저 차를 올려야 한다는 점에 주의해야 한다.

찻잔에 차를 나눌 때는 너무 가득 따르지 않도록 한다. 중국에는 '차는 잔의 7할까지만 따르고, 남겨 둔 3할은 정(情)이다'라는 표현이 있다. 7할 정도 채운 찻잔은 들기에도 편하고, 손이 쉽게 데지도 않는다.

손잡이가 있는 찻잔을 사용할 때는 잔을 들기 쉽도록 손잡이가 손님의 오른손을 향하게 놓아야 한다.

양손으로 올리는 '봉차(奉茶)'.

찻물이 쓰고 떫은 것은 물의 온도 때문인가?

찻물에서 느껴지는 쓴맛과 떫은맛은 물의 온도가 높을수록 강해진다. 쓴맛이 강한 차는 찻잎을 우릴 때 물의 온도를 낮추도록 하고, 떫은맛이 강한 차는 물의 온도를 낮추고 찻잎을 우리는 시간도 줄이도록 한다. 또한 찻물의 알맞은 농도는 찻잎의 양으로 조절할 수 있다.

물의 온도나 찻잎의 양은 찻물의 쓰고 떫은 정도에 따라 적당히 넣는다.

향을 맡을 때는 반드시 문향배(聞香杯)를 사용해야 하는가?

향을 맡아 보는 문향(聞香)에는 세 방식이 있다. 첫 번째는 품명배를 사용해 찻물의 향을 맡는 것이고, 두 번째는 문향배를 사용해 잔에 남아 있는 향을 맡는 것이다. 세 번째는 개완에 차를 우릴 경우, 찻물의 향과 개완 뚜껑의 향을 맡는 것이다. 따라서 반드시 문향배만을 사용해 향을 맡아야 하는 것은 아니다. 일반적으로 문향배는 '공부차(工夫茶)'를 음미하는 찻자리에서 자주 사용된다.

문향배의 찻물을 품명배로 옮기는 방법은?

먼저 문향배에 찻물을 따르고 그 위에 품명배를 엎어 놓는다. 양손의 검지로 문향배의 아랫부분을 받치고, 엄지로는 품명배를 누른 채 재빨리 뒤집어서 문향배의 찻물을 품명배로 옮겨 준다. 또는 한 손의 엄지로 품명배의 아랫부분을 누른 채 중지와 검지로 문향배의 아랫부분을 받치고 재빨리 뒤집어서, 찻물을 품명배로 옮겨 준다.

두 손으로 잡는 법

한 손으로 잡는 법

'봉황삼점두(鳳凰三點頭)'란?

녹차를 우릴 때는 '물을 높게 부어야' 한다. 즉 주전자를 높이 치들어 차호에 물을 내리붓고 다시 낮게 붓기를 세 번 반복하는데, 마치 봉황이 손님에게 머리를 조아리며 세 번 인사를 하는 듯하다. 이러한 모습을 표현한 것이 바로 '봉황삼점두(鳳凰三點頭)'이다. 손님에게 세 번 허리를 굽혀 절을 함으로써 환영을 표하고, 손님과 차에 대해 경의를 표한다는 의미가 있다.

'관공순성(關公巡城)', '한신점병(韓信点兵)'이란?

관공순성(關公巡城)은 '찻자리에서 각 잔마다 차례로 번갈아 가며 차를 따르는 것'을 삼국 시대 촉한의 무장인 '관우(關羽, 160~220)가 성을 순찰하는 것'에 비유한 표현이다. 구체적으로 먼저 찻잔을 '일(一)', '품(品)' 또는 '전(田)'의 형태로 배열하고, 차호를 들어 번갈아 가며 각각의 잔에 차를 따르는 방식으로 진행된다.

관공순성(關公巡城)

한신점병(韓信点兵)은 '차호에 소량의 찻물이 남았을 때 각 찻잔에 나눠 따르는 것'을 전한 시대의 무장인 '한신(韓信, B.C. 231~B.C. 196)이 병정을 파견하는 것'에 비유한 표현이다. 차호에 남아 있는 소량의 찻물은 농도가 가장 진한 부분으로 이를 골고루 나눠 찻잔마다 농도를 일정하게 맞춰 주는 것이다.

한신점병(韓信点兵)

중국의 일부 지역에서 긴압차(緊壓茶)를 끓여 마시는 이유는?

긴압차는 모차를 원료로 하여 악퇴 작업을 거쳐 증기로 찌고 압력을 가하는 등의 전통적인 공예 과정을 거쳐 만든 차이다. 특유의 가공 과정으로 인해 매우 단단하여 긴압차는 찻물이 쉽게 우러나오지 않는다. 따라서 작게 조각을 내거나 잘게 부숴서 냄비나 알루미늄 주전자에 넣고 끓이는 방식으로 차를 우려낸다. 긴압차를 끓일 때는 잘 저어 주어야 하고, 찻물이 충분히 우러나올 수 있도록 오래 끓여야 한다.

중국에서는 일부 소수민족들이 이를 즐겨 마시는데, 이들은 주로 중국의 변방 지역인 티베트, 신장위구르자치구, 내몽고 일대에서 거주한다. 해당 지역은 고원 지대로 기압이 매우 낮아 100도에 미처 도달하기도 전에 물이 끓게 된다. 이러한 물로 긴압차를 우리면 찻물이 쉽게 우러나오지 않고, 설사 끓인다고 해도 시간이 오래 걸린다. 긴압차를 더운물에 우려내지 않고 끓여서 마시는 이유가 바로 여기에 있다.

차예(茶藝)의 시연자는 화장을 해도 되는가?

차예(茶藝)는 외모보다는 자질(資質)을 더욱 중시한다. 천성적으로 미모가 출중하다면, 단정하고 고상한 자세를 갖추는 것만으로 충분하다. 여성들은 손님에 대한 존중의 표시로 연하게 화장을 할 수 있다. 그러나 점잖고 은은해야 하고, 정도에서 벗어난 진한 화장은 삼가야 한다.

차예 시연자의 올바른 앉은 자세는?

의자나 스툴에 앉을 때는 가운데에 단정하게 앉고, 신체의 중심을 중앙에 둔다. 두 다리와 무릎, 발목을 모으고, 상체는 곧게 펴고 어깨는 편안하게 힘을 뺀다. 고개를 들고 턱을 살짝 당기고, 입은 다물며, 코끝은 배꼽 쪽을 향하게 한다. 몸에 힘을 빼고 편안한 마음으로 정신을 집중하고, 동작은 자연스럽고 아름답게 한다.

차예 시연자의 올바른 무릎 꿇는 자세는?

무릎을 꿇을 때는 발등은 바닥에 붙이고, 엉덩이는 두 발 위에 닿도록 앉는다. 허리는 곧게 펴고, 어깨는 편안하게 힘을 빼고, 약간 아랫쪽으로 향하게 한다. 입은 다물고, 두 손은 앞으로 모으는데, 여성은 왼손을 밑으로 하고, 남성은 그 반대로 한다.

차예 시연자의 올바른 선 자세는?

차예 시연자의 선 자세는 매우 중요하다. 두 발은 모으고, 몸을 곧게 펴고, 고개는 들고, 턱은 약간 당기고, 눈은 정면을 응시하고, 어깨는 힘을 뺀다.
여성은 오른손이 위로 오도록 두 손을 교차시켜 배꼽 위에 올려 놓는다. 남성은 두 발을 팔자 모양으로 약간 벌리고, 몸은 곧게 펴고, 고개를 들고, 턱은 당긴 채 눈은 정면을 응시하고, 어깨는 힘을 빼고, 왼손이 위로 오도록 두 손을 교차시켜 아랫배 위에 올려 놓는다.

차예 시연자의 올바른 보행 자세는?

여성의 걷는 자세는 고상하고 우아해야 하며, 상체가 흔들리지 않도록 안정감을 유지한 채 똑바로 걷고, 어깨는 힘을 빼고, 고개를 들고, 턱은 약간 당기고, 눈은 정면을 응시한다.

남성은 걸을 때 다리의 움직임에 따라 두 팔을 자연스럽게 흔들어 준다. 몸을 돌려야 할 경우, 오른쪽을 향할 때는 오른발을 먼저 내딛고, 왼쪽을 향할 때는 왼발을 먼저 내딛는다. 정면으로 손님과 마주할 때는 두 걸음 앞으로 나아가서 차예를 시연하고, 자리를 떠날 때는 손님을 마주한 채 두 걸음 뒤로 물러난 뒤 몸을 돌리는 방식으로 손님에 대한 존경을 표하도록 한다.

'굴지대궤(屈指代跪)'란 무슨 뜻인가?

'굴지대궤(屈指代跪)'란 찻자리에서 감사를 표하는 일종의 예절로, 무릎을 꿇는 대신에 손가락을 굽힌다는 뜻을 갖고 있다. 즉, 차를 대접하는 이가 손님에게 차를 올리거나 따를 때, 손님은 오른손의 검지와 중지를 가지런히 모으고 살짝 구부린 채로 찻상을 가볍게 두 번 두드려 감사의 뜻을 표하는 것을 말한다.

굴지대궤와 관련해 다음과 같은 일화가 전해진다. 청나라 건륭(乾隆) 황제가 강남 지역(양쯔강 이남)으로 암행 시찰을 떠났을 때 일행은 한 차관(茶館)(찻집)에 머무르게 되었다. 차관의 주인은 변복 중인 건륭 황제에게 차호를 건네주었고, 황제는 자리에서 일어나 차를 따랐다. 환관은 몹시 황공하였지만, 그 자리에서 무릎을 꿇고 감사를 표하면 황제의 신분이 탄로날 것을 염려하여, 다급하게 오른손의 검지와 중지를 모으고 관절을 구부려 엎드려 절하는 형태로 찻상을 가볍게 두드렸다고 한다. 그 뒤 이 약식 예절이 점차 민간에 널리 퍼지게 되었다.

지금은 손윗사람이나 상급자를 대할 때 뿐만 아니라 동년배 사이에서도 굴지대궤의 방식으로 감사의 뜻을 표할 수 있다. 또는 손가락을 구부리지 않고, 손끝으로 찻상을 가볍게 두 번 두드려 친근감을 나타내면서도 공손하게 예의를 갖출 수 있다.

차예 시연 시의 '우의례(寓意禮)'란 무엇인가?

차예에는 행동 하나에도 의미가 함축되어 있는 우의(寓意)적인 예절이 많다. 흔히 접하는 '봉황 삼점두(鳳凰三點頭)'도 그중의 한 예이다. 물주전자를 높이 치들어서 붓고 낮게 따르기를 세 번 반복하는 것은 손님에게 세 번 허리를 굽혀 절을 한다는 의미가 함축되어 있는 예절로 환영을 표한다.

또한 차호를 내려놓을 때 그 부리가 손님을 정면으로 향하지 않게 해야 한다. 이는 손님에게 자리를 떠나 달라는 뜻을 표하는 것이기 때문이다. 차를 따르고 차호를 덮히는 등의 과정에서도 차구를 들고 손목을 돌릴 때는 반드시 오른손은 반시계 방향으로, 왼손은 시계 방향으로 돌려야 하는데, 이는 손짓하여 부르듯이 손님이 보러 오는 것을 환영한다는 의미가 함축되어 있기 때문이다.

찻자리에서는 차호의 부리가 손님을 향하지 않도록 해야 한다.

차예 시연 시의 '신장례(伸掌禮)'란 무엇인가?

'신장례(伸掌禮)'는 손짓으로 차를 권하거나 감사의 뜻을 표하는 예절을 말한다. 찻자리에서 손님에게 물건을 전할 때는 간단하게 신장례를 올리는데, '받으십시오', '감사합니다'라는 뜻이 담겨 있다. 이때 자세는 세 손가락을 가지런히 모으고, 손바닥은 약간 안쪽으로 오므린 상태에서 전하려는 물건의 측면으로 손을 비스듬히 뻗어 준다. 그와 동시에 몸을 앞으로 조금 숙이면서 고개를 끄덕이는데, 모든 동작은 부드럽게 한 번에 해야 한다.

신장례(伸掌禮)

손님에게 차를 올릴 때 주의해야 할 사항은?

손님이 방문했을 때 차를 대접하는 일은 중국의 전통적인 미덕이다. 맑은 차 한 잔으로 표하는 일종의 고상한 예의이다. 손님에게 차를 올릴 때 주의해야 할 사항은 다음과 같다.

① 차를 마시는 장소는 청결해야 한다. 고요하고 품위 있는 분위기가 조성된 곳이 가장 좋다.
② 차구는 차의 종류와 어울려야 하고, 청결해야 한다.
③ 손님에게 차에 대해 설명하고, 필요하다면 손님이 차의 외형을 감상할 수 있도록 한다.
④ 차를 덜 때는 손으로 잡지 않아야 하고, 차와 물의 비율이 적당해야 한다.
⑤ 차는 급하지 않게 천천히 음미해야 하고, 찻물이 부족하지 않도록 알맞은 시점에 물을 더하여 계속 차를 우려내도록 한다.
⑥ 음미하는 찻잎의 산지나 외관, 품질적인 특징과 관련된 설명을 곁들여서 찻자리의 정취를 더할 수 있도록 한다.

차를 올릴 때에는 반드시 양손으로 찻잔을 들어야 한다.

차의 보관

차의 보관은 소홀히 여길 수 없는 중요한 문제이다.
찻잎을 잘 보관하는 것은 차를 우리고 음미하는 일의 기초라고 할 수 있다.
어렵게 구한 좋은 차를 제대로 보관하지 못하여 낭비하게 된다면
얼마나 애석한 일인가.

찻잎이 변질되는 이유는?

찻잎은 엽록소의 변화, 폴리페놀의 산화, 비타민의 감소, 복합 지질의 가수분해, 카로틴의 산화, 아미노산의 변화, 방향성 성분의 변화 등 다양한 원인에 의해 변질된다. 이와 같은 찻잎의 변질에 관여하는 주요 환경적인 요소로는 온도, 수분, 산소, 직사광선이 있다.

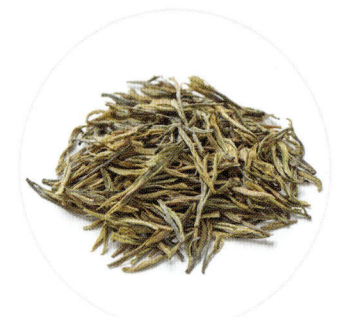

차를 보관할 때 가장 주의해야 할 사항은?

변질된 찻잎은 색이 어둡고 푸석하다.

찻잎은 매우 말라 있으면서 흡착성도 강한 편이기 때문에 주변의 잡냄새를 쉽게 흡수한다. 예를 들면, 찻잎을 장목(樟木)(녹나무) 소재의 상자에 넣어 두면 수 시간 내에 장목 향이 찻잎에 배어들어 쉽게 없어지지 않는다.

따라서 찻잎을 보관할 때는 잡냄새가 배어들어 마시는 데 영향을 주지 않도록 주변에 장뇌(樟腦)나 비누, 화장품 등 독특한 향이 있는 물건들을 함께 놓아두지 않아야 한다.

또한 수분을 함유하고 있는 식품과 함께 두면 찻잎이 눅눅해지기 때문에 수분기가 있는 식품과 함께 보관하지 않도록 한다. 찻잎은 직사광선과 열기를 피해 보관해야 장기간 양호한 상태를 유지할 수 있다.

차엽관은 서늘하고 건조한 곳에 단독으로 두는 것이 좋다.

새로 구입한 차를 보관하는 방법은?

새로 구입한 차는 최대한 신속하게 차엽관에 넣어 보관하는 것이 좋다. 차엽관에 찻잎을 담기 전에는 먼저 잡냄새를 제거해야 하는데, 소량의 차를 넣고 흔들어 주거나 철 소재의 경우 불에 한 번 데워서 잡냄새를 제거할 수 있다. 차엽관에 찻잎을 담을 때는 속포장을 버리지 말고 포장되어 있는 채로 넣는 것이 건조한 상태를 유지하는 데 더욱 도움이 된다.

차엽관을 상하좌우로 흔들어서 잡냄새를 제거한다.

가정에서 차를 보관하는 방법은?

새로 구입한 차는 개별적으로 포장되어 있는 것이나 틴케이스에 담겨 있는 것이나 모두 건조한 곳에 보관해야 한다. 덜어서 파는 차의 경우에는 깨끗한 흰 종이로 잘 감싸서 건조제와 함께 차엽관이나 단지에 넣고 뚜껑을 잘 닫아서 보관한다.

건조 상태가 양호한 찻잎은 방습성이 좋은 비닐백에 이중으로 밀봉하여 냉장고에 보관하면 적어도 반 년 정도는 거의 변질되지 않는다. 결론적으로 찻잎은 건조한 환경에서 저온으로(약 5도) 보관하는 것이 가장 좋다.

찻잎의 속포장은 버리지 말고 차엽관에 그대로 넣어서 보관하는 것이 건조 상태를 유지하는 데 큰 도움이 된다.

찻잎을 대량으로 보관하는 방법은?

찻잎의 양이 많을 때는 다음과 같은 방법으로 보관할 수 있다.

① 우선 찻잎을 전열 기구에 건조시켜서(또는 덖어서) 찻잎의 수분 함량을 6% 이하로 낮춰 준다.

② 찻잎을 포대에 넣고 다시 비닐백에 담아서 방습 효과를 더해 준다. 품질이 좋은 찻잎은 알루미늄박을 덧댄 외수용 합판 상자에 넣고 뚜껑을 잘 덮어서 보관한다.

찻잎을 포대에 넣을 때는 차칙을 사용하고, 절대 손으로 직접 만지지 않도록 한다.

③ 잘 포장된 찻잎은 건조하고 청결하며 잡냄새가 나지 않는 전용 창고에 보관한다. 이때 제습기를 사용하면 건조한 상태를 유지하는 데 도움이 된다. 창고에는 인체에 유해하거나 잡냄새가 있는 물질을 함께 보관하지 않도록 한다.

④ 여건이 된다면, 냉장 창고를 갖추어서 명차와 고급차를 보관하면 좋다.

⑤ 습한 계절에는 습기가 들어가지 않도록 창고의 문을 자주 열지 않는다.

찻잎을 보관할 때 실리카겔을 사용해도 좋은가?

찻잎을 보관할 때 실리카겔(silica gel)을 사용할 수 있다. 실리카겔은 흔히 사용되는 흡습성 있는 일종의 건조제로, 찻잎을 용기에 저장할 때 사용하면 용기 내의 수분을 흡수하여 건조한 상태를 유지시켜 준다. 실리카겔은 찻잎의 약 10분의 1 정도의 양을 사용한다.

실리카겔은 건조한 상태에서는 진한 남색을 유지하지만, 일단 습기를 흡수하면 붉은색으로 변한다. 색이 변한 실리카겔은 햇빛이나 전열 기구에 말리거나 덖어서 수분을 제거하면 다시 흰색으로 돌아오고 계속 사용할 수 있다.

흰색 실리카겔은 방습 효과가 우수하다. 붉은색으로 변하였을 때는 햇빛에 건조시켜 다시 사용할 수 있다.

'와담저장법(瓦壇貯藏法)'이란?

'와담저장법(瓦壇貯藏法)'이란 일종의 '항아리 저장법'이다. 수분 함량이 6%를 초과하지 않는 건조한 찻잎을 먼저 크라프트지로 잘 감싼 뒤, 양질의 항아리 안에 사방으로 놓고 중앙에는 석회 덩어리(또는 실리카겔)를 놓는다. 그 뒤 공기가 통하지 않도록 솜이나 두툼하고 부드러운 화장지를 채우고 뚜껑을 덮어서 보관하는 것이다. 석회 덩어리는 저장하려는 찻잎의 양에 맞춰 크기를 조절하고, 약 1, 2개월에 걸쳐 한 번씩 교체한다.

찻잎을 보온병에 보관해도 좋은가?

보온병은 공기와 습기를 효과적으로 막아 주기 때문에 찻잎을 보관하기에 적합하다. 이때 중요한 것은 보온병의 뚜껑을 잘 닫아 밀폐시키는 것이다. 찻잎을 보온병에 보관할 때는 일반적으로 건조 찻잎을 가득 채우고 뚜껑을 꽉 닫은 뒤 파라핀으로 밀봉하고 다시 투명테이프로 감싸 준다.

이 방법은 찻잎의 변질을 방지하는 면에서는 효과적이지만, 차를 덜어 내기에는 불편하여 다른 보관법과 함께 사용하는 것이 좋다. 즉, 차를 한 번에 많이 구입한 경우에는 일부는 보온병에 담아 보관하고, 일부는 덜어 내기 편하도록 틴케이스 등에 보관한다. 보온병에 보관 중인 찻잎은 필요한 양만큼 덜어 내어 사용하고, 남아 있는 찻잎은 다시 파라핀으로 밀봉하여 계속 보관한다.

'질소 충전법'이란?

질소 충전법이란 특수 포장재에 내용물을 담은 뒤 공기를 빼내고 질소를 충전하는 방법이다. 질소가 다른 화합물과 쉽게 반응하지 않는 비활성 기체인 것을 응용하여 산소가 제거된 환경에서 찻잎을 보관할 수 있다. 이 방법은 효과가 탁월하지만 전용 포장재와 질소 충전 설비를 필요로 한다.

찻잎을 유리병에 보관해도 좋은가?

유리병은 찻잎을 보관하기에 적합하지 않다. 유리병은 공기와 습기를 막아 주는 기능은 우수하지만, 빛이 쉽게 투과되어 광화학 반응이 발생하여 찻잎의 품질에 영향을 준다. 또한 유리병은 외부의 압력으로 쉽게 금이 가거나 깨질 수 있으며, 깨진 유리 조각이 찻잎에 섞여 들어가면 처리하기가 매우 곤란하다. 따라서 유리병은 찻잎을 보관하는 용도로 사용하지 않는 것이 좋다.

유리병은 찻잎을 보관하기에 적합하지 않다.

'틴케이스 보관법'이란?

틴케이스 보관법은 충분히 건조된 찻잎을 이중의 마개가 있는 틴케이스에 넣어서 보관하는 방법이다. 찻잎을 최대한 가득 채워 케이스 내의 공기를 감소시켜야 찻잎의 품질이 변하는 것을 막을 수 있다. 틴케이스의 건조한 상태를 더욱 효과적으로 유지하기 위해서 실리카겔을 사용할 수도 있다. 새로 구입하였거나 이전에 다른 것을 담아 두어서 틴케이스에 냄새가 배어 있는 경우에는 소량의 찻잎을 넣고 뚜껑을 잘 닫은 뒤 며칠간 그대로 두면 잡냄새를 없앨 수 있다. 또한 틴케이스 뚜껑의 틈새에 투명테이프를 붙이고, 다시 한 번 비닐로 감싸서 밀봉하면, 찻잎을 장기간 양호한 상태로 보관할 수 있다.

틴케이스 뚜껑의 틈새에 투명테이프를 붙여서 밀봉할 수 있다.

'비닐 보관법'이란?

비닐은 가장 보편적으로 사용되는 포장재로 그 종류
와 성능이 다양하고 가격이 저렴하며 매우 편리하
다. 비닐을 사용하는 것은 일반적으로 가정에서 찻
잎을 보관하기에 가장 간편하면서도 경제적이며, 실
용적인 방법 중의 하나이다.

비닐은 반드시 식품용으로 출시된 것을 사용해야 하
고, 재질의 밀도가 높아야 한다. 강도가 우수하고 두
께감이 있는 것이면 더욱더 좋다. 한동안 마시지 않
을 차는 양초로 밀봉시켜서 비닐로 한 번 더 감싼 뒤,
차 전용 냉장고에 보관하면 효과가 더욱 좋다.

비닐에 보관할 때는 여러 겹으로 감싸 주어야 밀
봉 효과가 좋다.

차를 냉장고에 보관해도 좋은가?

차는 냉장고에도 보관할 수 있다. 차를 냉장고에 보
관하여 저온 상태를 유지시키면 품질이 변하는 것을
방지할 수 있다. 그러나 가정용 냉장고는 보통 습도
가 높기 때문에 차가 눅눅해지지 않도록 반드시 틴
케이스나 비닐에 차를 넣고 잘 밀봉해야 한다. 또한
냉장고 안에 특유의 냄새가 있는 식품을 함께 두지
않아야 차에 냄새가 배는 것을 미연에 방지할 수 있
다. 이러한 문제들을 간편하게 해결하기 위해서는 차
전용 냉장고를 사용할 수도 있다.

식품들이 가득 차 있는 냉장고는 차를 보관하기에
적당한 장소가 아니다.

화차(花茶)를 보관할 때 주의해야 할 사항은?

화차를 보관할 때는 틴케이스나 주석 케이스, 밀폐
성이 좋은 비닐 등을 사용하는 것이 적합하고, 직사
광선을 피해 서늘하고 건조한 곳에 보관해야 한다.
특히 주의해야 할 사항은 화차는 향이 높고 주변의
냄새를 쉽게 빨아들이기 때문에 가능한 한 단독으
로 보관해야 한다는 것이다.

화차는 틴케이스나 주석 케이스를 사용해 보관하
도록 한다.

밀봉한 보이차의 차엽관을 3개월에 한 번씩 주기적으로 개봉하여 찻잎의 상태를 점검한다.

보이차(普洱茶)를 보관할 때 주의해야 할 사항은?

보이차는 '생차'와 '숙차'로 분류된다. 생차는 보이차의 품질적인 특징을 형성하기 위한 진화(陳化) 즉, 찻잎의 성분이 완만히 변화되는 과정을 필요로 하기 때문에 이에 적합한 환경에서 보관해야 한다. 일반적으로 잡냄새가 나지 않고, 통풍이 잘되면서 건조하고, 온도의 변화가 크지 않은 환경에서 보관하며, 그 기간은 보이차의 유형과 환경에 따라 달라진다. 진화가 완료된 생차는 숙차가 되었기 때문에 보통의 찻잎과 동일한 방법으로 보관할 수 있다.

눅눅해진 차를 취급하는 방법은?

차를 대량으로 취급하는 업소에서는 전용 건조기를 사용해 차를 건조시킬 수 있다. 건조기의 온도는 90~100도가 적당하다. 로스팅 건조기를 사용해 약불에서 로스팅하는 방식도 있지만, 효율성이 비교적 낮은 편이다.

일반 가정에서는 차를 팬에 덖어서 건조시킬 수 있다. 먼저 팬의 기름기를 알칼리수로 잘 씻어 내고, 약불에서 천천히 덖어 준다. 팬의 바닥에 찻가루가 눌어붙어 탄내가 나지 않도록 차를 덖기 전에는 찻가루를 먼저 걸러 낸다. 전자레인지를 사용할 경우, 온도와 시간을 적당히 조절하지 못하면 쉽게 타 버릴 수 있어 주의해야 한다. 오븐이 있다면 105도에서 약 10분 정도 가열해 건조시킬 수 있다.

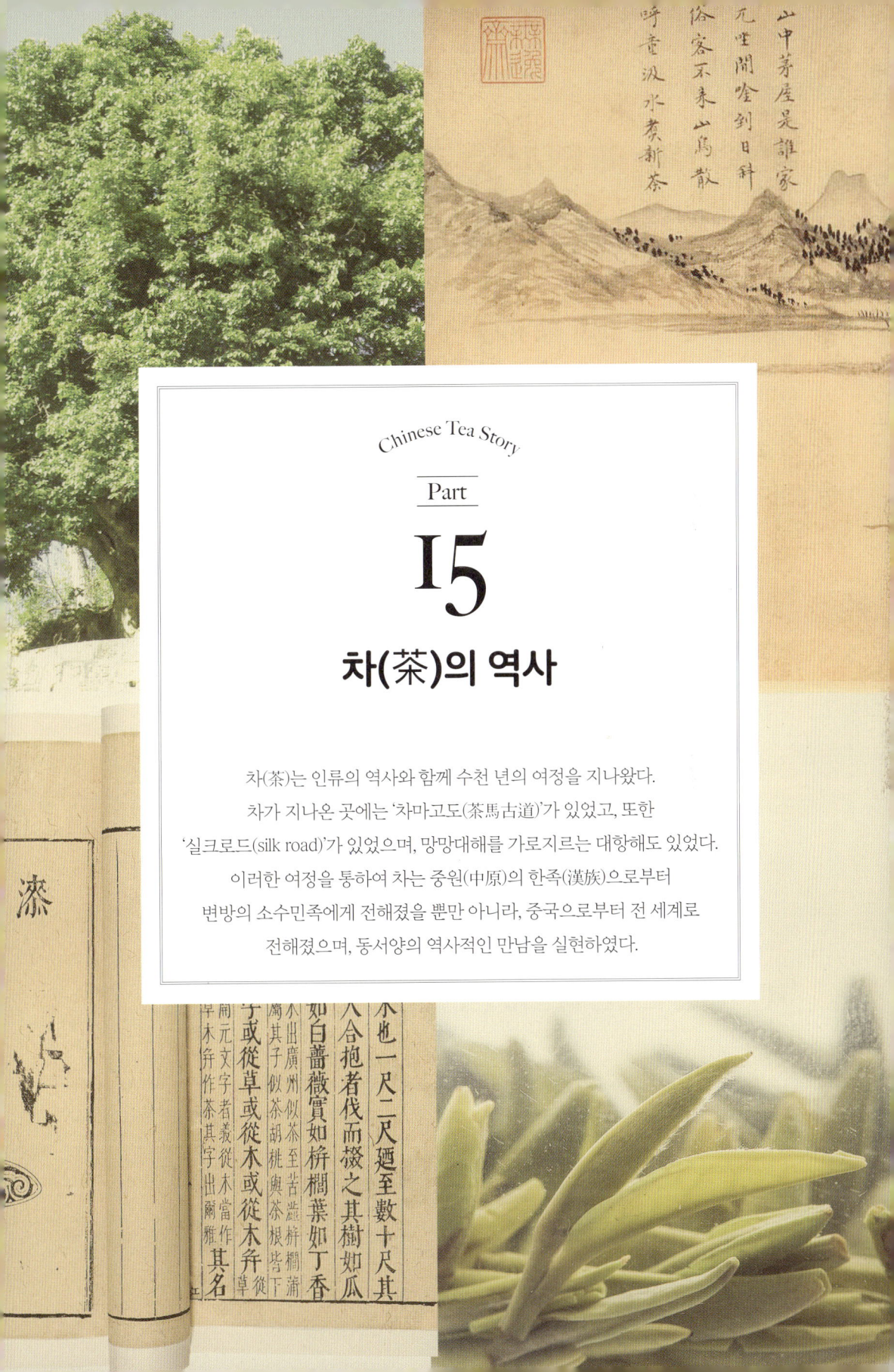

차(茶)의 역사

차(茶)는 인류의 역사와 함께 수천 년의 여정을 지나왔다.
차가 지나온 곳에는 '차마고도(茶馬古道)'가 있었고, 또한
'실크로드(silk road)'가 있었으며, 망망대해를 가로지르는 대항해도 있었다.
이러한 여정을 통하여 차는 중원(中原)의 한족(漢族)으로부터
변방의 소수민족에게 전해졌을 뿐만 아니라, 중국으로부터 전 세계로
전해졌으며, 동서양의 역사적인 만남을 실현하였다.

차의 원산지는 어디인가?

중국은 '차의 고향'이고, 중국의 서남 지구는 차나무의 원산지이다. 서남 지구는 열대와 아열대 기후에 속한다. 대규모의 원시림이 존재하고, 온난습윤하여 차나무가 성장하기에 알맞은 자연환경을 갖추고 있다. 중국의 윈난성, 쓰촨성, 구이저우성 일대에는 현재에도 '야생 대차수(野生大茶樹)'가 자생하고 있다. 대차수는 수령이 길고 매우 큰 규모로 자라는 품종의 차나무이다. 가장 오래된 것은 수령이 2700년에 달하며, 인공적으로 재배한 대차수도 수령이 800여 년에 달한다.

중국의 서남 지구를 차나무의 원산지라고 하는 이유는?

중국 서남 지구의 '윈구이 고원(雲貴高原)'은 차나무 원산지의 근원이라고 할 수 있다. 그 근거는

육우가 저술한 『차경』에서부터 '차(茶)'라는 문자가 통용되기 시작했다.

첫째로 식물의 근연 관계도에서 살펴볼 수 있다. 차는 식물학적으로 차나뭇과 동백나무속에 속한다. 전 세계적으로 차나뭇과의 식물은 총 23속 380여 종에 달하는데, 중국 서남 지구에서는 현재까지 15속 260여 종에 달하는 차나뭇과의 식물이 발견되었다. 둘째, 윈구이 고원은 전 세계적으로 가장 많은 수의 고차수(古茶樹)가 자생하고 있다. 고차수는 오래된 차나무를 뜻한다. 이 또한 차나무의 원산지가 중국 서남 지구라는 것을 설명해 준다. 셋째, 고대의 지리와 기후에 관한 분석에 의하면, 윈구이 고원은 대부분의 지역이 제4빙하기의 냉해를 입지 않아 차나무가 기원할 수 있는 생태 조건을 온전히 갖추고 있었다는 점에서 차나무의 원산지로 인정되고 있다.

'차(茶)'라는 문자는 어떻게 변천되었는가?

고대 중국에서 '차(茶)'라는 문자의 최초 서법은 씀바귀의 '도(荼)[tú]'였다. 대략적으로 기원전 4세기부터 서기 7세기까지는 차나무의 '가(檟)[jiǎ]', 향초의 '설(蔎)[shè]', 늦게 딴 찻잎의 '천(荈)[chuǎn]', 놀라워할 '타(詫)[chà]', 차 싹의 '명(茗)[míng]' 등의 글자가 순차적으로 출현하였고, 8세기 이후에야 비로소 현재 사용되고 있는 '차(茶)[cha]'가 형성되었다.

찻잎에 대한 중국 최초의 문헌 기록은?

기원전 2세기 서한(西漢)의 사마상여(司馬相如, B.C. 179~B.C. 117)가 저술한 『범장편(凡將篇)』에는 당시 20종의 약재가 기록되어 있는데, 그중에서 '천(荈)'과 '타(詫)'는 오늘날의 '차(茶)'를 뜻한다. 진한(秦漢) 시기에 성문화된 『이아(爾雅)』라는 서적에서도 '가(檟)'와 '고도(苦茶)'가 언급되는데, 이는 현재까지 중국에서 발견된 문헌 중에서 차와 관련된 최초의 기록이다.

중국에서 야생고차수(野生古茶樹)가 발견된 곳은?

중국은 야생 고차수가 발견되는 지역이 매우 많다. 윈난성의 시솽반나타이족자치구와 쓰마오(思茅) 지역에서 수천 년 된 야생 대차수가 발견되었을 뿐만 아니라, 자우퉁시(昭通市), 진핑구(金平區), 스쭝현(師宗縣), 란창시(瀾滄市), 전캉현(鎭康縣)에서도 발견되었다. 또한 구이저우성에서는 츠수이시(赤水市), 다오전(道眞), 퉁쯔현(桐梓縣), 푸바이현(普白縣), 시수이현(習水縣), 쓰촨성에서는 이빈시(宜賓市), 구린현(古藺縣), 광시성에서는 펑황현(鳳凰縣), 바핑현(巴平縣) 등에서도 높이가 무려 7~26m의 야생 대차수가 발견되었다.

차나무가 처음으로 재배된 시기는?

중국 역사상 처음으로 차나무를 파종한 사람은 서한(西漢, B.C. 202~A.D. 8) 시대의 오리(吳理)이다. 후대인들은 그를 '감로조사(甘露祖師)'라 불렀다. 신화에 의하면, 오리가 심은 차나무는 '선차(仙茶)'로, 그 씨앗은 선녀가 전해 주었다고 한다. 현재에도 쓰촨성 멍딩산(蒙頂山)의 산봉우리에는 그가 직접 재배한 여덟 그루의 '선차수(仙茶樹)'가 자생하고 있고, '선차수 여덟 그루는 불생불멸하며, 넉 냥을 복용하면 신선이 된다.'는 이야기가 전해진다.

린창시(臨滄市) 펑칭현(鳳慶縣)의 대차수는 세계에서도 가장 굵은 차나무로 알려져 있다.

'차성(茶聖)', 육우(陸羽)는 누구인가?

육우(陸羽, 733~804)는 당나라 시대의 저명한 차학자로, 자는 홍점(鴻漸)이고, 본명은 질(疾)이다. 그는 고아로 불우한 어린 시절을 보내다가, 차도(茶道)에 통달한 지적(智積) 선사에게 거두어져 자라게 되었다. 소년 시절에는 이제물(李齊物)과 최원보(崔園輔)를 만나 교류하면서 학문을 익혔다. 당나라 중기에 안녹산(安祿山, 703~757)과 사사명(史思明, 703~761) 등이 일으킨 '안사의 난' 이후, 육우는 초계(苕溪)에 은거하였는데, 당시의 호주자사(湖州刺史)이자 유명한 서예가인 안진경(顏眞卿, 709~785)과 차를 즐기는 시승(詩僧) 교연(皎然, 730~799) 등을 만나 친분을 맺었다. 육우는 당시의 혼란스러운 시대적 상황을 벗어나 강남 일대의 차 산지를 두루 유랑하면서 차에 대해 고찰하였다. 그 뒤 자신이 일생 동안 체득한 음차법과 차에 관한 지식을 선인들의 경험을 기반으로 총망라하여 『차경(茶經)』(또는 다경. 이 책에서는 '차경'이라 한다.)을 저술하였다.

육우팽차도(陸羽烹茶圖)

육우가 저술한 『차경(茶經)』의 주요 내용은?

육우의 차경은 서기 780년에 발간되었으며, 상, 중, 하의 3권(卷)에 총 10장(章)으로 구성되어 있다.
<상권(上卷)> 제1절의 「원(源)」에서는 차나무의 원산지와 특징, 명칭, 자연환경과 찻잎 간의 관계, 그 효능 등을 다룬다. 제2절의 「구(具)」에서는 찻잎의 채엽 및 가공에 관련된 도구와 사용법을, 제3절의 「조(造)」에서는 찻잎의 채엽 및 가공 과정과 품질 감별법을 논한다.
<중권(中卷)>은 일 절로 구성되며, 제4절의 「기(器)」에서는 음차 도구의 종류와 용도를 논한다.
<하권(下卷)> 제5절의 「자(煮)」에서는 차를 끓이는 방법과 물의 등급을, 제6절의 「음(飮)」에서는 음차법을 논한다. 제7절의 「사(事)」에서는 차와 관련된 문헌 기록을 나열하고, 제8절의 「출(出)」에서는 명차의 산지와 특징을, 제9절의 「약(略)」에서는 일정한 조건에서 찻잎을 가공하는 도구와 음차 도구의 생략을 기술한다. 마지막으로 제10절의 「도(圖)」에서는 『차경』의 내용을 비단에 적고 족자를 만들어 찻자리에 걸어 놓아 익힐 것을 당부하면서 차의 생산과 달이고 마시는 전 과정을 논한다.

육우가 저술한 『차경』의 역사적인 의의는?

육우가 저술한 『차경』은 시대적으로 큰 획을 긋는다. 중국의 차 문화를 공전의 높은 경지로 발전시킨 것이다. 수천 년간 역대 차인들이 차 문화에 대해 다방면으로 수도 없는 시도와 탐색을 하였는데, 육우의 『차경』에 이르러 비로소 차가 널리 전해지게 되었다. 어느 시(詩)에는 '육우가 나타난 뒤, 사람들이 서로 새로운 차에 대해 배웠다'는 구절도 있다.

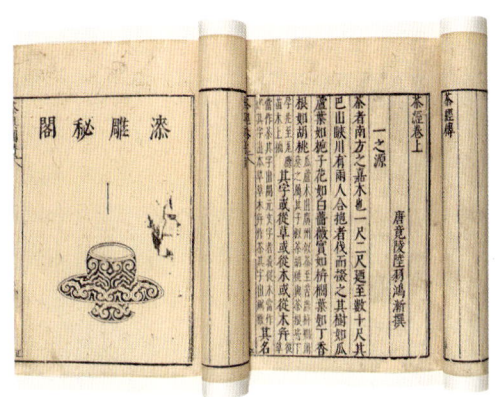

명나라 시대 『차경(茶經)』의 판본

중국 품종의 차나무가 원산지에서 주변 지역으로 확산된 과정은?

중국 차나무의 품종은 서남 지구의 원산지로부터 주로 중남부의 크고 작은 하천을 따라 주변 지역으로 확산되었다. 육우의 『차경』에는 동한(東漢)에서 수나라 시대에 이르기까지의 양쯔강 중하류와 중남부 지역의 차 생산 상황이 기술되어 있다. 이를 통해 당시에 차나무의 재배가 이미 지금의 허베이성, 허난성, 안후이성, 장쑤성, 저장성 등의 지역까지 확산되었음을 알 수 있다.

차가 티베트 지역으로 전해진 과정은?

당나라 정관(貞觀) 8년(634년)에 태종(太宗)은 토번(吐蕃)(7세기~9세기 중엽의 티베트 왕국) 왕조의 손챈감포(松贊干布, 617~650)와 문성공주(文成公主, 625~680)의 혼인을 허락하였다. 문성공주는 토번으로 시집갈 때 대량의 정교한 공예품과 술, 차 등의 특산품을 예물로 가져갔다. 당시 문성공주가 가져간 차는 후난성 웨저우(岳州) 지역의 웅후호(湖湖)에서 생산되었던 '웅호함고(湖湖含膏)'라는 차였다. 역사서인 『장사(藏史)』에는 '찬왕송포(贊王松布)의 후손(손챈감포를 지칭)이 대당(大唐)으로부터 차를 들여온 것이 서장(西藏)(티베트)에 차가 유입된 시초이다'고 기재되어 있다.

중국의 차가 해로를 통해 다른 나라로 전해진 과정은?

6세기 말 무렵인 수문제(隋文帝) 개황(開皇) 연간에 중국의 불교가 일본에 전파되었고, 이때 차도 함께 전해졌다. 그러나 차의 씨앗을 가져다 일본에서 재배를 시작한 것은 당나라 중기 이후의 일이다. 당나라 덕종(德宗) 정원(貞元) 20년(804년)에는 일본의 한 승려가 톈타이산(天台山) 궈칭사(國清寺)에서 수양하고, 이듬해 귀국할 때 차 씨앗을 가져다가 일본의 시가현(滋賀縣)에서 파종하였다. 또 다른 승려인 구카이(空海, 774~835)는 정원(貞元) 22년에 귀국하여, 차나무의 씨앗뿐만 아니라 차를 가공하는 도구와 기술까지 도입해 왔다. 송나라에 이르러서는 일본의 에이사이(榮西, 1141~1215) 선사가 중국에서 차의 씨앗을 가져다가 일본의 사가현(佐賀縣)에서 파종하고, 『끽차양생기(喫茶養生記)』를 저술하였다.

송나라 시대에는 중국의 차가 남아시아로 전해졌다. 당시 북송은 광저우(廣州), 밍저우(明州), 항저우(杭州), 취안저우(泉州)에 '시사관리(市司管理)'를 설치하고 대외 무역을 관장하였다. 각 항구에는 동남아시아 각국의 상선이 빈번하게 왕래하였으며, 당시 수출되는 화물 중에는 차도 있었다. 명나라의 장수이면서 외교관으로서 대활약을 펼쳤던 정화(鄭和, 1371~1435)는 일곱 차례에 걸쳐 서양으로 대원정을 떠났다. 이때 베트남과 자바, 인도, 스리랑카, 아라비아반도를 거쳐 동아프리카 해안까지 진출하였는데, 매 항해마다 차를 가져갔다. 이렇게 차는 남아시아 각국을 통해 다시 지중해와 유럽으로 전해졌으며, 이를 '해상 실크로드'라고 불렀다.

해로를 통한 차의 전파

중국의 차가 육로를 통해 다른 나라로 전해진 과정은?

중국의 차가 최초로 외국에 전해진 것은 남북조(南北朝, 420~589) 시대까지 거슬러 올라간다. 중국의 상인들은 돌궐과 인접한 국경 지역에서 차로 물건을 거래하는 방식으로 오늘날의 터키 지역에 차를 수출하였다. 수당(隋唐) 시기에는 변방 무역이 발전하면서 차마(茶馬) 교역이 이루어졌고, 동시에 실크로드를 통해서도 중국의 차가 위구르와 서역의 각국을 거쳐 서아시아와 아라비아 등의 국가로 운송되었다.

6세기 중엽 이후에는 중국 불교 천태종(天台宗)이 한반도에 전파됨에 따라 중국의 차도 함께 전해졌다. 또 차는 만리장성 이북 지역의 변방에서 성행하였던 차와 말을 교역하는 시장인 '차마호시(茶馬互市)'를 통해 돌궐로 들어갔고, 그 뒤 시베리아를 거쳐 유럽의 동부 지역에까지 전파되었다. 중국의 차가 육로를 통해 외국에 전파된 뒤, 중국의 서북 변경 지역과 인접한 중앙아시아와 북아시아 지역, 그리고 유럽 국가에서는 차를 그대로 즐기기보다 우린 찻물에 향료나 식품을 첨가해 마시는 문화가 형성되었다.

중국의 차가 인도로 전해진 시기는?

1780년에 영국의 동인도 회사는 중국 광저우에서 차의 씨앗을 반출하여 인도의 콜카타에서 파종하였다. 이것이 중국 품종의 차나무가 인도에 전해지게 된 시초이다. 1793년에는 인도의 한 과학자가 중국에서 차나무의 씨앗을 구입해 콜카타의 식물원에서 재배하였다. 1834년에는 인도 티위원회가 조직되었고, 중국의 기술자들을 고용하여 다원을 조성하였다. 이로부터 인도는 차나무를 대규모로 재배하기 시작하였다.

차의 육로 전파

파촉(巴蜀) 지역(쓰촨성 지역에 해당)에서 시작.

진한(秦漢) 시기에 동부와 남부로 전파, 후난성 지역에서는 차 산지로 유명한 '차링현(茶陵縣)'이 출현.

당나라 시대에 차 산업의 중심이 강동으로 이동, 차의 생산이 극도로 번성.

9세기, 천태종의 전파와 함께 중국의 차가 한반도와 일본으로 전파.

수당 시대에 차마교역으로 차가 실크로드를 따라 위구르, 서역 각국을 거쳐 서아시아와 아라비아 등으로 전파.

당나라 말에서 송나라 초기에 차 산업의 중심이 이동, 푸젠성의 젠안차(建安茶)가 공차(貢茶)로 지정.

송나라 시대에는 차를 마시고 쉬는 장소인 '차사(茶肆)'가 각 지역마다 출현.

중국 품종의 차나무가 한반도로 전파된 시기는?

『삼국사기(三國史記)』에 의하면, 통일 신라 제42대 왕인 흥덕왕(興德王, ?~836) 3년(828년) 12월에 '당나라에서 돌아온 사신 대렴(大廉)이 차의 종자를 가져왔고, 왕이 지리산에 심게 하였다'는 기록이 있는데, 이것이 차나무가 한반도에 들어오게 된 시초라고 할 수 있다. 그러나 일부 학자들은 삼국 시대(544년)에 이미 중국 품종의 차나무가 한반도에 전해졌다고 주장하기도 한다.

중국의 차나무가 인도네시아로 전해진 시기는?

인도네시아에 중국 품종의 차나무가 최초로 전해진 것은 1684년으로 거슬러 올라갈 수 있다. 당시 차나무는 관상 식물로 자바에 몇 그루가 심겨졌다. 그 뒤 1826년에 이르러서야 자바의 보고르식물원(Bogor Botanic Gardens)에서 차나무를 비교적 대규모로 재배하였다. 1827년 이후에는 네덜란드 사람인 야코부스 야콥슨(Jacobus Jacobson)과 중국 화교들이 수차례에 걸쳐 중국에서 차나무의 씨앗을 가져왔고, 이로써 자바가 인도네시아 차 산업의 초석을 다지게 되었다.

중국의 차가 네덜란드로 수출된 시기는?

네덜란드의 상인이 1606년에서 1607년 사이에 중국의 마카오에서 인도네시아의 자바로 차를 운송하였고, 그 뒤 1610년에 자바에서 유럽으로 다시 차를 운송하였다. 중국의 차는 17세기 초부터 네덜란드에 수출되기 시작하였다.

중국의 차나무가 러시아로 전해진 시기는?

중국 품종의 차나무는 약 1830년대에 러시아에 전해졌다. 당시 러시아 정부는 먼저 차나무의 묘목을 수입하여 다원을 조성하고 소형 가공 공장을 세웠다. 그리고 1893년에는 중국 저장성 닝보 출신의 차 전문가인 유준주(劉峻周, 1870~1942)를 초청해 지금의 조지아 지역에서 차나무를 재배하도록 하였고, 1900년에는 아자리아에서도 150헥타르의 다원을 조성하였다. 10월 혁명 이후에도 유준주는 러시아에 머물면서 차나무를 재배하고 관련 인재를 지속적으로 양성하였다.

중국의 차가 영국으로 전해진 시기는?

17세기 중엽부터 영국 런던의 커피하우스에서는 차가 판매되기 시작하였다. 1664년 9월자 영국 동인도 회사의 장부에는 '차(茶) 2파운드 2온스를 황실에서 사용하도록 공납하였다'는 기록이 있다. 이는 중국의 차가 영국으로 수입되었음을 보여 주는 초기 문서이다.

중국의 차가 포르투갈로 전해진 시기는?

1517년, 포르투갈의 한 항해가가 유럽에 처음으로 중국의 차를 가져갔다. 1560년에는 포르투갈의 선교사인 가스파르 다 크루즈(Gaspar da Cruz, 1520~1570) 신부가 차에 관한 책을 포르투갈어로 저술하여 중국의 차와 음차법을 전했다.

중국의 차나무가 스리랑카로 전해진 시기는?

18세기 말에서 19세기 초에 스리랑카는 중국에서 수차례나 차나무의 씨앗을 들여와 차나무의 재배에 나섰지만 끝내 성공하지 못하였다. 1841년에는 중국으로부터 다시 차나무의 묘목을 들여오고, 기술공도 함께 초빙하여 결국 재배에 성공하였다. 스리랑카의 찻잎 가공 기술도 중국으로부터 최초로 전해졌다.

중국과 미국의 차 무역이 시작된 시기는?

중국과 미국의 차 무역은 1784년부터 시작되었다. 그해 2월, 미국 상선인 '중국황후호'가 뉴욕에서 출항하여 대서양을 가로지르고 희망봉을 돌아 중국의 광저우에 도착하였다. 같은 해 12월에 귀항할 때 중국황후호는 홍차 2460담(擔, 1담은 100근에 해당)과 녹차 562담을 운송해 갔다. 이로부터 중국과 미국의 차 무역이 시작되었다.

중국에서 녹차가 처음으로 생산된 시기는?

중국에서 녹차가 처음으로 생산된 시기는 당나라 시대 이전으로 거슬러 올라간다. 육우의 『차경』에서 언급되는 병차는 실제적으로 오래된 녹차를 말한다. 녹차의 가공 공예는 쇄청(晒青)에서부터 증청(蒸青), 초청(炒青), 홍청(烘青)까지 있으며, 모양도 편평한 편(片)형, 바늘 같은 침(針)형, 눈썹 같은 미(眉)형, 휘말린 라(螺)형, 구슬 모양의 주(珠)형 등 매우 다양하고 우수한 명차들이 오랜 세월에 걸쳐 창제되었다.

중국에서 홍차가 처음으로 생산된 시기는?

중국에서는 명나라 말기에서 청나라 초기 무렵부터 홍차를 가공하기 시작해 오늘날까지 약 300여 년의 홍차 생산 역사를 자랑한다. 스웨덴의 식물분류학자인 카를 폰 린네(Carl von

녹차 건조 찻잎

Linné, 1707~1778)는 1762년에 저술한 『식물의 종(Species plantarum)』(제2판)에서 차나무를 두 종으로 분류하는 오류를 범하였는데, 테아 보헤아(Thea Bohea)(무이, 武夷) 종은 홍차를 대표하고, 테아 비리디스(Thea Viridis) 종은 녹차를 대표한다고 언급한 것이다. 당시 우이싱촌(武夷星村)은 소종홍차(小種紅茶)로 명성이 높았기 때문에, '무이(武夷)'를 '홍차종'으로 분류한 것이다. 이로 미루어 린네가 학명을 정할 때 이미 홍차가 가공 및 생산되고 있었음을 알 수 있다.

중국에서 우롱차가 처음으로 생산된 시기는?

전문가의 고증에 의하면, 우롱차의 역사는 당나라 말기에서 송나라 초기에 이르는 기간인 오대(五代, 907~960) 시대까지 거슬러 올라간다.

당시 민(閩)나라에는 북원연고차(北苑研膏茶)가 있었는데, 송태종(宋太宗)의 태평흥국(太平興國) 2년(977년)에 용봉차(龍鳳茶)로 바꾸어 가공하였다. 그리고 진종(眞宗) 이후에는 소단차(小團茶)로 가공하였는데, 이것이 바로 훗날 널리 명성을 떨친 '용단봉병(龍團鳳餠)'이 되었다.

명나라 홍무(洪武) 24년(1391년)에는 용단(龍團)의 생산을 중단하고 산차(散茶)로 바꾸어 만들었는데, 일반적으로 '암차(岩茶)' 또는 '엄차(醃茶)'라고 불렀고, 그 가공 방식도 바뀌었다. 용단을 산차로 가공해 햇볕에 쬐이고, 덖고, 건조시키는 과정을 거치면서 찻잎의 색상은 진한 흑색을 띠고, 외형은 물고기(또는 용)의 형태와 비슷하게 되었다. 상인들은 무이차(武夷茶)의 진귀함을 표하고자 '우롱(烏龍)'이라는 상표를 붙였다. 이 무이차는 시장에서 거래되면서 '우롱차'로 통칭되었고, 영문명으로는 'Oolong tea'라고 하였다.

우롱차의 건조 찻잎

중국에서 백차가 처음으로 생산된 시기는?

중국의 고서 중에는 백차에 관한 기록이 적지 않다. 일례로 송나라의 송자안(宋子安)이 저술한 『동계시차록(東溪試茶錄)』에는 '백색 잎의 차…… 싹과 잎이 종이와 같고, 민간에서는 상서로운 차로 여겨지며, 이를 최초로 취한 것은 투차(鬪茶)'라고 기록되어 있다. 당시의 백차는 현재의 차나무 품종과 동일하지 않다. 1795년에는 푸젠성 지역의 한 차농이 복정백호(福鼎白毫) 품종의 차나무에서 싹을 채엽하여 은침(銀針)을 만들었다. 1875년에는 푸젠성에서 싹과 잎에 솜털이 매우 많은 복정대백차(福鼎大白茶), 정화대백차(政和大白茶) 등의 품종이 발견되었고, 1885년부터 대백차의 연한 싹으로 백호은침(白毫銀針)을 생산하기 시작했다. 1922년에는 일아이엽의 연한 끝눈으로 백모단(白牡丹)을 가공하기 시작했다.

중국에서 황차가 처음으로 생산된 시기는?

중국에서는 당나라 시대에 이미 황차가 생산되었고, 중당(中唐) 시대(766~835)에는 오늘날의 안후이성 서우현(壽縣)인 수주(壽州)에서 생산된 황아(黃芽)가 멀리 티베트 지역까지 전해졌다. 황차와 관련된 최초의 문서에 의하면, 당나라 대종(代宗) 대력(大歷) 14년(779년)에 회서절도사(淮西節度使)였던 이희열(李希烈, ?~786)이 환관 소광초(邵光超)에게 황명(黃茗)(황차) 200근을 주었다는 기록이 있다. 황차가 당나라 시대에 회서(淮西), 즉 오늘날의 안후이성에서 처음으로 생산되었음을 알 수 있는 대목이다.

중국에서 흑차가 처음으로 생산된 시기는?

『감숙통지·차법(甘肅通志·茶法)』에는 '안화흑차(安化黑茶)는 명나라 가정(嘉靖) 3년(1524년) 이전부터 생산되기 시작하였다'고 기록되어 있다. 이를 통해 흑차는 15~16세기부터 후난성 안화현(安化縣)에서 생산되기 시작했음을 알 수 있다.

중국에서 긴압차가 처음으로 생산된 시기는?

긴압차의 생산 역사는 3세기까지 거슬러 올라간다. 삼국 시대(220~280년)의 학자인 장읍(張揖)의 저서 『광아(廣雅)』에는 '형파(荊巴)(오늘날의 후베이성과 쓰촨성 일대)에서 차를 취하여 병(餠)을 만든다'고 쓰여 있다. 당시 후베이성과 쓰촨성 지역의 민간에서 병차가 만들어졌음을 알 수 있는 대목이다. 육우는 『차경·삼지조(茶經·三之造)』에서 '맑은 날 찻잎을 따고, 찌고, 빻고, 치고, 뚫고, 봉하고, 이를 말린 것이 차(茶)'라고 기록하였다. 바로 증청병차(蒸靑餠茶)의 가공 기술을 설명한 것이다. 송나라 시대에 공물로 지정된 용단봉병은 고대의 긴압차를 정교하게 가공한 것이다. 한편, 중국의 현대 긴압차인 청전차(靑塼茶)는 200여 년의 역사를 갖는다.

중국에서 화차가 처음으로 생산된 시기는?

중국의 화차는 그 역사가 1000여 년에 달한다. 송나라 시대(960년 이후)에 황제에게 진상되는 용단봉병에 용뇌(龍腦)라는 향료를 넣기 시작하면서부터 차에 진귀한 향초(香草)를 넣는 것이 보편화되었다. 명나라 시대에 전춘년(錢椿年)이 엮은 『차보(茶譜)』(1539년)에는 오렌지차와 연꽃차의 가공 방법이 소개되어 있을 뿐 아니라, '계화, 재스민, 장미, 치자, 매화 등은 모두 차로 만들 수 있다'는 내용도 기록되어 있다.

황차의 건조 찻잎

'차마고도(茶馬古道)'란?

'차마고도'는 중국 서남 지역에서 말 등을 주요 교통 수단으로 삼는 마방(馬幫)들이 이용하던 민간 상거래 교역로로, 중국 서남부 지역의 민족 간 경제·문화 교류의 중심축이었다.

차마고도는 남북으로 나뉘는 두 가지 경로의 노선, 즉 '전장도(滇藏道)'와 '천장도(川藏道)'가 있다. 전장도(滇藏道)는 윈난성 서부의 얼하이호(洱海) 일대의 차 산지로부터 리장시(麗江市), 중뎬시(中甸市), 더친현(德欽市), 망캉현(芒康縣), 차야현(察雅縣)을 거쳐 창두시(昌都市)에 이르며, 그곳으로부터 다시 서장, 즉 티베트 지역으로 통한다.

천장도(川藏道)는 오늘날의 쓰촨성 야안시(雅安市) 일대의 차 산지로부터 우선 캉딩현(康定縣)으로 향하고 그곳에서 다시 남북의 두 갈래 노선으로 나뉜다. 북쪽 노선은 다오푸현(道孚縣), 루훠현(爐霍縣), 간쯔현(甘孜縣), 더거현(德格縣), 장다현(江達縣)을 거치고, 남쪽 노선은 야장현(雅江縣), 리탕현(理塘縣), 바탕시(巴塘市), 망캉현, 쭤궁현(左貢縣)을 거쳐 창두시에 이른다. 즉, 오늘날 쓰촨성과 티베트를 잇는 고속도로의 북남 노선과 각각 동일한 경로를 따라 창두시에서 교차하고 그곳으로부터 다시 티베트 지역으로 통한다.

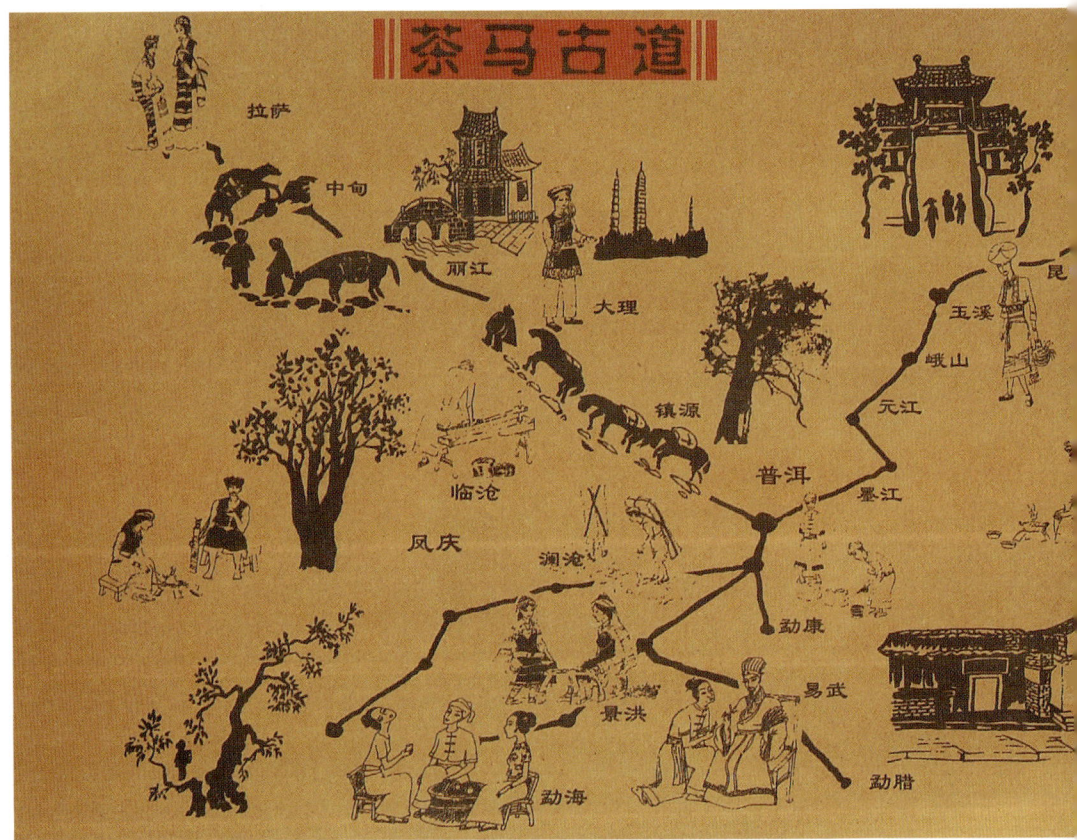

실크로드를 '사차지로(絲茶之路)'라고 하는 이유는?

실크로드는 유라시아 대륙을 가로지르는 역사적인 무역 교통로이다. 구체적인 노선을 살펴보면 그 기점이 두 곳에서 출발한다. 서한(西漢, B.C. 202~A.D. 8) 시대에는 장안성(長安城), 즉 지금의 시안시(西安市)를 기점으로, 동한(東漢, 25~220) 시대에는 낙양(洛陽)을 기점으로 하여, 지금의 간쑤성(甘肅省)과 신장위구르자치구를 거쳐서 중앙아시아와 서아시아에 이르며 지중해 각국으로 연장된다.

실크로드라는 명칭은 19세기 말, 독일의 지리학자인 리히트호펜(Richthofen, 1833~1905)이 처음으로 사용했다. 중국은 실크로드를 통한 무역에서 비단뿐 아니라 차도 매우 중요한 수출 항목으로 취급했기 때문에 실크로드, 즉 '사주지로(絲綢之路)'를 티로드(Tea Road), 즉 '사차지로(絲茶之路)'라고 부르기도 했다.

차마고도도(茶馬古道圖)

차인(茶人),
차사(茶事), 차속(茶俗)

'차(茶)'는 사람(人)이 풀(艹)과 나무(木) 사이에 있는 형상이니,
사람을 제외하고 어찌 차를 논할 수 있겠는가. 차는 사람에 의해 생겨나고,
사람에 의해 변한다. 또한 사람들은 차를 마시는 과정에서 끊임없이
차와 사람, 자연의 조화를 추구한다. 차의 포용력은 상상할 수 없을 만큼
폭이 넓어서, 다양한 풍속, 문화, 신앙이 놀랍게도 자그마한
한 잔의 차 속에 기묘하고도 조화롭게 녹아 있다.

신농씨(神農氏)는 차를 어떻게 발견했는가?

육우는 『차경(茶經)』에서 '차를 마시는 것은 신농씨(神農氏)로부터 비롯되었다'고 하였다. 전설에 의하면, 기원전 2700여 년 경 신농은 널리 중생을 구제하기 위해 백 가지의 풀을 맛보아 약초를 가려내었다고 한다. 신농은 중국 상고 시대 강(姜)씨 부락의 수령으로, 염제(炎帝)라고도 하는 신화 속의 황제이다.

어느 날 신농이 한 약초를 맛보자 입이 마르고 어지러우며 눈앞이 캄캄해졌다. 그때 어디선가 홀연히 맑고 신선한 향기를 실은 바람이 불어와 고개를 들어 보니 푸른 잎이 무성한 나무가 보였다. 신농은 되는 대로 잎을 따서 잘게 씹어 먹었는데, 처음에는 쓴맛이 났지만 점차 맑은 향과 함께 단맛이 돌았고, 잎을 삼킨 뒤에는 더욱 맑은 향이 느껴졌다. 또한 침이 돌면서 정신이 맑아졌고 갈증도 해소되었다. 신농은 그것을 '차(茶)'라고 불렀으며, 이로부터 차가 기원하였다고 한다.

중국 최초의 차학(茶學) 서적은?

중국 역사상 최초의 차학(茶學) 서적은 육우의 『차경(茶經)』으로, 761년에 초고가 완성되었다. 『차경』은 중국 최초의 차엽(茶葉) 백과사전이자, 세계 최초의 차학 전문 서적이다. 전서(全書)는 3권 10장 7000여 자로 이루어져 있다.

육우는 『차경』에서 차의 명칭, 자(字)의 사용, 차나무의 형태, 생장 습성 및 생태 환경과 재배 요점을 체계적으로 기술하였다. 그리고 찻잎의 생리 및 약리 효능을 명확하게 밝혔으며, 채엽, 가공, 달이는 법, 음용법, 사용하는 도구, 찻잎의 종류와 품질의 감별에 대해 서술하였다. 또한 고대 중국의 차사(茶事)에 관한 기록들을 정리하였으며, 중당(中唐) 시기의 차 산지와 그 품질 등에 대해서도 기록하였다.

육우는 『차경·육지음(茶經·六之飮)』에서 명확하게 '차를 마시는 것은 신농씨로부터 비롯되었고, 노(魯)나라 주공(周公) 때 널리 알려졌다'고 기술하였다.

황제가 저술한 대표적인 차서(茶書)는?

황제가 저술한 대표적인 차서로는 『대관차론(大觀茶論)』이 있다. 이 『대관차론』은 북송의 제8대 황제인 휘종(徽宗, 1082~1135)이 저술하였다. 휘종은 차예(茶藝)에 정통하여, 신하들에게 친히 차를 끓여 주기도 했는데, 이에 관해 당시의 재상인 채경(蔡京, 1047~1126)의 『태청루시연기(太淸樓侍宴記)』에는 '서각(西閣)에서 친히 차를 우려내 대신들에게 하사하였다'는 기록이 있다. 『대관차론』은 서문을 시작으로, 지산(地産)(산출지), 천시(天時)(하늘의 시기), 채택(採擇)(가려 따기), 증압(蒸壓)(쪄 누르기), 제조(製造)(가공하기), 감변(鑑辨)(가려내기), 백차(白茶), 나연(羅碾)(체와 맷돌), 잔(盞)(찻잔), 선(筅)(차솔), 병(瓶), 작(勺)(구기), 수(水)(물), 점(點)(끓이기), 미(味)(맛), 향색(香色)(향과 빛깔), 장배(藏焙)(불쪼임), 품명(品名)(명차), 외배(外焙)(산지 외부에서의 홍배) 등의 총 20항목으로 구성되어 있다. 특히 차의 제조와 팽시(烹試)(시험적인 끓임), 감별 등에 관해서 비교적 상세하게 기술되어 있다.

「문회도(文會圖)」에는 송나라 휘종과 당시의 문인들이 둘러앉아
'차회(茶會)'를 갖는 장면이 묘사되어 있다.

제갈량(諸葛亮)을 '차조(茶祖)'라고 하는 이유는?

3세기 무렵 삼국 시대에 제갈량(諸葛亮)이 대군을 이끌고 남으로 원정을 떠났을 때의 일이다. 윈난성 멍하이(勐海) 지역의 난눠산(南糯山)에 이르렀을 때, 군사들 중에는 현지의 기후와 풍토에 적응하지 못해 눈병에 걸린 병사들이 적지 않았고, 더 이상의 행군이 어려울 지경이었다. 이때 제갈량이 난눠산의 스터우자이(石頭寨)(석두채)라는 곳에 올라 한 돌 위에 지팡이를 꽂았는데, 기이하게도 눈 깜짝할 사이에 지팡이가 차나무로 변하면서 파릇한 찻잎이 돋아났다. 병사들은 기뻐하며 환호하였고, 그 찻잎을 따 내어 물에 끓여서 탕으로 마시자 곧바로 눈병이 나았다. 이렇게 하여 지금의 난눠산에 차나무가 처음으로 자라게 되었다고 한다.

오늘날까지도 사람들은 스터우자이 지역에서 차나무가 자생하는 산을 제갈량의 자인 공명(孔明)을 붙여 '쿵밍산(孔明山)'이라고 부르고 있다. 또한 산 위의 차나무를 '공명의 나무'라는 뜻에서 '쿵밍수(孔明樹)'라 하고, 제갈량을 차의 조상, 즉 '차조(茶祖)'로 숭배하고 있다. 또한 매년 제갈량의 생일이 되면, 이 지역 사람들은 제갈량을 기리기 위해 차를 함께 마시고 달을 감상하며, '쿵밍등(孔明燈)'을 날린다.

그러나 실제로는 윈난성 지역이 전 세계 차나무의 본고장이기 때문에, 제갈량이 있기 훨씬 전부터 이미 차나무는 존재해 왔다. 그저 현지인들이 제갈량을 사랑하고 존경하였기 때문에 차를 발명하였다는 영예를 그에게 돌린 것일 뿐이다.

유정량(劉貞亮)이 말한 '차지십덕(茶之十德)'이란?

당나라 순종(順宗) 시대의 환관이었던 유정량(劉貞亮, ?~813)은 차의 10가지 덕목을 칭송하는 '차지십덕(茶之十德)'을 총결하였다. 그 내용은 다음과 같다.

① 이차상자미(以茶嘗滋味) : 차로 맛을 음미한다.
② 이차양신체(以茶養身體) : 차로 몸을 보양한다.
③ 이차산울기(以茶散鬱氣) : 차로 우울한 기분을 가라앉힌다.
④ 이차구수기(以茶驅睡氣) : 차로 졸음을 물리친다.
⑤ 이차양생기(以茶養生氣) : 차로 기력을 양생한다.
⑥ 이차제병기(以茶除病氣) : 차로 병의 기운을 제거한다.
⑦ 이차이예인(以茶利禮仁) : 차로 예(禮)와 인(仁)에 이롭게 한다.
⑧ 이차표경의(以茶表敬意) : 차로 경의를 표한다.
⑨ 이차가아심(以茶可雅心) : 차로 능히 마음을 아름답게 한다.
⑩ 이차가행도(以茶可行道) : 차로 능히 도를 행하게 한다.

서태후(西太后)는 화차를 즐겨 마셨다?!

청나라 문종(文宗)의 비(妃)로, 흔히 서태후(西太后)로 더 잘 알려진 자희태후(慈禧太后, 1835~1908)는 차를 매우 즐겨서 오전, 오후, 그리고 잠자리에 들기 전에 한 잔씩 하루에 적어도 세 차례는 차를 마셨다고 한다. 서태후는 특히 화차(花茶)를 사랑하였는데, 차는 장수를 돕고, 꽃은 위를 따뜻하게 하며, 이해력을 높이는 효능이 있다고 여겼기 때문이다.

서태후가 마셨던 화차는 오늘날처럼 찻잎에 꽃향을 흡착시킨 화차와는 달리, 차를 마실 때 찻잎에 꽃을 섞어 넣은 차였다. 귀한 명차를 음미하면서 꽃의 향도 즐기는 '상득익창(相得益彰)', 즉 서로 조화를 이루어 장점이 더욱 두드러지게 되는 방식이었다.

서태후가 즐겨 마셨던 차는 중국 각지에서 진상된 공차(貢茶)로, 색, 향, 맛, 형태가 뛰어났다. 꽃은 궁감(宮監)이 엄선한 진귀한 화초에서 따 낸 생화였고, 차구는 금과 옥으로 만든 전용 찻잔을 사용하였다. 서태후는 차를 마실 때 먼저 생화를 감상한 뒤, 금젓가락으로 생화를 집어서 천천히 찻잔에 넣고 뚜껑을 덮었다. 그리고 약 8분 뒤에 찻잔을 두 손으로 받쳐서 우린 찻물을 다시 백옥 잔에 따라 내어 먼저 향을 맡고 나서 차를 음미했다고 한다. 이렇게 차를 마시는 일은 서태후에게는 일종의 즐거움이었지만, 곁에서 무릎을 꿇은 채로 차반을 받치고 있어야 했던 내감들에게는 고된 일이 아닐 수 없었다.

찻잔 안에 차와 꽃이 어우러져 눈에는 아름다움을, 입에는 감미로움을 전해 준다.

우줴눙(吳覺農) 선생이 '현대의 차성(茶聖)'으로 평가되는 이유는?

우줴눙(吳覺農, 1897~1989)은 저장성 상위현(上虞縣) 출신으로, 청년 시절에 이미 중국의 농업 진흥을 위해 분투하겠다는 뜻을 세웠고, 특히 차 산업에 애정이 깊었다. 그는 중국의 차 산업이 점차 쇠퇴하고 있으며, 전 세계적으로도 인도와 스리랑카 등의 국가가 시장을 점유해 가고 있는 시대적 상황을 깊이 인식하고, 중국의 차 산업에 헌신할 것을 결심하였다. 그 뒤, 일본으로 건너가 찻잎과 관련된 선진적인 과학기술을 익히고 귀국한 뒤에는 곧바로 중국의 차 산업 진흥을 위해 분주히 활동하기 시작하였다.

우줴눙은 먼저 그의 지인과 함께 '차엽수출검험소(茶葉出口檢驗所)'를 창립하고, '중국차산업부흥계획'을 입안하였다. 또한 찻잎 개량장과 중국 최초의 찻잎연구소를 설립하였으며, 찻잎과학기술과 관련된 고급 인재 육성 기지인 푸단(復旦) 대학 차엽학과를 개설했다. 그 밖에도 인도, 스리랑카, 인도네시아, 일본, 영국, 러시아 등의 국가를 방문하고 그들의 앞선 경험을 참고하여, 중국의 차 산업 진흥을 위한 백년대계를 모색하였다. 중국의 무산 계급 혁명가이자 정치가인 루딩이(陸定一, 1906~1996)는 이처럼 중국의 차 산업 발전에 지대한 공헌을 한 우줴눙을 높이 평가하여, 그를 '현대의 차성(茶聖)'이라고 칭하였다.

쑨중산(孫中山)의 음차(飲茶)에 대한 평가는?

근대 중국의 민주주의 혁명가인 쑨중산(孫中山, 1866~1925)은 음차(飲茶)를 매우 높이 평가하여, 차 산업이 중국의 상공업 발전에 중대한 의의가 있다고 보았다.

쑨중산은 그의 저서 『건국방략(建國方略)』에서 '중국은 예로부터 상당히 높은 수준의 문명을 이룩해 왔고, 이는 음식과 조리법이 서양에 비해 정교하고 합리적이라는 점에서 잘 드러난다'고 지적하였다. 또한 '중국의 일반인들이 마시는 것은 맑은 차(茶)이고, 먹는 것은 소박한 밥으로, 야채와 두부를 더한다. 이는 오늘날 위생학자들이 연구 중인 식재료들 중에서 몸에 가장 유익한 것들'이라고도 하였으며, '차는 문명국에 전해진 뒤로 일종의 음료로 사용되고 있고, …… 여전히 차는 가장 위생적이면서도 우아하며 아름다운 인류의 음료'라고 기술하였다. 「민주주의(民主主義)」라는 글에서는 '중국의 수출 품목으로는 비단을 제외하고도 차가 있으며, …… 외국인들은 차가 없었을 때는 술을 마셨지만, 중국의 차를 얻고 나서부터 차로 술을 대신하였고, 그 뒤 차를 마시는 것이 습관이 되면서, 차는 일종의 필수품이 되었다'고 하였다.

마오쩌둥(毛澤東)은 차를 마실 때 우린 찻잎까지 먹었다?!

중국의 근현대 정치가인 마오쩌둥(毛澤東, 1893~1976)은 차를 마실 때 우린 찻잎까지 먹었는데, 이는 청소년기에 고향인 농촌에서 길러진 습관이다. 지금도 중국의 후난성을 비롯한 일부 지역에서는 우린 찻잎을 먹는 풍속이 있다. 이러한 풍속에는 일종의 절약 정신이 깃들어 있을 뿐만 아니라 건강에도 유익한 면이 있다.

현대 과학에 의하면, 차를 마실 때 우린 찻잎을 먹는 것은 확실히 다방면으로 유익하다. 우린 뒤의 찻잎, 특히 녹차의 경우에는 비타민 E, 비타민 A를 비롯하여, 칼슘, 마그네슘, 철분 등의 미네랄과 엽록소, 카로틴, 섬유소 등의 유기물과 같은 수십여 종의 불수용성 영양 성분이 여전히 함유되어 있기 때문이다. 찻물을 마실 때는 섭취하지 못했던 영양 성분들까지 우린 찻잎을 통해 섭취할 수 있는 것이다.

서호용정(西湖龍井)

저우언라이(周恩來)는 용정차를 유독 좋아했다?!

중국의 정치가인 저우언라이(周恩來, 1898~1976) 총리는 유독 용정차(龍井茶)를 즐겨 마셨다. 저장성 항저우에 소재한 용정차의 주요 산지인 메이자우(梅家塢) 지역도 수차례나 방문하였다.

1956년 4월에 처음으로 메이자우 지역을 방문한 그는 새싹이 돋아나는 다원을 바라보며, '좋은 곳일세, 좋은 곳이야!' 하고 연신 감탄하였다. 이어서 '용정차는 진귀해서 국내외 인사들이 하나같이 원하는 찻잎이니 더욱 발전시켜야 한다'고 주장하였다. 실제로 1971년에 독일 출신의 미국 정치가인 헨리 키신저(Henry Alfred Kissinger, 1923~)가 중국을 방문하였을 때, 저우언라이 총리는 용정차를 대접한 뒤 국빈용 선물로도 전했는데, 그 뒤 중국에 다시 방문한 키신저가 저우언라이 총리에게 용정차를 구했다는 미담이 전해진다.

1957년 봄, 저우언라이 총리가 외국 귀빈과 함께 메이자우 지역을 다시 찾았을 때의 일이다. 가장 좋은 '명전용정(明前龍井)'을 맛본 저우언라이 총리는 맑은 향의 산뜻한 찻물을 다 마시고도 연녹빛의 찻잎을 차마 버리지 못했다. 그는 '용정의 맛이 너무 좋아 찻잎을 쏟아 버리기에는 아쉬우니, 전부 없애 버려야겠어요!'라고 익살스럽게 말하며, 찻잔에 남아 있는 찻잎을 음미하면서 전부 먹어 버렸다고 한다.

점아차(漸兒茶)란 무엇인가?

점아차(漸兒茶)란 육우의 차를 말한다. 육우는 '차성(茶聖)' 또는 '차신(茶神)'으로 칭송되며, 자(字)는 홍점(鴻漸)이다. 그는 어려서부터 배우기를 좋아하고 총명하였으며, 차학에 흥미가 깊어서 차나무의 재배, 가공, 평가에 능했을 뿐만 아니라 차를 우리는 일에도 정통하였다. 육우가 차를 우려내고 물을 끓이는 방식은 매우 적절하였고, 특히 차의 운치가 뛰어났기 때문에 당나라의 국사(國師)였던 불광화상(佛光和尙)은 그를 매우 아꼈다. 불광화상은 육우를 '점아(漸兒)'라고 불렀는데, 매일 점아가 만든 차를 들고, 점아가 끓인 물을 마셨으며, 마실 때는 늘 수염을 쓰다듬으며 미소를 띠고 그 맛에 도취되었다고 한다. 오랜 세월이 흘러 사람들은 육우의 차를 '점아차(漸兒茶)'라고 부르게 되었다.

삼생차(三生茶)란 무엇인가?

삼생차(三生茶)는 3세기 무렵인 삼국 시대부터 음용되었다고 한다. 대장군 장비(張飛)가 군사들을 이끌고 지금의 우링(武陵) 지역을 순시할 때의 일이다. 더위로 인해 많은 병사들이 일사병에 걸리자, 그곳의 주민들이 '삼생차(三生茶)' 즉, '생쌀', '생찻잎', '생강'을 빻은 뒤 소금을 넣고 물에 끓인 차를 올렸고, 이를 마신 군사들의 일사병이 호전되었다고 한다. 삼생차는 오늘날까지도 중국의 후난성, 구이저우성, 광시성, 광둥성 등의 산간 지역에서 더위를 물리치는 약으로 음용되고 있다.

밀크티는 누가 만든 것인가?

당나라의 문성공주는 토번(吐蕃)(7세기~9세기 중엽의 티베트 왕국)으로 시집을 간 뒤, 한동안 그곳에서의 생활에 잘 적응하지 못하였다. 그녀는 매일 시녀들이 올리는 우유와 양유(羊乳)를 마셔야 했는데, 마시고 나면 위가 불편해지곤 했다. 어느 날 먼저 우유를 반 잔 마신 뒤에 다시 차를 반 잔 마시는 방법을 생각해 냈고, 과연 그렇게 마신 뒤로는 위가 편해지는 것을 느꼈다. 그 후 우유에 직접 찻물을 넣어서 마셔 보았는데, 차와 우유를 섞어 마시는 것이 따로 마시는 것보다 맛이 더 좋다는 것을 알게 되었다. 그 뒤로 문성공주는 매일 우유를 마실 때 차를 넣어 마셨을 뿐만 아니라, 평소에도 차에 우유나 설탕을 넣어 마셨다. 이것이 바로 최초의 밀크티이다. 티베트족이 이를 전승하면서 오늘날에 누구나 좋아하는 '밀크티'가 탄생한 것이다.

현대의 즉석 밀크티는 티베트족의 밀크티로부터
유래되었다.

용호투차(龍虎鬪茶)란 무엇인가?

'용호투(龍虎鬪)'는 윈난성의 깊은 산중에 거주하는 소수민족들이 감기를 치료할 목적으로 마셨던 일종의 음차 비법이다. 오랫동안 달여서 진하고 떫어진 뜨거운 차를 술이 담긴 잔에 부어(반대로 술을 뜨거운 차에 부으면 안 된다) 마시는 것이다. 감기에 걸린 사람이 '용호투차'를 한 잔 마시면 온몸에 땀이 나는데, 이때 한숨 푹 자고 나면 몸에서 감기 기운이 사라진 것을 느끼게 된다.

함차(咸茶)란 무엇인가?

함차(咸茶)는 주로 저장성 더칭(德淸) 지역에서 즐겨 마신다. 함차를 만들 때는 먼저 가늘고 연한 찻잎을 차완에 넣고, 오지그릇에 죽편(竹片)으로 끓인 물로 잘 우려낸다. 그리고 절인 오렌지 껍질이나 귤 껍질을 대나무 젓가락으로 집어서 검은깨에 버무린 뒤 찻물에 넣는다. 기호에 따라 말린 콩이나 말린 죽순 등의 부재료를 더 넣는다. 함차는 찻잔에 물을 계속 부어 가면서 뜨거울 때 마신다. 찻물을 다 마시고 찻잎과 부재료까지 먹고 나면 원기가 회복되는 효과가 있다.

칠가차(七家茶)란 무엇인가?

칠가차(七家茶)란 장쑤성, 저장성, 쑤저우, 항저우 일대에서 차를 마시는 일종의 풍속이다. 장쑤성과 저장성은 중국에서 차가 최초로 생산된 지역이며, 수많은 명차들이 생산된 곳으로 차와 관련된 각종 예속도 많이 전해져 내려오고 있다.

절기상으로 여름에 드는 입하 당일에 현지의 어린이들이 몸무게를 재고 난 뒤, 일곱 가정의 문지방에 앉아 차를 마시는 데서 '칠가차(七家茶)'라는 이름이 유래되었다. 이렇게 칠가차를 마셔야 여름을 타서 식욕이 줄고 기운이 쇠해지는 주하병(疰夏病)에 걸리지 않는다고 한다. 매년 입하 때가 되면, 이 지역에서는 집집마다 신차를 끓이고, 각종 사탕이나 과일 등을 함께 준비해서 이웃과 친지에게 나누어 준다. 현지인들도 이를 가리켜 '음칠가차(飮七家茶)'라고 한다.

내자차(嬭子茶)란 무엇인가?

내자차(嬭子茶)는 몽골족들이 차를 마시는 풍속이다. 위구르족의 밀크티에 해당하는 내차(嬭茶)와 비슷하다. 내자차를 만드는 방법은 간단하다. 청전(靑磚)이나 흑전(黑磚) 등의 긴압차를 떼어 내어 잘게 부순 뒤 알루미늄이나 구리로 만든 찻주전자에 넣어 끓이고, 찻물이 끓기 시작하면 우유나 양유를 부은 뒤 마지막으로 소금을 뿌려 완성한다. 내자차는 따뜻하고 향기로우며 갈증을 해소시켜 주고, 그 풍미 또한 더할 나위 없이 좋다. 몽골족은 아침, 점심, 저녁에 세 차례 차를 마시는 '삼차일반(三茶一飯)'의 풍속이 있다. 차를 마실 때는 튀긴 쌀이나 우유로 만든 간식인 내병(嬭餠), 기름에 튀긴 과자인 유작과(油炸果), 양고기 수육인 수배육(手扒肉) 등의 간식을 곁들여 먹는다.

삼도차(三道茶)란 무엇인가?

삼도차(三道茶)는 윈난성 바이족(白族)이 손님을 대접하는 일종의 특별한 예절이다. 귀한 손님이 방문하면 주인은 차를 덖는 전용 오지솥(질그릇의 일종)을 화로에 올리고, '두도차(頭道茶)' 즉 첫 번째로 올리는 차를 준비한다. 먼저 적당량의 녹차를 오지솥에 넣고 계속 흔들면서 찻잎을 덖어 준다. 찻잎이 연황색을 띠면서 은은하게 차향이 퍼져 나올 때쯤에 소량의 끓인 물을 붓는다. 이 때 '칙' 소리가 나면 차가 잘 우려진 것이다. 잠시 찻잎을 가라앉힌 뒤에 진하게 우러나온 찻물을 손님에게 올리는데, 두세 모금 정도의 양만 찻잔에 따라 낸다. 바이족은 차를 지나치게 가득 따르면 손님을 기만하는 것, 즉 '차만기객(茶滿欺客)'이라 하여 무례한 행동으로 여기기 때문이다. 두도차를 올리고 나면, 다시 오지솥에 물을 가득 채우고 화로에 올려놓은 뒤, '이도차(二道茶)' 즉 두 번째로 올리는 차를 준비한다. 이도차는 찻잔이 아닌 차완을 사용하며, 적당량의 붉은 설탕과 얇게 썬 호두를 넣고 잘 우려낸 찻물을 따라 낸다. 이도차는 달콤한 차라는 뜻으로 '첨차(甛茶)'라고도 하고, 일부 지역에서는 소량의 꿀과 산초를 넣어 '봉밀화초차(蜂蜜花椒茶)'라고 한다. 그 외에도 설탕, 호두, 깨, 땅콩, 꿀 등의 다양한 부재료를 넣기도 한다.

세 번째로 차를 올리는 제삼도차(第三道茶)는 '향차(香茶)'라고 하며, 차완에 분말 우유와 붉은 설탕 등을 넣고 손님에게 올린다. 바이족은 이처럼 삼도차를 마셔야 정성껏 손님을 대접한 것으로 여긴다.

삼도차는 첫 번째는 쓰고, 두 번째는 달고, 세 번째는
돌이켜 음미한다는 삶의 철학을 담고 있다.

염파차(鹽巴茶)란 무엇인가?

염파차(鹽巴茶)는 윈난성의 나시족(納西族), 리수족(傈僳族), 푸미족(普米族), 이족(彝族), 누족(怒族), 먀오족(苗族) 등의 소수민족들이 가장 즐겨 마시는 일상 음료이다.

염파차를 만들 때는 먼저 긴압차를 잘게 부수어 작은 항아리에 넣고 불 위에 올려서 덖어 주는데, 찻잎에서 타닥하는 소리가 나면서 약간의 탄내가 날 때쯤 끓인 물을 살며시 붓고 5분 정도 더 끓여 준다. 그 뒤 소금 덩어리인 염파(鹽巴)를 실로 잘 묶어서 찻물에 담가 여러 번 흔들다가 찻물이 짭짤해지면 건져 낸다. 항아리 안의 진한 찻물을 작은 찻잔에 나누어 따르고, 기호에 따라 약간의 끓인 물을 더 넣어서 희석하여 마신다.

염파차는 일반적으로 옥수수떡을 곁들여서 마시고, 하루에 세 차례씩 매일 마신다. 일부 소수민족 지역에서는 염파차를 두고, '아침의 차 한 잔에 하루가 활기차고, 점심의 차 한 잔에 일하기가 수월하며, 저녁의 차 한 잔에 몸이 가뿐하니, 하루 세 잔의 차로 벼락이 내리쳐도 꿈쩍 않네'라는 노래가 전해진다.

계원개완차(桂圓蓋碗茶)란 무엇인가?

계원개완차(桂圓蓋碗茶)는 후이족(回族)이 차를 마시는 풍습으로서, '삼포대(三砲臺)'라고도 한다. '삼포대'의 개완은 차완, 잔 받침, 뚜껑으로 구성되는데, 사발과 비슷하면서 찻잔과도 비슷하다. 뚜껑은 차완의 구연부보다 크기가 약간 작고, 몸통보다는 약간 크다. 차를 마실 때 잔 받침으로 차완을 받치면 손이 데지 않고, 경사도가 완만하여 편리하다.

계원개완차는 정교한 차완에 적당량의 화차와 얼음설탕, 용안(龍眼)의 열매인 계원(桂圓)을 넣고 끓인 물을 부은 뒤, 뚜껑을 덮으면 완성된다. 차를 마셔 보면 달짝지근하면서도 진한 향을 느낄 수 있다. 귀한 손님이 방문하거나 경사가 있을 때는 찻잎에 계원, 여지(荔枝), 건포도, 건살구 등을 넣어서 '팔보차(八寶茶)'를 우려내고, 후이족 지역의 특산품인 꽈배기를 곁들여서 손님에게 대접한다.

관관차(罐罐茶)란 무엇인가?

관관차(罐罐茶)는 통상적으로 중하급 품질의 초청 녹차를 질항아리에 넣고 물을 부은 뒤 끓여서 만드는 일종의 '항아리 차'이다. 차를 끓일 때는 먼저 항아리에 절반가량의 물을 채워 화로에 올리고, 물이 끓으면 찻잎을 넣은 뒤 충분히 우러날 수 있도록 잘 저어 주다가, 2~3분 뒤에 다시 항아리의 8할까지 물을 붓고 한 차례 더 끓으면 비로소 관관차가 완성된다.

후이족이 거주하는 대부분의 농경목축지에서는 관관차를 마신다. 현지인들은 관관차가 정신을 맑게 해 주고, 소화를 돕고, 병마를 물리치고, 건강을 지켜 주는 효능이 있다고 여긴다. 실제로 차와 관련된 이러한 풍속은 현지의 문화와 지리, 그리고 생활환경과 밀접한 관련이 있다.

뇌차에 넣는 다양한 부재료.

뇌차(擂茶)란 무엇인가?

뇌차(擂茶)는 막자사발에 찻잎과 함께 주로 현지에서 생산되는 대두, 옥수수, 녹두, 땅콩 등이나 기호에 맞는 기타 부재료를 넣고 풀처럼 걸쭉해질 때까지 공이로 으깬 뒤, 적당량의 식힌 물을 넣어 차즙(茶汁)을 만들어 두고, 음용할 때마다 차즙을 떠서 찻잔에 넣고 끓인 물을 부어 마시는 차를 말한다. 차를 마실 때 튀긴 쌀이나 볶은 땅콩, 깨 등을 넣으면 고소한 향과 바삭한 식감, 달콤한 맛과 청량함이 배가된다.

뇌차는 역사가 오래되어 송나라 시대에 수도에서 유행하였고, 현재에도 중국 후난성 일부 지역에서 즐겨 마시고 있을 정도로 옛 풍속이 남아 있다. 뇌차는 만드는 방법이 간단하고 마시기에도 간편할 뿐만 아니라, 갈증을 해소시켜 주면서도 포만감을 안겨 준다. 이 같은 이유로 현지 사람들은 뇌차를 사시사철 즐겨 마시며, 손님을 대접할 때도 뇌차를 내놓는 것이 일반적이다.

공차(貢茶)란 무엇인가?

공차(貢茶)는 과거 봉건 시대에 조정에 진상하였던 각 지방의 특산품 중 하나로, 황실에서 사용되거나 하사품으로도 쓰였다. 공차는 서주(西周, B.C. 1046~B.C. 771) 시대에 시작되어 동한(東漢, 25~220) 시대에 성행하였고, 당나라 시대에 이르러 제도화된 뒤 청나라 시대에 폐지되기까지 그 역사가 수천 년에 이른다. 그 과정에서 공차는 물량이 많아졌을 뿐만 아니라 품질에 대한 기준도 엄격해져서, 수많은 차농들이 견뎌 내지 못할 지경에 이르렀다고 한다. 역대 공차의 발전과 쇠퇴는 중국 차의 흥망성쇠를 반영하기도 한다. 현재의 중국명차(中國名茶)와 지방명차(地方名茶) 중에서 역대 황실로부터 공차로 지정되었던 차는 다음과 같다.

◦ **저장성** : 서호용정(西湖龍井), 순안구갱(淳安鳩坑), 천목청정(天目靑頂), 안탕모봉(雁蕩毛峰), 금화거암(金華擧岩), 일주설아(日鑄雪芽), 고저자순(顧渚紫筍).

◦ **안후이성** : 육안과편(六安瓜片), 경정녹설(敬亭綠雪), 용계화청(湧溪火靑), 곽산황아(霍山黃芽).

◦ **푸젠성** : 백차(白茶), 천산청수녹(天山淸水綠), 무이대홍포(武夷大紅袍), 안계호구철관음(安溪虎邱鐵觀音), 무이육계(武夷肉桂).

◦ **후난성** : 군산모첨(君山毛尖), 비려동운무차(毘廬洞雲霧茶), 관장모첨(官庄毛尖), 남악운무(南岳雲霧), 대용모첨(大庸毛尖), 고장모첨(古丈毛尖).

고저자순(顧渚紫筍)은 특유의 우수한 품질로 인해 역대 공차 중에서도 당나라부터 청나라 시대에 이르기까지 가장 오랜 기간 진상되었다.

◦ **쓰촨성** : 몽정황아(蒙頂黃芽), 파악녹차(巴岳綠茶).

◦ **구이저우성** : 귀정운무차(貴定雲霧茶), 도균모첨(都勻毛尖), 미강취편(湄江翠片).

◦ **장시성** : 영홍(寧紅), 그중에서도 진품태자차(珍品太子茶)는 청나라 광서(淸光緖) 30년에
  지정되어, 공납 기간이 7년으로 가장 짧다. 원녹차(源綠茶), 여산운무차(廬山雲霧茶)
  (고대 문휴차(聞休茶).

◦ **장쑤성** : 벽라춘(碧螺春), 화과산운무차(花果山雲霧茶), 의흥양선차(宜興陽羨茶).

◦ **산시성** : 자양모첨(紫陽毛尖). 본래 이름은 자읍환진모첨(紫邑宦鎭毛尖)으로 1700여 년 전인
  동한 말기 헌제(獻帝) 때 공차로 지정되어 그 시기가 가장 이르다.

◦ **허난성** : 신양모첨(信陽毛尖).

◦ **윈난성** : 보이차(普洱茶).

◦ **타이완** : 문산포종(文山包種).

외차(煨茶)란 무엇인가?

윈난성 남부 지역의 다이족(傣族), 와족(佤族) 등의 소수민족들은 외차(煨茶)를 즐겨 마신다. 외차는 고차(烤茶)와 만드는 방법이 비슷하지만 사용하는 찻잎이 다르다. 이 고차는 같은 윈난성 소수민족들이 도기 주전자를 화로에 얹어 달궜다가 생잎을 넣고 갈색이 될 때까지 구운 뒤 물을 부어 마시는 차이다. 외차는 일아오엽, 육엽의 연한 가지를 따다가 화롯불 위에 올려서 노르스름해질 때까지 잘 구운 뒤, 차 항아리에 넣고 끓여 마신다. 이러한 종류의 차는 비비는 유념 과정을 거치지 않아 찻물의 맛이 비교적 연하고, 약간의 쓴맛과 떫은맛이 풀 내와 함께 나기도 한다.

흘강차(講茶)란 무엇인가?

흘강차(吃講茶)는 주로 장쑤성, 저장성, 쓰촨성 등에서 행해졌던 민간 풍속으로, 비공식적으로 분쟁을 해결하는 일종의 음차 방식을 말한다. 마을에서는 이웃 간에 집, 토지, 혼인 등과 관련된 민사 분쟁이 흔히 일어나곤 하는데, 법원에 소송을 제기할 정도의 사항이 아니라면 차관(茶館)에 가서 서로 의논하며 문제를 해결하는 것이다.

흘강차는 관습화된 규칙이 있다. 차관에 들어서면 분쟁이 있는 쌍방은 현장에 있는 모든 손님에게 일일이 차를 올린다. 이어서 분쟁의 원인과 결과를 진술하고 각자의 입장을 밝힌 다음, 손님들의 의견을 청한다. 최후에는 입구 근처의 두 개의 찻상, 즉 마두탁(馬頭棹)이라고 하는 곳에 앉아 있는 공도인(公道人)이 시비를 가린다. 공도인은 일반적으로 항렬이 비교적 높고, 일처리가 공정하며, 명망이 있는 사람이 주로 맡는다.

옳고 그름을 가려 결정이 내려지고 전원이 동의하면 문제가 해결된 것이고, 패소한 측은 모든 손님의 찻값을 지불한다. 이에 쓰촨성 동부 지역에서는 흘강차를 찻값을 지불한다는 뜻에서 '부차전(付茶錢)'이라고도 한다. 일반적으로 흘강차가 끝난 뒤에는 이의를 제기하지 않지만, 간혹 횡포한 무리들은 다시 분쟁을 일으키기도 한다. 청나라 말기에는 허다한 차관에서 '흘강차를 엄금함'이라고 적어 놓은 나무판자를 눈에 잘 띄는 곳에 걸어 놓기도 하였다.

원보차(元宝茶)란 무엇인가?

원보차(元寶茶)는 중국 강남의 일부 지역에서 음력 정월 초하룻날이자 큰 명절인 춘절(春節)을 맞아 손님을 대접할 때 내어놓는 일종의 음료이다. 원보차는 찻잔에 녹색 올리브 2알과 2~3g의 고급 녹차를 넣고 끓인 물로 우려내 만든다. 올리브는 중국의 옛 화폐 중의 하나인 원보(元寶)를 상징하고, 원보차에는 새해에 부자가 되길 기원하며 주고 받는 덕담인 '공희발재(恭喜發財)'의 뜻이 담겨 있다.

내소차(內銷茶)란 무엇인가?

내소차(內銷茶)는 중국 변방의 소수민족 거주지를 제외한 지역에서 소비되는 각종 차를 말한다. 내소차는 일반적으로 '차 산지가 아닌 지역에서 소비되는 차'와 '차 산지에서 소비되는 차'로 구분된다. '차 산지가 아닌 지역에서 소비되는 차'는 해당 차가 생산되는 각 성(省)으로부터 공급을 받는다. '차 산지에서 소비되는 차'는 주로 현지에서 생산되는 것이고, 인접한 성 간에는 소량의 품종 조절이 있기도 하다.

춘절을 맞아 신선하고 투명한 원보차를 손님에게 대접하면, 운수대통을 기원할 뿐만 아니라 과식으로 인한 느끼함을 없애고 소화도 도와준다.

변소차(邊銷茶)란 무엇인가?

변소차(邊銷茶)는 일반적으로 중국 변방의 소수민족 거주지에 공급되는 차를 말한다. 변방 지역은 교통이 불편하기 때문에 운송이 편리하면서도 찻잎이 쉽게 변질되지 않는 긴압차가 주로 공급된다. 주요 품종으로는 복전(茯磚), 강전(康磚), 금첨(金尖), 긴차(緊茶), 흑전(黑磚), 화전(花磚), 미전(米磚) 등이 있다.

차수(茶壽)란 무엇인가?

중국에서는 연로한 사람의 생일을 축하할 때 장수를 기원하는 마음을 담아 '연유차수(年逾茶壽)'라는 덕담을 건넨다. 연세가 차수를 넘기길 바란다는 뜻이다. 이때의 '차수(茶壽)'는 108세를 의미한다. 차(茶)의 자획을 풀어서 나누어 보면, 풀 초(草)의 머리부(艹)에 팔(八), 십(十), 팔(八)자로 이루어져 있고, 풀 초의 머리부도 두 개의 십(十)자로 볼 수 있기에, 10에 10을 더하고 88을 더해서 108이 되는 것이다.

'차수(茶壽)'와 비슷한 용어인 '미수(米壽)'는 88세를 의미한다. 중국의 현대 철학자이자 교육가인 평유란(馮友蘭, 1895~1990)은 동시대의 철학자이자 논리학자였던 진웨린(金岳霖, 1895~1984)에게 '하지우미(何止于米), 양기이차(相期以茶)'라는 한 구절의 대련(對聯)을 보낸 적이 있다. 그 뜻은 '어찌 미(米)에서 그치겠는가, 차(茶)도 기대하자'는 뜻이다. 이 문장은 '먹기만 하는 것이 아니라, 차도 마시고 싶다'는 의미가 아니라, 미수(米壽)에서 그치지 않고, 차수(茶壽)도 기대한다'는 의미를 담고 있다. 여기에서 대련이란 문이나 집 입구의 양쪽에 걸기 위해 쓴 대구(對句)를 말한다.

몽정차(蒙頂茶)를 '선차(仙茶)'라고 하는 이유는?

중국 쓰촨성의 멍딩산(蒙頂山)에서는 서한 말기부터 차나무가 재배되기 시작하였다. 멍딩산에서 생산되는 몽정차는 당나라에서 청나라 시대에 이르는 1000여 년의 기간 동안 줄곧 공차로 지정되었다. 이렇게 오랫동안 황실의 총애를 받을 수 있었던 것은 몽정차는 '선차(仙茶)'라는 전설 때문이었다.

아주 먼 옛날 백약이 무효하게 중병을 앓던 늙은 승려가 있었는데, 하루는 어떤 노인으로부터 기이한 이야기를 전해 듣게 되었다. 춘분을 전후로 멍딩산에 있는 차나무의 곁을 지키다가 춘뢰(春雷)가 처음으로 내리치면 얼른 그 잎을 따되 3일 안에 따 내야 효험이 있고, 1냥(兩, 옛 무게 단위)의 찻잎을 그곳의 물로 달여서 복용하면 어떠한 병도 치료되고, 2냥을 복용하면 평생 질병에 걸리지 않을 것이며, 3냥을 복용하면 신선이 될 수 있다는 것이었다.

늙은 승려는 곧바로 차나무 옆에 거처를 마련한 뒤 경건하게 때를 기다렸고, 마침내 1냥이 넘는 찻잎을 따 내 차를 달여 냈다. 놀랍게도 찻물을 반쯤 마셨을 때 그의 병이 완쾌되었다. 며칠이 지나고, 그가 성읍에 나갔을 때 그를 알던 사람들은 놀라움을 금치 못하였다. 늙은 승려가 젊음을 되찾아 삼십 대처럼 보였고, 머리털도 검푸른빛을 띠었기 때문이다. 뒷날 그 승려는 도를 닦기 위해 칭청산(靑城山)에 올랐고, 그 뒤의 행방은 묘연하다고 한다. 몽정차를 두고 멍딩산의 '선차(仙茶)'라고 하는 것은 이러한 전설로부터 유래되었다.

몽정감로(蒙頂甘露)

차령(茶令)이란 무엇인가?

차령(茶令)은 고대 한족이 즐겼던 일종의 유희로 중국의 강남 지역에서 성행하였다. 놀이 방식은 이렇다. 차를 마실 때 한 사람을 영관(令官)으로 세우고, 나머지는 그의 명령에 따라 문제에 답을 하거나 행동을 취한다. 이때 틀린 사람은 벌로 차를 마시는 것이 규칙이다. 남송(南宋, 1127~1279) 시대에 저명한 정치가이자 시인이었던 왕십붕(王十朋, 1112~1171)의 시에는, '나의 폐장(肺腸)을 찾으면 차령(茶令)이 뚜렷하다'는 구절이 나온다. 여기서 폐장은 폐와 창자로, 마음 속을 비유한다. 이 구절에 그가 직접 단 주석을 보면, '내가 그 시절로 되돌아가서, 제자(諸子)(중국 춘추시대 각 학파의 대표적 인물들)와 차령을 하더라도, 매번 누군가는 차를 들게 될 것이니, 한 사물을 문제로 내어 각자 이야기를 하고, 말이 통하지 않는 자는 벌칙을 받게 된다'고 하였다.

투차(鬪茶)란 무엇인가?

투차(鬪茶)는 송나라 시대에 유행했던 매우 특색 있는 음차 방식으로, '명전(茗戰)'이라고도 한다. 북송 시대의 걸출한 사상가인 범중엄(范仲淹, 989~1052)의 「투차가(鬪茶歌)」에는 투차의 유래와 공차와의 관계를 알 수 있는 다음과 같은 구절들이 있다. '북원장기헌천자(北苑將期獻天子), 임하웅호선투미(林下雄豪先鬪美)', 즉 '북원(北苑)에서 천자께 바칠 때가 이르니, 산 아래의 호걸들이 앞 다투어 아름다움을 겨룬다'는 것이다. '승약등선(勝若登仙), 패동항장(敗同降將)'이라는 구절도 있는데, 이는 '승자는 신선이 된 것 같고, 패자는 항복한 장수와 같다'는 뜻이다.

북송 시대에 당경(唐庚, 1070~1120)이 저술한 『투차기(鬪茶記)』에는 '두세 명의 사람들이 함께 모여 물을 끓이고 차를 달이며 작품에 대한 장단점을 논하고 우열을 가린다'고 하여, 투차의 방식을

원나라 시대의 저명한 문인인 조맹부(趙孟頫, 1254~1322)의
「투차도(鬪茶圖)」는 특히 부채에 자주 모사되었다.

비교적 상세히 설명하고 있다. 실제로 당시의 투차는 흔히 정갈하고 청결한 실내나 정원에 삼삼오오 모여서 각자 가장 우수한 작품을 내놓으면 우열을 가리기 위해 번갈아 가며 시음하는 방식으로 진행되었다. 물론 투차가 명차의 창제와 발굴에 지대한 영향을 미쳤음은 의심할 여지가 없다.

'이차대주(以茶代酒)'의 기원은?

이차대주(以茶代酒)는 '차로 술을 대신하는 것'을 말한다. 역사적으로 이차대주를 한 최초의 인물은 삼국 시대 오나라의 제4대 군주인 손호(孫皓)이다. 손호는 독단적인 폭군으로서 사치스럽고 황음무도했으며, 술을 매우 좋아했다. 매번 연회를 베풀 때면, 손님들은 최소한 7승(昇, 옛 용적 단위)의 술을 마셔야 했고, '입에 들어가지 않더라도 술을 잔에 전부 끝까지 부어야' 했다.

조정 대신이었던 위요(韋曜, 204~273)는 당대의 저명한 사학자로 견문이 넓고 학식이 풍부하여 손호로부터 총애를 받았는데, 주량이 적어서 2승 이상을 마시지 못하였다. 손호는 위요를 특별히 우대하여 '밀사차원이대주(密賜茶荈以代酒)', 즉 '몰래 차를 내려 술 대신 마시게 했다'고 한다. 이 일은 『오지·위요전(吳志·韋曜傳)』에 기록되어 있다.

차연(茶宴)이란 무엇인가?

차연(茶宴)이란 차를 위주로 이루어지는 비교적 성대한 연회를 말하며, 그 규모는 수 명에서 수백 명까지 다양하다. 차연을 베풀 때는 차뿐만 아니라 과일이나 간식 등의 다과도 함께 준비된다.

『진중흥서(晉中興書)』는 동진 시대 후기의 관원인 육납(陸納)이 동시대의 저명한 정치가였던 사안(謝安)을 대접할 때, '다과만 있었을 뿐이다'고 기록하고 있다. 또한 『환온열전(桓溫列傳)』에는 '성품이 검소하여, 연회마다 오직 정해진 일곱 쟁반의 다과만 올렸을 뿐이다'는 기록도 있다. 이는 차연의 초기 형태인 것으로 보인다. 차를 위주로 한 진정한 차연에 대한 기록은 당나라 시대의 일부 시로부터 찾을 수 있다. 예를 들면 당나라 시대의 시인 전기(錢起, 722~780)의 「여조명차연(與趙茗茶宴)」, 「과장손택여낭상인차회(過長孫宅與郎上人茶會)」와 동시대의 여류 시인 포군휘(鮑君徽)의 「동정차연(東亭茶宴)」 등이 있다.

경산차연(徑山茶宴)이란 무엇인가?

경산차연(徑山茶宴)은 저장성 항저우의 위항(餘杭)에 소재한 징산사(徑山寺)에서 거행되는 차연을 말하며, 특히 숲의 정취와 사찰의 고아함을 겸비한 것으로 유명하다.

경산차연에는 매우 중시되는 고정적인 의식이 있다. 차연이 시작되면 불가의 제자들이 모두 '차당(茶堂)'에 둘러앉아 차연의 순서와 불교의 교의에 따라 차를 따르고, 차를 올리고, 향을 맡고, 찻빛을 보고, 맛을 보고, 등급을 논한다. 먼저 주지 스님이 직접 향기로운 '불차(佛茶)'를 우려 낸 뒤 따라 내어 경의를 표하는데, 이를 '점차(點茶)'라고 한다. 그 뒤 사찰의 스님들이 차례로 차를 손님들에게 올리는데, 이를 '헌차(獻茶)'라고 한다. 차를 받아 든 사람들은 먼저 차완의 뚜껑을 열어 향을 맡고 찻빛을 감상한 뒤에 차를 음미한다.

차를 세 차례 들고 난 뒤에 차의 향과 색을 품평하고, 주인의 도덕과 품행을 칭찬하며, 마지막으로 불경을 읊고, 등급에 대해 논한다.

송나라 시대에 투차를 할 때 흑유잔(黑釉盞)을 사용했던 이유는?

투차의 승패 기준은 다음과 같다. 첫째, 찻물 표면의 색상이 균일한 정도를 겨룬다. 찻물 표면에 모인 거품을 '탕화(湯花)'라고 하는데, 그 표면이 흰 것을 '상(上)'이라 하여 우수한 것으로 인정한다. 더 나아가 표면이 마치 흰죽이 식어 한 덩이로 응결된 듯한 형태를 띠면 '가(佳)'라고 하여 가장 우수한 것으로 인정하며, 이를 '냉면죽(冷面粥)'이라고 한다. 가루 형태의 찻잎인 차말(茶末)은 찻물의 표면에 균일하게 분포되어 마치 흰죽의 표면에 보이는 좁쌀 같은 무늬를 형성해야 하는데, 이를 '죽면속문(粥面粟紋)'이라고 한다.

흑유잔(黑釉盞)

둘째, 찻잔 내벽의 탕화가 닿은 부분에 물이 묻은 자국, 즉 수흔(水痕)이 있는지를 겨룬다. 찻물이 물러난 뒤에 찻잔 내벽에 남아 있는 이 수흔을 '운각환란(雲脚渙亂)'이라 하는데, 이는 우수하지 못한 것이다.

위 두 가지의 승패 기준 중에서도 특히 두 번째 사항이 중점적으로 평가된다. 경기 규칙은 일반적으로 삼판이승제이고, 수흔이 먼저 나타나는 쪽이 '일수(一水)'로 지게 된다.

좋은 찻물은 찻잔의 표면에 아주 미세한 흰색의 거품으로 이루어진 한 겹의 층을 형성하는데, 이를 '유취면(乳聚面)'이라고 한다. 좋지 않은 찻물은 얼마 지나지 않아 차와 물이 분리되는데, 이를 '운각산(雲脚散)'이라 한다. 운각산을 늦추기 위해서 차인은 뛰어난 점차(點茶) 기교를 익혀야 한다. 점차란 병차를 분쇄해 차완에 넣고 끓인 물을 부은 뒤, 차와 물이 잘 섞이도록 차선(茶筅)으로 휘젓는 것을 말한다.

또한 좋은 찻물은 차와 물이 잘 섞여서 우유 같은 질감이 있어야 한다. 더 나아가 탕화에 거품이 일면서 찻잔의 내벽으로 붙는 현상인 '요잔(咬盞)'이 나타나면 가장 우수한 것이다. 요잔은 술이 표면장력에 의해 잔 내벽에 붙어 잘 떨어지는 않는 상태인 '괘배(掛杯)'와 비슷한 현상이다.

흑유잔(黑釉盞)은 몸체가 비교적 두툼하고 열의 발산이 완만하여 요잔에 유리하다. 또한 검은 잔에서는 고운 흰색의 탕화가 더욱더 뚜렷이 보이기 때문에 송나라 시대에는 투차할 때 주로 흑유잔이 사용되었다.

공부차(工夫茶)는 어느 지역의 음차 풍속인가?

공부차(工夫茶)는 주로 중국의 푸젠성 남부와 광둥성 동남부의 차오산(潮汕) 일대에서 행해지는 일종의 매우 정교한 음차 방식을 일컫는다.

공부차를 마실 때는 '팽차사보(烹茶四寶)'라고 하는 전통적인 차구 세트를 사용한다. 이는 물을 끓이는 주전자인 '옥서연(玉書碾)', 화로인 '조산로(潮汕爐)', 차호인 '맹신관(孟臣罐)', 찻잔인 '약침구(若琛甌)'로 구성된다. 공부차의 음용은 차를 평가하는 데 중점을 두기 때문에 '예술 음차'라고 할 수 있다. 공부차에 사용되는 찻잎으로는 우롱차가 가장 적합하다.

티백 차가 생겨난 배경은?

유럽에서는 대부분 맑은 찻물을 바로 마시는 것보다 향신료나 감미료를 넣어 마시는 것을 더 선호한다. 따라서 차를 우리거나 끓여 낸 뒤에 찻물에 섞여 있는 찌꺼기를 걸러 낼 필요가 있는데, 이때의 번거로움을 해결하기 위해 등장한 것이 티백이다.

제2차 세계 대전 기간에 미군들은 작게 포장된 차를 식후 음료로 소지하고 다녔다. 당시의 소포장 차는 봉제한 거즈를 사용한 것이어서 촘촘하지 못할 뿐만 아니라 제조 원가도 높았다. 전쟁이 끝나고 영국의 상인들은 티백 차의 발전 가능성을 눈여겨보았고, 티백 차 여과지와 포장 기계를 연구해 생산하면서 티백 차의 발전이 크게 촉진되었다. 최근에는 전 세계적으로 티백 차의 인기가 더 높아지고 있는 추세이다.

차화회(茶話會)의 기원은?

차화회(茶話會)는 차를 마시며 대화를 나누는 간소한 형식의 사교 모임으로 차와 함께 과일이나 다과를 곁들이는 것이 일반적이다.

고증에 의하면, 차화회는 차회(茶會)와 차화연(茶話宴)으로부터 변형된 것으로 추정된다. 최초의 '차회(茶會)'는 당나라 시대의 전기(錢起)가 집필한 「과장손택여낭상인차회(過長孫宅與郎上人茶會)」에서 찾아볼 수 있고, '차화(茶話)'는 남송 시대의 방악(方岳, 1199~1262)이 집필한 「입국(入局)」에서 찾아볼 수 있다. 오늘날의 차화회는 전 세계적으로 널리 행해지고 있으며, 일종의 중요한 사교 형식으로 자리를 잡고 있다.

티백을 물에 넣으면 간편하고 신속하게 한 잔의 차가 완성된다.

무아차회(無我茶會)란 무엇인가?

무아차회는 일종의 차예 활동으로, 1980년대 초 타이완에서 시작되어 한국과 일본 등으로 전해졌다. 1990년대에는 한국, 일본 등의 국가와 중국의 푸젠성 우이산, 항저우의 시후호 등에서도 각각 무아차회가 거행되었다.

차회를 '무아(無我)'라고 명명한 것은 '덕행을 수양하여 선에 이른다'는 '덕행수양지선(德行修養至善)'에 의의를 두고, 차로써 교제하면서 평화와 우호 증진을 목적으로 하기 때문이다.

무아차회에서는 약정에 따라 으뜸이 되는 자리인 '주좌(主座)'는 제비를 뽑아서 결정하고, 나머지는 일률적으로 지위의 고하에 상관없이 원형으로 착석한 뒤에 각자 준비한 차구와 찻잎, 뜨거운 물로 차를 우려내 서로에게 차를 올리는 방식으로 진행된다. 각 사람은 네 잔의 차를 우려서, 자신의 왼쪽 세 명에게 차를 한 잔씩 올리고, 본인

무아차회 중에는 대화를 나누지 않고 조용히 차를 음미한다.

의 차를 한 잔 남겨 두는데, 이로써 자신도 오른쪽의 4명에게서 차를 받는 셈이 된다.

이렇게 각자 네 잔의 차를 마심으로써 각종 차의 풍미를 맛볼 수 있다. 연이어 세 차례 차를 우리고 나면, 각자 차구를 정리한 뒤 해산한다. 차회가 진행되는 동안에는 대화가 금지되어 일체의 거동은 서로 협조하여 묵계로 이루어진다. 물론 차회가 시작되기 전에는 담소를 나누거나 기념 촬영을 하고, 서로의 차구와 찻잎을 구경하면서 다양한 풍격을 한껏 감상할 수 있다.

시차회(施茶會)란 무엇인가?

차회를 베푼다는 뜻의 포시차회(布施茶會)는 일종의 단체적인 사회 자선 활동으로, 일반적으로 차회 또는 시차회(施茶會)라고도 한다. 중국의 양쯔강 남북 일대에서 성행하였다.

시차회는 대부분 지방에서 명망이 있고 열성적인 자선 사업가들이 뜻을 모아 조직한다. 일반적으로 행인들의 왕래가 잦은 곳에 있는 차정(茶亭), 정자(亭子) 또는 가건물을 빌려서 진행하고, 사람을 고용하여 차를 끓여 항아리에 담아 놓는다. 한 켠에는 죽통이나 사발을 놓아 행인이나 주변에서 일하는 농민들이 차를 따라 마실 수 있도록 한다. 이때 돈은 따로 내지 않는다. 시차회는 초여름에 시작하여 가을이 지나 날씨가 쌀쌀해질 때까지 여는 것이 일반적이다. 시차회의 모든 구성원들은 의무적으로 봉사해야 하고, 경비는 모금을 통해 조달하며, 자금의 수입과 지출은 공고를 통해 공적으로 감독된다. 현재에는 이러한 조직이 사라졌지만, 단체나 개인의 시차(施茶), 예를 들면 '양정차(凉亭茶)'와 같은 활동은 지금도 존속되고 있다.

'좌(坐)·청좌(請坐)·청상좌(請上坐)'로 시작하는 '취련(趣聯)'의 시초는?

북송 시대의 대문호인 소동파(蘇東坡, 1037~1101)가 한 주(州)의 행정수장인 지주(知州)로 임명되어 지금의 항저우에 이르렀을 때의 일이다. 하루는 한 사찰을 유람하였는데 사찰의 주지 스님이 자세한 내막을 알지 못하고 그를 보통의 손님으로 대접하여 '앉으시오(坐)'라고 말하면서, 한편으로는 어린 사미승에게 '차(茶)'라고 분부하였고, 이에 사미승은 보통의 차를 한 잔 내오게 되었다.

잠시 인사말을 나누는 사이에 주지 스님은 손님의 말투가 예사롭지 않고, 평범한 사람이 아니라는 것을 느끼고는 곧 예의를 갖추어 '앉으십시오(請坐)'라고 고쳐 말하면서 다시 '차를 올려라(敬茶)'고 하였고, 사미승은 이번에는 비교적 좋은 차를 올려 내었다.

한참 동안 이야기를 나눈 뒤에야 주지 스님은 이 사람이 바로 그토록 명성이 자자했던 신임 지주 소동파인 것을 알게 되었다. 주지 스님은 문득 황송한 마음에 몸 둘 바를 몰라 벌떡 일어나서 큰 소리로 '상석에 앉으십시오(請上坐)'라고 하였고, 사미승에게는 재차 '향차를 올려라(敬香茶)'라고 지시했다.

소동파가 떠날 때 그 명성을 흠모한 주지 스님은 기념으로 문장을 한 수 지어 줄 것을 부탁하였는데, 이에 소동파는 잠시 숙고한 끝에 좀 전에 겪었던 일을 한 편의 '취련(趣聯)'으로 써 내려갔다.

좌(坐), 청좌(請坐), 청상좌(請上坐),
차(茶), 경차(敬茶), 경향차(敬香茶).

옆에서 이를 지켜보던 주지 스님은 순식간에 얼굴이 빨갛게 달아올랐고, 부끄러워서 어찌할
줄을 몰랐다고 한다.

'군불가일일무차(君不可一日無茶)'의 기원은?

군자는 하루라도 차가 없으면 안 된다는 뜻의 '군불가일일무차(君不可一日無茶)'는 청나라의 건륭
(乾隆) 황제가 한 말이다.

건륭 황제는 85세가 되었을 때 황위를 그의 아들에게 물려주려고 하였는데, 한 노신(老臣)이 못
내 아쉬워하며, 이 나라는 하루라도 군주가 없으면 안 된다는 뜻으로 '국불가일일무군(國不可一
日無君)'이라고 진언하였다. 그러자 건륭 황제는 오히려 익살스럽게 '군불가일일무차(君不可一日
無茶)'라고 응수하였다. 건륭 황제는 자리에서 물러난 뒤에 차정(茶亭)이 있는 어화원(御花園)에 자
주 들러서 샘물을 끓여 차를 마시고 유유자적하면서 '차신(茶神)'이라 일컬어지는 육우에 심취
하고 심신을 보양하여 88세의 일기로 생을 마쳤다.

청건륭(淸乾隆) 청화유리홍(靑花釉里紅) 산수화조문(山水花鳥紋) 차엽병(茶葉瓶).

고대의 혼인 예물 중에 차가 반드시 포함되었던 이유는?

차는 민간의 혼인 풍속에서 '순결, 결연, 다자다복(多子多福)'을 상징한다. 명나라 시대의 허차서(許次紓)는 『차소(茶疏)』에서 '차나무는 뿌리를 옮길 수 없고, 심으면 반드시 결실을 맺는다'고 하였다. 옛사람들이 혼인할 때에 차로 예를 갖춘 것은 이와 같은 '옮길 수 없는 뜻'에 의의를 둔 것이다. 차나무는 오직 씨앗으로부터 싹을 틔우고 자라나며 옮겨심을 수 없다고 여겼기 때문에 차를 '흔들리지 않는 마음'의 상징으로 본 것이다.

차는 그 성질이 순수하여 고결한 사랑을 상징하고, 차나무의 뿌리는 옮길 수 없기에 사랑의 지조가 흔들리지 않는다는 것을 의미하며, 차나무의 많은 씨앗은 자손이 끊이지 않고 번성하는 것을 상징한다. 또한 차나무는 사계절 내내 푸른 상록수로, 차를 예물로 보내는 것은 사랑이 영원히 변하지 않는다는 의미가 있고, 신혼부부가 서로를 손님 대하듯이 존중하고, 백년해로하기를 기원하는 마음이 담겨 있다.

따라서 대대로 민간의 혼인에서는 차로 예를 갖추었고, 이러한 차례(茶禮)(다례)가 혼인관계를 확립하는 중요한 형식이 되었다. 남성이 여성에게 청혼할 때 차를 예물로 보내는 것을 '하차(下茶)', '정차(定茶)'라고 하고, 여성 측에서 이를 받는 것을 '수차(受茶)', '흘차(吃茶)'라고 하는데, 이로써 합법적으로 혼인이 성립된다. 여성이 다른 사람의 예물도 받는다면, 주변 사람들로부터 '두 집의 차를 먹는다'고 손가락질을 당하고 멸시를 받았다.

한족이 '청음(淸茶)'을 선호하는 이유는?

한족은 중국 전역에 거주하기 때문에 차를 마시는 습관에서 지역마다 큰 차이를 보인다. 일반적으로 남방 지역에서는 녹차와 홍차를 좋아하고, 북방 지역에서는 화차를 선호하며, 화남 일대에서는 우롱차를 즐기고, 서남 지역에서는 흑차를 숭상한다. 차를 마시는 방식에서도 차를 음미하는 '품차(品茶)'와 차를 마시는 '갈차(喝茶)', 그리고 차를 먹는 '흘차(吃茶)'에는 미묘한 차이가 있다. 그러나 대부분의 한족은 차에 향신료나 감미료를 넣지 않고 맑은 상태 그대로 마시는 '청음(淸飲)'의 음차법을 즐긴다. 투명하고 맑은 찻빛의 '청차(淸茶)'야말로 차의 순수함이 가장 잘 간직되어 있고, 차 본연의 맛도 가장 잘 나타낸다고 여기기 때문이다. 청음의 방법은 기본적으로 찻잎을 더운물에 곧바로 우리거나 끓이는 것으로, 설탕이나 우유, 박하, 레몬 등의 어떠한 부재료나 식품도 넣지 않는다. 이는 순수하게 차 본연의 맛을 즐기는 음차법이라고 할 수 있다.

한 잔의 정갈한 청차(淸茶)에는 중국인들의 자연에 대한 최고의 깨달음이 담겨 있다.

중국인이 차를 마시는 습관은 도교와 어떤 관련이 있는가?

도교(道敎)는 중국의 대표적인 민족 종교이고, 주요
경전으로는 도가의 시조인 노자(老子)의 『도덕경(道
德經)』이 있다. 원나라 초기에 도교의 전진파(全眞派)
가 크게 성행했을 때, 거의 모든 유명한 산의 명승
지에는 도교 사원들이 즐비하게 들어섰다. 이러한
사원들은 대부분 울창한 다원과 밀접하게 연계되
어서, 도사들이 차나무를 재배하여 명차를 만들어
내고 차를 마시면서 도를 논하는 것이 생활의 일
부분이 되었다.

삼재배(三才杯)

차는 그 특수한 효능과 특유의 정취로 인하여 기
도와 제사, 심신을 정결히 하는 재계(齋戒), 더 나아
가서는 귀신을 쫓는 제물로도 사용되었을 뿐 아니
라 수양과 불로장생을 염원하는 수단으로도 사용
되었다. 이와 같이 차와 도교는 서로 영향을 주고

찻잔 받침인 배탁(杯托)은 '지(地)', 찻잔 뚜껑인 배
개(杯蓋)는 '천(天)', 차를 담는 찻잔은 '인(人)'을 뜻
한다. 도교학에서는 차도(茶道)에 '천인합일(天人合
一)'의 철학 사상이 깃들어 있으며, 차구의 명칭과
차를 대하는 인식에서 사람을 높이는 '존인(尊人)'
사상이 잘 나타난다고 한다.

받으며 발전하였고, 도교는 차의 전파와 확산에 지대한 공헌을 하였다.

중국의 근대적인 차학(茶學) 교육이 시작된 시기는?

중국의 근대적인 차학(茶學) 교육은 1899년 후베이성에 설립된 농무학당(農務學堂)이 그 시초이
다. 농무학당은 농업과 목축업, 양잠업, 그리고 차업을 중시하였고, 차에 관한 실무를 전공하는
과정을 개설했다. 근대 중국의 역사상 최초로 차와 관련된 전공 교육이 개설된 사례이다.

중국 대학에서 최초로 차엽학과가 개설된 시기는?

1939년도에 푸단대학(復旦大學) 총장대리 우난쉰(吳南軒)과 교무장 순한빙(孫寒氷), 재정부무역위원
회차엽처 처장 우줴눙(吳覺農)이 제안하고, 중국차엽공사(中國茶葉公司)에서 후원하여 충칭(重慶)으
로 이전한 푸단대학에 4년제 차엽학과와 2년제 차엽전공과가 창설되었다. 최초의 학과장은 우
줴눙이었고, 주요 전공 과목으로는 차엽개론, 차나무재배, 차엽제조, 차엽화학, 차엽검험(檢驗),
차엽무역 등이 개설되었다. 중국의 고등교육기관 중에서 최초로 전문적인 차엽학과 및 전공이
창설된 사례이다.

중국에서 '차례(茶禮)'의 영향력은?

차는 오래전부터 중국의 각종 예식에 폭넓게 활용되어 왔다. 간략하게 분류하면 주로 다음과 같다.

① 신에 대한 공경. 중국에서는 가정의 응접실이나 부엌에서 주로 맑은 차, 즉 청차(淸茶)와 네 가지의 과일 또는 '삼차육주(三茶六酒)'를 신상(神像)에 공양한다. 청차는 속되지 않고 정갈하기에 차를 올리는 것이 가장 경건하게 신을 공경하는 방식이라고 여긴다.

② 장례와 제사. 약 3000년 전의 주나라 무왕(武王)은 제사 예식을 검소하게 줄여서 차를 올리는 것으로 제사를 지낼 수 있다고 규정했다. 이러한 풍속은 오늘날까지도 유지되고 있다.

③ 혼사와 경사. 중국은 대부분의 지역에서 차를 예물의 하나로 사용한다. 지금도 중국의 적지 않은 대도시의 청년들은 결혼할 때 손님들에게 고급 차를 올린다.

④ 접객과 선물. 중국에서는 '일배춘로잠류객(一杯春露暫留客), 양액청풍기욕선(兩腋淸風幾欲仙)', 즉 '한 잔의 봄 이슬이 손님을 잠시 머물게 하고, 겨드랑이 사이로 맑은 바람이 불어 신선이 된 듯하다'는 말이 있을 정도로 손님에게 차를 대접하는 것은 전통적인 예절이며, 명차를 선물하는 것도 고유한 풍습 중의 하나이다. 춘차가 나올 때면 향차(香茶)를 보내어 그리움을 전하고, 친지를 방문할 때도 찻잎을 들고 가는 것은 매우 일상적인 일이다.

결론적으로 중국 차례의 주요한 정신은 '질서(秩序)', '인애(仁愛)', '경의(敬意)', '우의(友誼)'라고 할 수 있다. 현대의 차례는 '의식(儀式)'은 간소화되고 활성화된 반면에 '예(禮)'의 정신은 더욱 강화되었다.

양손으로 차를 올리는 것은 '경(敬)'을 보여 주는 것이다.

좡완팡(莊晩芳)이 제창한 '중국차덕(中國茶德)'이란?

중국의 저명한 차학자인 좡완팡(莊晩芳)은 1989년 3월에 '중국차덕(中國茶德)'을 제창하였고, 그 내용은 '염(廉), 미(美), 화(和), 경(敬)'을 골자로 한다.

좡완팡의 설명에 의하면, '염(廉)'의 함의는 '한 잔의 맑은 차로 청렴을 실천하고, 근검하여 덕을 쌓으며, 차로 손님을 대접하고, 차로 술을 대신한다'는 것이고, '미(美)'의 함의는 '한 잔의 맑은 차로 명차의 아름다운 맛과 맑은 향을 함께 즐기고, 우정을 나누며, 평안하게 장수한다'는 것이다. '화(和)'의 함의는 '한 잔의 맑은 차로 차례를 중시하는 덕을 갖추고, 진실됨으로 서로 화합하며, 타인과 우호적인 관계를 맺는다'는 것이고, 끝으로 '경(敬)'의 함의는 '한 잔의 맑은 차로 인간을 존중하고 사랑하며, 돕는 것을 기쁨으로 여기고, 차구는 정갈하고 물은 감미롭다'는 것을 의미한다.

타이완에서 '차예(茶藝)'의 의미는?

차예(茶藝)는 찻잎의 수확, 가공, 유통 과정에서의 기예(技藝)와 음차 예술이 융합 및 승화된 것을 총칭한다. 광의적으로는 차도(茶道)를 의미하여, 농업, 예술, 문학 등과 밀접하게 관련되어 있고, 협의적으로는 차호 안의 차를 우려내고 음미하는 예술을 연구하는 것이다. 즉, 차예란 한 잔의 차로 '우주의 오묘함과 인정(人情), 시(詩)의 정취, 고향에 대한 그리움을 마셔 내는 것'이다.

타이완의 차예는 차를 마시는 환경과 미적인 감각, 정취를 중시할 뿐만 아니라 일정한 절차를 준수한다. 그러한 절차로는 물을 준비하는 '비수(備水)', 차구를 준비하는 '비구(備具)', 차를 준비하는 '비차(備茶)', 차를 넣는 '치차(置茶)', 차를 우리는 '포차(泡茶)', 차를 나누는 '분차(分茶)', 차를 올리는 '봉차(奉茶)', 차를 음미하는 '상차(嘗茶)' 등이 있다. 차예의 시연자는 품새가 단정하고, 동작이 능숙해야 하며, 마치 아름다운 선율처럼 편안하면서도 기품 있고 즐거운 느낌을 줄 수 있어야 한다.

한국 '차례(茶禮)'의 기원과 의미는?

한국의 차례(茶禮)는 '차의(茶儀)' 또는 '차도(茶道)'라고도 한다. 고대 중국의 음차 풍속에서 기원하고, 선종(禪宗) 문화와 유가 및 도교 윤리와 한국의 전통 예절이 융합되어서 피어난 전 세계의 차 문화 중에서도 한 떨기의 우아한 꽃이라고 할 수 있다.

한국의 차례는 '화(和)', '정(靜)'을 기본 정신으로, '화(和), 경(敬), 검(儉), 진(眞)'의 의미를 담고 있다. '화(和)'는 선량한 마음과 평화로운 공생을 추구하고, '경(敬)'은 타인을 존중하고 예로 대한다는 것이며, '검(儉)'은 검소하고 청렴한 것이고, '진(眞)'은 진심으로 사람들을 대하고 됨됨이가 올바르다는 것을 뜻한다. 차례의 과정은 영빈(迎賓), 환경 조성, 차실의 배설, 서화(書畵), 차구의 조형과 배열에서부터 차를 넣고 따르고, 다과를 올리고, 차를 마시는 것에 이르기까지 모두 엄격한 규범과 절차가 있고, 고요하고 우아하며 격조 높은 느낌을 준다.

옛 정취가 느껴지는 차관(茶館)의 모습. 고상함과 단순함으로 중국 차도의 정서를 느낄 수 있다.

일본 '차도(茶道)'의 기원은?

일본에서 차를 마시는 풍습은 1200여 년 전의 나라(奈良) 시대에 당나라의 고승 감진(鑑眞, 688~763)과 일본인 고승 사이초(最澄, 767~822)가 일본에 전한 뒤로 상류층 사이에서 빠르게 퍼져 나갔다.

가마쿠라(鎌倉) 시대에는 선종 승려 에이사이(榮西, 1141 ~ 1215)가 송나라에서 유학을 마치고 귀국한 뒤에 차의 법도를 더욱 발전시키면서 일본 내에서는 차를 마시는 문화가 보편화되었다. 차 문화가 성행했을 때, 귀족들은 '차스키(茶數寄)'라고 하는 차회를 거행하여 자신들의 부유함을 자랑하고 호화스러움을 겨루었는데, 송나라의 '투차(鬪茶)'와도 비슷한 면이 있다. 평민들도 친목을 다지는 오락의 일환으로 '차요리아이(茶寄合)'라고 하는 차회를 열었다. 중국의 저명한 차학자인 쫑완팡과 왕자빈(王家斌)의 고증에 의하면, 항저우 위항에 소재한 징산사의 '경산차연(徑山茶宴)'으로부터 일본의 차도(茶道)가 유래되었다고 한다.

15세기 초의 명승 무라타 주코(村田珠光, 1422~1502)는 '차요리아이'의 간소하면서도 대중적인 형식을 가져다가 '차스키'의 차를 음미하고 품질을 논하며, 차구를 감상하는 내용을 더하고, 불교의 장엄하고도 엄숙한 의식을 접목시켜 '차도예술(茶道藝術)'을 창건하였다. '청심(淸心)' 즉, 맑은 마음을 목적으로 '차선합일(茶禪合一)'을 제창한 차도예술은 선종에서부터 점차 민간에도 전해져서, 이후 20여 개의 유파가 형성되었다.

16세기 말, 도요토미 히데요시(豊臣秀吉, 1536~1598)의 통치 시대에 차도를 집대성한 선종 승려 센노리큐(千利休, 1521~1591)는 가장 대중화된 '잇바차도(一派茶道)'를 창립하였다. 잇바차도는 '센케차도(千家茶道)'라고도 하며, 센노리큐가 죽은 뒤 그의 자손이 세 문파로 나뉘면서 '산센케(三千家)'라고

정갈하고 우아한 일본의 차실(茶室).

도 하였다. 잇바차도는 일본에서 가장 널리 퍼져 나갔고 그 영향력도 막대하여, 센노리큐는 일본인들로부터 '차도의 거장'으로 추앙을 받았다.

소위 차도는 차를 우려내 마시는 것과 관련된 예식으로 일련의 형식이 있고, 심신을 수양하고, 친목을 도모하며, 예법을 배우기 위해 행해진다.

센노리큐는 차도의 근본 정신을 '화(和), 경(敬), 청(清), 적(寂)'이라고 하였다. '화(和)'와 '경(敬)'의 의미는 협의적으로는 주인과 손님 간의 화목과 존경이고, 광의적으로는 사회의 안녕과 나라의 평화를 염원하는 것이다. '청(清)'과 '적(寂)'은 정갈하고도 단아한 환경의 차실과 고풍스럽게 진열된 사물들을 의미하는 한편, 속세와 단절되어 심신을 깨끗이 한다는 뜻도 담겨 있다. 차도의 목적은 '화(和), 경(敬), 청(清), 적(寂)'의 네 가지 규칙을 실현하는 데 있다.

중국 쓰촨성에서 '개완차(蓋碗茶)'를 마시는 방식은?

한족이 거주하는 대부분의 지역에서는 개완차(蓋碗茶)를 마시는 풍속이 있다. 중국 서남부 지역의 일부 대도시, 특히 쓰촨성의 청두(成都)에서는 개완차를 매우 즐겨 마신다. 개완차는 청나라 시대에 오늘날의 청두와 윈난성의 쿤밍(昆明) 지역에서 성행했는데, 당시의 차루(茶楼), 차관(茶館) 등 차를 즐기는 곳에서는 매우 보편적인 음차 방식이었다. 일반 가정에서도 손님을 대접할 때 개완차를 마셨다.

개완차를 마실 때는 일반적으로 다섯 단계의 절차를 거친다. 첫째, 도구를 청결하게 한다. 따뜻한 물로 찻잔, 뚜껑, 잔 받침을 깨끗이 씻어 낸다. 둘째, 찻잎을 넣는다. 개완에는 주로 화차와 타차(沱茶)를 넣어 우려내 마셨다. 셋째, 차를 우려낸다. 일반적으로 처음 끓어오른 물로 차를 우려내며, 차완의 구연부까지 물을 채운 뒤 뚜껑을 잘 덮고 잠시 기다린다. 넷째, 향을 맡는다. 약 5분 정도 지난 뒤에 찻물이 적당히 우러나면, 오른손으로 잔 받침을 들고 왼손으로는 뚜껑을 열어 향을 맡고 긴장을 푼다. 다섯째, 차를 음미한다. 왼손으로는 잔 받침을 받들고, 오른손으로는 뚜껑을 괸 차완을 들고, 차완을 기울여 찻물을 서서히 입에 넣는다. 이때 그 맛을 음미하면서 목을 적셔 정신을 맑게 하고 근심을 내려 놓는다.

중국 광둥성에서 '조차(早茶)'를 마시는 방식은?

조차(早茶)는 보통 '조시차(早市茶)'라고도 하며, 중국의 대도시에서는 흔히 볼 수 있는 차이다. 그 중에서도 역사가 가장 오래되고 영향을 크게 받은 지역은 양청(羊城), 즉 광저우 지역이다.

광저우 사람들은 아침에 출근하기 전이나 근무 중의 여가 시간이나 친구들과의 모임에서 종종 차루에 올라 '일충양건(一盅兩件)'을 즐긴다. 일충양건이란 한 잔의 차에 두 종류의 간식을 곁들이는 찻자리를 말하며, 차를 마시면서 목을 축이고 간식으로 허기를 채우며 그 정취를 즐기는 것이다. 광저우 사람들은 일반적으로 아침, 점심, 저녁, 하루 세 차례에 걸쳐 차를 마시는데, 그 중에서도 아침에 마시는 조차(早茶)를 가장 중요시하여 풍성하게 즐긴다. 조차를 마실 때는 차를 마시면서 다과를 곁들이기 때문에 현지인들은 '조차를 마신다'고 하지 않고 '조차를 먹는다'고 표현한다.

현재 화남 일대에서는 조차뿐만 아니라, 오후에 마시는 '오차(午茶)'와 저녁에 즐기는 '만차(晚茶)'도 '먹는다'고 표현한다. 그들은 이와 같이 차를 먹는 것이 풍족한 생활을 누리고, 사회적으로 친목을 다지는 일종의 수단이라고 생각한다.

중국 윈난성에서 '구도차(九道茶)'를 마시는 방식은?

구도차(九道茶)는 주로 중국 서남부 지역, 특히 윈난성의 성도인 쿤밍 일대에서 차를 마시는 가장 일반적인 방식이다. 차를 마시는 방식에는 총 9단계의 절차가 있어서 '구도차(九道茶)'라고 한다. 이 구도차는 온화한 태도와 우아한 움직임을 기본으로 하고, 차를 우릴 때는 주로 보이차를 사용한다. 구도차는 가정에서 손님을 대접할 때 마시는 경우가 대부분이기 때문에 '손님맞이 차'라는 뜻에서 '영객차(迎客茶)'라고도 한다.

① 상차(賞茶). 차를 감상하는 단계이다. 진품 보이차를 작은 쟁반에 덜어 놓고, 손님들이 그 형태와 색상을 감상하고 향을 맡을 수 있도록 한다. 보이차의 문화적인 특징을 간단히 설명하여 차를 마시는 정취를 더해 준다.

② 결구(潔具). 차구를 씻어 내는 단계이다. 영객차는 자사 차구를 사용하는 것이 가장 좋고, 통상적으로 차호, 찻잔, 차반은 동일한 색상의 세트로 구성된 것을 사용한다. 사용 전에는 차구에 끓인 물을 부어서 씻어 내는데, 차구가 청결해질 뿐만 아니라 차구의 온도를 높여 찻물이 잘 우러나오게 된다.

③ 치차(置茶). 찻잎을 넣는 단계이다. 일반적으로 찻잎과 끓인 물의 비율은 1g당 50~60ml로 하고, 차호의 크기를 고려하여 적당량의 보이차를 차호에 넣는다.

구도차를 마실 때는 찻잔에 찻물을 8할 정도 채운다.

④ 포차(泡茶). 찻잎을 우리는 단계이다. 막 끓어오른 물을 차호의 3, 4할 정도까지 재빨리 붓는다.

⑤ 침차(浸茶). 찻잎이 우러나도록 기다리는 단계이다. 포차 뒤에는 즉시 뚜껑을 덮고 약간 흔들어 준 뒤 찻잎 내의 가용 물질이 우러나오도록 약 5분간 그대로 둔다.

⑥ 균차(勻茶). 찻물의 농도를 균일하게 하는 단계이다. 뚜껑을 열고 차호에 끓인 물을 더 부어서 찻물의 농도를 적당하게 맞춘다.

⑦ 짐차(斟茶). 찻물을 따르는 단계이다. 반원형으로 배열해 놓은 찻잔에 찻물을 나눠 따른다. 각 찻잔의 찻물 농도가 균일하도록 왼쪽에서 오른쪽으로 돌아가면서 따르고, 찻물은 찻잔의 8할까지만 채운다.

⑧ 경차(敬茶). 차를 손님에게 올리는 단계이다. 주인이 차반을 손으로 받들고, 연장자부터 차례대로 차를 올려 예를 표한다.

⑨ 품차(品茶). 차를 음미하는 단계이다. 일반적으로 먼저 향을 맡아 정신을 맑게 한 뒤 찻물을 천천히 입안에 넣고 세밀하게 음미하면서 차를 즐긴다.

부랑족이 '청죽차(靑竹茶)'를 마시는 방식은?

윈난성의 소수민족인 부랑족(布朗族)이 마시는 청죽차(靑竹茶)는 만드는 방법이 상당히 독특하다. 우선 사발 크기 정도의 굵기인 신선한 죽통을 한 마디 잘라서, 한쪽 끝은 뾰족하게 깎아 땅에 꽂고, 그 안에 샘물을 채워 차를 끓이는 도구로 사용한다. 그리고 마른 나뭇가지와 낙엽을 죽통 주위에 놓고 불을 붙인다. 죽통 안에 물이 끓어오르면 적당량의 신선한 찻잎을 넣는다. 3분 정도 경과된 뒤, 잘 우러난 찻물을 미리 깎아 둔 죽통에 옮겨 담고 차를 음미한다.

다이족이 '죽통향차(竹筒香茶)'를 마시는 방식은?

윈난성 남부와 서남부 또는 시솽반나다이족자치구에는 소주민족인 다이족이 대대로 거주하고 있다. 이 다이족이 마시는 죽통향차(竹筒香茶)는 민족 고유의 정서가 담긴 음료로서 그 끓이는 방법이 매우 독특하며, 일반적으로 5단계의 절차로 구분된다.

① 장차(裝茶). 찻잎을 담는 단계이다. 약 1년 정도 자란 연한 향죽통(香竹筒)에 가늘고 연한 찻잎을 초기 가공하여 만든 모차를 넣는데, 통이 꽉 찰 때까지 찻잎을 담는다.

② 고차(烤茶). 찻잎을 불에 굽는 단계이다. 찻잎을 담은 죽통을 화롯가에 두고 찻잎이 고르게 구워지도록 4~5분 간격으로 죽통을 돌려 준다. 죽통이 황색으로 변하면 그 안의 찻잎도 적당히 구워진 것으로, 죽통을 화로에서 꺼낸다.

③ 취차(取茶). 차를 취하는 단계이다. 찻잎이 다 구워졌으면 죽통을 칼로 쪼갠다. 맑은 향을 풍기는 기다란 죽통 형태의 죽통향차가 완성되었다.

④ 포차(泡茶). 차를 우리는 단계이다. 적당량의 죽통향차를 취하여 각자의 차완에 넣고, 막 끓인 물로 약 3~5분 정도 우려낸다.

⑤ 갈차(喝茶). 차를 마시는 단계이다. 죽통향차는 차의 순수하면서도 높고 농후한 향과 함께 대나무의 진하고도 맑은 향을 느낄 수 있어, 차를 한 모금 마시면 마치 눈과 귀가 번쩍 뜨이는 듯한 느낌을 받는다.

우아한 찻잔은 대나무의 청초함과 차의 순수하고도 진한 향미를 더욱더 부각시켜 준다.

잘게 부순 복전차는 우려내 마시거나
향채(香茶)로 끓일 수도 있다.

위구르족이 즐겨 마셨던 차는?

톈산산(天山) 남쪽 지역의 신장위구르자치구역에 거주하는 위구르족은 평소 맑은 청차(淸茶)나
향차(香茶)를 즐겨 마시고, 밀크티를 마시기도 한다.

청차를 만들 때는 우선 흑차의 일종인 복전차(茯磚茶)를 쪼개어 잘게 부수고, 차호의 용량에 맞
게 적당량의 차를 넣고 끓인 물을 부은 뒤, 센 불에서 팔팔 끓여 준다. 약한 불에서 천천히 끓이
면 끓이는 시간이 너무 길어져서 찻물이 개운하지 않고, 맛도 쓰고 떫어지기 때문이다.

신장 남쪽 지역의 위구르족은 주로 농업에 종사하고, 밀가루를 주식으로 하며, 소맥분으로 구
워 만든 '낭(饢)'을 즐겨 먹는다. 낭은 구운 빵으로 모양이 동그랗고, 색이 노르스름하며, 식감이
바삭하여 맛이 좋다. 또한 향차를 즐겨 마시는데, 식사할 때에 곁들여 마실 뿐만 아니라 평소에
도 즐겨 마신다. 향차가 위를 보호하고 정신을 맑게 해 주는 효능이 있으며, 영양 가치가 매우
높다고 여기기 때문이다. 향차를 끓일 때는 주로 구리 재질의 목이 긴 차호를 사용한다. 이 차
호는 구리뿐만 아니라 도기, 법랑 또는 알루미늄 재질로 된 것도 있다. 차를 마실 때는 작은 차
완을 사용하는데, 신장 북쪽 지역의 위구르족이 밀크티를 끓일 때 사용하는 차구와는 다소 차
이가 있다.

향차를 만들기 위해서는 먼저 복전차(茯磚茶)를 작은 덩어리로 부수어야 한다. 한 켠으로는 목이
긴 차호에 물을 7, 8할 정도 채워서 가열하고, 물이 끓어오르면 잘게 조각을 낸 복전차를 한 움
큼 차호에 넣은 뒤, 약 5분간 끓이다가 미리 준비해 둔 생강, 계피, 후추, 향료를 적당량 넣어 가
볍게 저어 주고 3~5분간 끓이면 향차가 완성된다. 목이 긴 차호는 차를 따를 때 차 찌꺼기나 향
료가 찻물에 섞여 들어가는 것을 방지하기 위해 대부분 거름망이 세트로 구성된다.

위구르족은 하루 세 번, 아침, 점심, 저녁 식사를 할 때 향차를 곁들여 마시는 풍습이 있고, 통상
적으로 구운 빵인 낭을 먹으면서 차를 곁들여 마신다. 이와 같이 차를 마시는 방식은 향차를 갈
증을 해소하는 음료로써가 아니라 음식에 곁들이는 탕이나 국으로 먹는 것이라고 할 수 있다.
실제로도 차를 탕 대신에 마시고 반찬으로 삼아 먹는다.

티베트족이 '수유차(酥油茶)'를 만드는 방식은?

티베트족이 수유차(酥油茶)를 끓이는 방법은 다음과 같다. 먼저 흑차인 전차(磚茶)를 쪼개어 잘게 부수고 거기에 물을 부어서 끓인 뒤에 맑은 찻물만 따라 낸다. 그것을 소나 양의 젖에서 얻어 낸 유지방인 수유(酥油)와 소금을 넣은 교반기에 부은 뒤에 찻물과 수유가 충분히 혼합되어 유백색이 될 때까지 계속 섞어서 마시기에 적당한 상태가 되면 차호에 담는다.

티베트족은 대부분 수유차를 아침에 먹는 '조차(早茶)'로 마신다. 여러 잔을 마시고 나서 마지막 잔을 절반 정도 마셨을 때, 남아 있는 찻물에 호밀 가루를 넣어서 죽을 만든다. 이를 '참파(糌粑)'라고 한다. 점심에 마시는 차는 일반적으로 밀가루와 버터, 설탕을 많이 넣고 죽처럼 만들어서 따뜻할 때 먹는다.

몽골족이 차를 마시는 방식은?

몽골족이 차를 마시는 방식은 거주 지역에 따라 다소 차이가 있다. 도시와 농촌 지역에서는 찻잎에 끓인 물을 부어 우려내 차를 마시고, 유목 지역에서는 찻잎을 솥에서 끓인 뒤 소량의 소금을 넣은 함차(鹹茶)로 마시는 것이 일반적이다.

명절이나 경사가 있을 때, 손님이 방문했을 때는 대부분 밀크티를 마신다. 밀크티를 끓일 때는 우선 청전차나 흑전차를 쪼개어 잘게 부수고 물에 넣어 몇 분간 끓인다. 그리고 차 찌꺼기를 걸러서 큰 솥에 부은 뒤 우유를 넣어 함께 끓인다. 잘 끓인 찻물을 구리 소재의 차호에 따라 내고 약간의 소금을 넣으면 짭짤하고 달콤한 밀크티가 완성된다.

인도인이 차를 마시는 방식은?

인도인들은 '마살라차이(masala chai)'를 즐겨 마신다. 마살라차이는 홍차에 생강과 작은 육두구(肉豆蔻)를 넣어서 만든 가향 차이다. 마살라차이를 만드는 방법은 매우 간단하지만, 그것을 마시는 방법은 매우 독특하다. 완성된 찻물은 차완이나 찻잔에 따르지 않고 접시에 따라 낸다. 마살라차이를 마실 때는 입을 대고 마시지 않는다. 빨대를 사용하는 것도 아니다. 접시에 담긴 마살라차이를 혀를 길게 내밀어서 핥아 먹는다. 이러한 이유로 현지인들은 마살라차이를 '핥아 먹는 차'라고 한다

호주인이 차를 마시는 방식은?

호주의 목축민들은 일반적으로 기온이 낮은 고산 지대에 거주하며 방목으로 생계를 유지한다. 그런데 고산 지대는 기후가 한랭하여 채소의 수확량이 극히 적기 때문에 해당 지역의 유목민들은 부족한 영양분을 보충하기 위하여 차를 즐겨 마시게 되었다. 호주인들은 특히 홍차를 선호하는데, 알맞게 끓여 낸 홍차에 항상 단술이나 레몬, 우유를 넣어서 마신다. 이처럼 다양한 맛이 어우러진 차는 영양분이 매우 풍부할 뿐 아니라 부족한 열량도 보충해 준다.

프랑스인이 차를 마시는 방식은?

프랑스에서 차를 마시는 문화는 황실 귀족과 유한 계층으로부터 시작되었다. 차 중에서도 특히 홍차를 가장 선호하는데, 보통 한 줌의 찻잎이나 티백을 끓는 물에 넣고 설탕이나 우유를 함께 넣어서 마신다.

프랑스인은 평소에 술이나 커피, 과즙 음료 등을 즐기기 때문에 향기로운 차는 매우 흡인력 있는 음료였다. 과거 일부 지역에서는 찻잎에 신선한 계란을 풀고 설탕을 넣은 뒤 뜨거운 물을 부어서 마시기도 하였다. 최근 프랑스에서는 병에 담긴 농축 차액이 많이 유통되고 있는데, 마실 때는 레몬즙이나 오렌지즙 등을 첨가해 마신다. 예를 들면, 농축 차액에 진이나 위스키를 섞어서 청량한 칵테일로 즐기는 것이다.

아르헨티나인이 차를 마시는 방식은?

아르헨티나인은 마테를 일종의 차로 즐겨 마신다. 마테는 마시는 방식이 매우 독특한 편이다. 전통적인 도안이 새겨진 아주 정교한 호리병 형태의 표주박에 마테잎을 넣은 뒤 끓인 물을 붓고 잠시 기다렸다가 마신다. 마테를 우린 음료를 마실 때는 직접 입을 대고 마시지 않는다. 혀로 핥아 먹는 것도 아니다. 마테 음료는 은으로 만든 전용 빨대를 표주박에 꽂아서 천천히 마신다.

아랍인이 차를 마시는 방식은?

아랍인은 예로부터 차와 떼려야 뗄 수 없는 깊은 인연을 맺고 있다. 아랍으로 수입되는 차는 연간 약 27만 톤으로, 전 세계 차 무역량의 26%를 점유하고, 1인당 차 소비량도 연간 1.3kg에 달한다. 특히 아라비아반도 동부의 카타르와 쿠웨이트의 1인당 차 소비량은 세계 최고 수준이다.

카타르인들은 차의 특수한 약리 및 영양 작용을 높이 평가하여, 차를 가장 훌륭한 천연 음료라고 칭한다. 또한 카타르는 현대식의 해수담수화 공장이 건설됨에 따라 차의 소비가 더욱더 촉진되어, 차의 왕국으로 알려진 영국을 뛰어넘어 세계 1인당 차의 소비량이 가장 많은 나라로 급부상하고 있다.

카타르인은 '진하고 신선하며 강한' 풍미의 CTC 홍차를 즐겨 마신다. 차를 우릴(끓일) 때는 설탕이나 우유를 곁들이는데, 보통 아침부터 저녁까지 하루 3~5회 정도 차를 마신다. 대부분의 카타르인은 녹차를 생소하게 생각하며, 카타르에서는 일부 외지의 이슬람교도들만이 녹차를 마신다.

우유와 찻물의 비율은 3 대 2가 가장 적당하다.

이집트인이 차를 마시는 방식은?

이집트는 예로부터 주요한 차 수입국 중의 하나이다. 이집트인들은 농후하고 순수한 홍차를 선호하기 때문에 찻물에 우유를 넣지 않고 대신에 자당(蔗糖)을 넣어 마신다. 자당은 보통 사탕수수에 들어 있는 이당류의 일종이다.

이집트인들이 즐겨 마시는 당차(糖茶)는 만드는 방법이 비교적 간단하다. 찻잎을 찻잔에 넣고 끓인 물을 넣어 우려낸 뒤, 찻물의 3분의 2 정도의 비율로 설탕을 넣는다. 설탕이 모두 녹으면 바로 마실 수 있다. 당차를 입에 넣으면 끈적거리는 느낌이 드는데, 이를 통해 설탕의 농도가 얼마나 높은지 가늠할 수 있다. 일반인들은 당차를 두세 잔 정도 마시면 단맛에 물려서 식욕을 잃기도 한다.

이집트인들은 차를 우리는 도구를 중요시하는데, 일반적으로 도자기로 만들어진 것보다 유리로 만들어진 것을 더 선호한다. 투명한 유리잔에 담긴 붉고 진한 차는 마치 홍마노처럼 매우 아름답다. 이집트인들은 아침부터 저녁까지 차를 마시며, 친구들과 담소를 나누거나 사교적인 모임의 자리에서도 차를 마신다. 당차는 손님을 대접하는 가장 좋은 음료이기도 하다.

말레이시아의 '떼 따릭(The Tarik)'은 어떤 차인가?

말레이시아에서 즐겨 마시는 '떼 따릭(The Tarik)'은 인도로부터 전해졌고, 그 재료는 밀크티와 비슷하다. 떼 따릭을 만드는 기술자는 먼저 차를 잘 배합한 뒤에 두 개의 잔을 사용하여 묘기를 부리듯이 차를 위아래로 옮겨 담는다. 이때 차를 옮겨 담는 잔의 사이가 멀어서 밀크티가 마치 길게 당겨지는 것처럼 보이는데, 굵은 선을 이루며 길게 이어지는 모습으로부터 '떼 따릭(The Tarik)'(길게 당겨서 만든 차)이라는 이름이 유래하였다. 이렇게 '당겨서' 만든 밀크티는 맥주처럼 거품이 풍성하면서도 매우 부드럽다.

떼 따릭은 체기를 내려 주는 효능이 있다고 하여, 말레이시아인들은 여가 시간이 되면 한 잔의 떼 따릭을 즐겨 마시곤 한다.

유리잔에 담긴 홍차는 홍마노처럼 투명하고 아름답다.

터키인이 차를 마시는 방식은?

무더운 여름날이면 터키인들은 녹차 반 잔에 신선한 박하잎 두세 장과 얼음설탕을 넣어서 황녹빛의 박하차를 만들어 마신다. 박하는 감기를 예방하고, 발한과 이뇨를 돕는 효능이 있으며, 청량제로도 사용된다. 녹차와 얼음설탕도 청량감이 높아서 박하와 조화를 이루며 매우 독특한 향미를 선사한다.

터키인은 일상에서의 음료로 박하차를 가장 즐겨 마시며, 특히 찻잎에 대해 높은 기준을 가지고 있다. 박하와 얼음설탕은 그 자체로 맛이 강해서 자칫하면 주객이 전도되는 격으로 찻잎의 맛이 사라질 수 있기 때문이다. 이러한 이유로 터키인들은 중국에서 생산된 주차(珠茶)와 미차(眉茶)를 가장 선호한다. 주차와 미차는 외형이 아름답고 색이 진할 뿐만 아니라 찻잎 표면에 흰 서리처럼 보이는 상(霜)이 있으며, 우린 찻잎은 연한 녹색에 황색빛이 감도는 특징이 있다. 또한 설탕을 넣은 뒤에도 차의 맛이 약해지거나 찻빛이 연해지지 않고, 박하를 넣은 뒤에도 그 향이 흩어지지 않는다.

눈으로 보는 것만으로도 청량감이 느껴지는 박하 녹차는 여름에 마시는 것이 가장 좋다.

17

차와 건강

맑은 차 한 잔은 몸과 마음을 여유롭게 한다. 선인들은 일찍이
이를 시로 읊었는데, 당나라 시대의 시인이자 문학가였던
노동(盧仝, 795~835)은 다음과 같이 노래하였다.

"첫 잔은 목과 입술을 적셔 주고, 둘째 잔은 고독하고 울적한 마음을 씻어 주네.
셋째 잔은 메마른 창자를 찾으니, 오천 권의 문자가 있을 뿐이네.
넷째 잔은 가벼운 땀을 내어, 평생의 불평이 모공에서 모두 흩어지네.
다섯째 잔은 기골(肌骨)이 맑아지고, 여섯째 잔은 신선과 통하게 되네.
일곱째 잔은 마시지도 않았건만, 겨드랑이에서 맑은 바람이 솔솔 이는 듯하네."

차에는 소염, 살균의 작용이 있는가?

찻잎에 함유되어 있는 플라바놀(Flavanols) 성분은 부신(콩팥위샘)의 활동을 촉진시켜 부신수질로부터 에피네프린의 분비량을 증가시킨다. 그로 인해 모세혈관의 투과성이 낮아지면서 혈액의 삼출이 감소됨과 동시에 염증 매개 물질인 히스타민에 대한 뛰어난 억제 작용을 일으킨다. 일종의 호르몬형 소염 작용이다.

차의 플라바놀화합물은 그 자체적으로도 직접적인 소염 효과가 있다. 중국에서는 예로부터 상처가 났을 때 염증이 생기는 것을 방지하기 위해서 찻물을 발라 두는 민간 요법이 전해진다. 또한 찻잎에 함유되어 있는 폴리페놀 성분은 장티푸스의 원인균인 살모넬라 티피(Salmonella typhi), 황색용혈성 포도구균, 이질의 원인균 등에 대한 강력한 살균 작용을 보인다. 그 밖에도 차를 꾸준히 섭취하면 장내의 유해균 억제와 유익균 증식에 도움이 된다.

차에는 항방사선의 효능이 있는가?

방사선이 인체에 미치는 영향 중의 하나로는 조혈 기능 장해로 인한 백혈구 수치의 감소를 들 수 있다. 예를 들면 방사선 항암 치료 과정에서는 환자의 백혈구 수치가 급격히 감소됨에 따라 면역 기능이 저하되어 치료를 지속할 수 없는 경우가 흔히 발생한다.

찻잎에 함유되어 있는 폴리페놀류와 지질다당류, 비타민 C 등은 체내의 면역 기능을 강화시켜 줄 뿐만 아니라, 백혈구 수치를 높이는 데에도 효과적이다. 따라서 찻잎에는 확실히 항방사선의 효능이 있다고 할 수 있다. 현대인들은 진단용 엑스레이 촬영을 비롯해 잦은 컴퓨터의 사용과 TV 시청 등 방사선 노출로 인해 유발되는 질환을 적극적으로 예방할 필요가 있는데, 차를 자주 마시는 것이 훌륭한 대안이 될 수 있다.

차를 마시면 변비를 예방할 수 있는가?

변비는 장의 운동력이 약화되어 수축과 이완의 연동력이 감퇴하면서 발생한다. 찻잎에 함유된 폴리페놀류 물질은 수렴 작용이 있고, 대장의 연동력을 강화시키기 때문에 변비의 치료에 효과적이다.

결명자차는 변비를 예방해 준다.

차에는 항암 효능이 있는가?

최근에는 찻잎의 항암 효능이 새롭게 조명되고 있다. 전문가들은 흰쥐 실험을 통한 연구 결과에서 차를 자주 마시면 암을 예방할 수 있고, 찻잎에 함유되어 있는 물질이 혈액 순환을 거치면서 각 신체 부위의 암세포를 억제 및 파괴시키는 작용을 한다는 사실을 발견하였다.

일본의 한 전문가는 인간을 비롯한 수많은 동물들의 태반에는 암과 돌연변이 유발 물질을 강력하게 제거하는 성분이 들어 있으며, 찻잎에도 그와 같은 종류의 물질이 함유되어 있다는 사실을 밝혀 냈다.

찻잎에 함유되어 있는 타닌 물질(폴리페놀류)에 대한 항암 실험 결과를 통해서도 돌연변이 유발 요인에 대한 억제 효과가 상당히 명확하다는 사실이 드러났다. 그 밖에도 찻잎에 풍부하게 함유되어 있는 비타민 C와 비타민 E 역시 항암의 효능이 뛰어나다. 중국예방의학과학원의 한츠(韓馳) 교수는 연구를 통해 차에 함유된 폴리페놀류와 차색소는 확실히 항암 효과가 있다는 사실을 입증하였다.

항암 효능이 탁월한 울금항암차.

차는 혈압을 낮출 수 있는가?

고혈압은 성인병 중에서도 가장 흔한 질환으로 원발성 고혈압(본태성 고혈압)과 속발성 고혈압(증상성 고혈압)으로 분류되며, 그중에서도 원발성 고혈압 환자가 전체의 약 90%를 차지한다.

원발성 고혈압의 발병 기제에 대해서는 교감신경의 흥분으로 인한 것과 단백질 분해 효소의 일종인 레닌과 혈압 상승 호르몬인 안지오텐신류 물질의 억제로 인해 발생하는 것의 두 가지 관점이 있다.

레닌은 안지오텐신이 비활성안지오텐신 I로 분해되는 과정을 촉진한다. 안지오텐신 I은 다시 전환 효소의 작용을 통해 혈관 수축과 콜레스테롤 분비의 촉진, 혈압 상승을 초래하는 안지오텐신 II로 변환된다. 연구 결과에 의하면, 차에 든 폴리페놀은 안지오텐신 I 전환 효소의 활성화를 명확히 억제함으로써 혈압을 낮추는 효과가 있는 것으로 밝혀졌다. 찻잎에 함유되어 있는 카페인과 폴리페놀도 혈관벽을 이완시켜 혈액 순환을 돕고 혈압을 낮춰 주는 작용을 한다.

맥문동(麥門冬) 죽엽차는 혈압을 낮춰 준다.

차는 노화 방지의 효능이 있는가?

노화의 주된 원인으로는 과잉 생산된 활성산소가 지목된다. 불안정하고 활동성이 강한 활성산소는 체내 지방산의 과산화 작용을 유발하고, 고분자 유기화합물과 세포막을 손상시킨다. 이에 따라 세포가 급격히 변질되고 인체의 대사기능이 떨어지면서 노화가 진행된다. 다시 말해 체내 지질의 과도한 산화를 억제하면 노화를 늦출 수 있는 것이다.

찻잎(주로 녹차)에 함유되어 있는 카테킨류 화합물은 항산화 기능이 비교적 강한 것으로 알려져 있다. 그중에서도 에피갈로카테킨 갈레이트(EGCG)는 비타민 E, 뷰틸하이드록시아니솔(BHA) 등의 효과적인 항산화 물질에 비해 노화 방지의 효능이 더욱 뛰어난 것으로 밝혀졌다. 전문가들에 의하면 하루에 5~10g의 녹차를 장기간 꾸준히 섭취하면 노화를 늦출 수 있다고 한다.

녹차는 차 중에서도 노화 방지의 효능이 가장 뛰어나다.

녹차를 마시면 구취가 없어지는 이유는?

녹차를 마신 뒤에 구취가 없어지는 것은 녹차에 함유되어 있는 플라보노이드 화합물의 특수한 성질 때문이다.

일본의 한 구강전문가는 녹차로부터 6대 화합물(켐페롤과 퀘르세틴 등의 플라본유도체, 아미노산류, 타닌류, 유기산, 퓨린류, 사포닌)의 복합체를 추출하여 신제품 껌을 개발했고, 실험을 통해 껌의 구취 제거 효과가 상당히 우수하다는 사실을 알아냈다. 구강 상태가 껌을 씹기 전에 비해 청결해졌으며, 세균의 증식이 억제되었고, 생리적인 구취(구강 내 상피 조직 등이 효소에 의해 분해되면서 생성된 휘발성 황화물로 인한 구취)도 상당 부분 제거되었다. 이론적으로 보면, 녹차로부터 추출한 화합물은 악취를 유발하는 물질과 만나 에스테르화 반응을 비롯한 각종 화학 반응을 일으킬 뿐만 아니라, 흡착 등의 물리적인 작용도 동반하기 때문에 구취 제거에 탁월한 효과를 발휘하게 되는 것이다.

차를 마시면 중금속 중독을 예방할 수 있는가?

근대 공업의 발전은 생활에 편리함을 가져다주었지만, 한편으로는 심각한 환경오염을 초래하였다. 특히 음식물과 식수에서 초과 검출되고 있는 각종 중금속은 인체에 치명적이다. 예를 들면 체내에 축적된 납은 면역력을 저하시키고, 수은은 신장과 신경계통의 손상을 일으키며, 카드뮴은 골격을 손상시켜 그로 인한 만성질병을 초래한다.

찻잎에 함유되어 있는 폴리페놀류 물질은 이와 같은 중금속과 결합하여 침전물을 생성한 뒤 체내에서 신속하게 배출시키기 때문에 중금속 중독을 예방한다.

염차(鹽茶)는 중금속을 배출하는 효능이 있다.

차는 미용에 좋은가?

차는 갈증 해소와 악취 제거에 효과적일 뿐만 아니라, 건강과 미용의 효능도 매우 뛰어나다. 찻잎에는 테오필린, 카테킨, 아미노산, 지질다당류, 미네랄, 비타민 등의 각종 풍부한 영양 물질과 약리 성분이 다량으로 함유되어 있다. 예를 들면, 100g의 찻잎에는 180mg의 비타민이 함유되어 있는데, 이는 배추의 7배, 바나나의 10배에 해당된다. 비타민 B1은 사과의 6배, 비타민 A는 달걀의 6배에 달한다. 따라서 차는 비타민이 풍부하게 함유되어 있는 훌륭한 미용 제품이라고 할 수 있다.

그 밖에도 찻잎에 함유되어 있는 카테킨은 천연 항산화제로서 과산화물 제거효소를 활성화시켜 활성산소와 과산화지질의 제거를 돕는다. 연구 결과에 의하면, 카테킨은 비타민 C와 비타민 E에 비해 항산화 작용이 뛰어나고, 특히 각종 세균에 대한 저항력과 면역력의 증강에도 탁월한 효과가 있다고 한다. 따라서 차를 자주 마시면 각종 질환의 발병을 감소시키고, 노화도 늦출 수 있다.

차는 미용을 위해 섭취할 수 있을 뿐만 아니라 몸과 두발을 관리하는 용도로 사용할 수도 있다. 목욕할 때 적당량의 찻물을 욕조에 넣으면 몸에서 맑은 차향이 은은하게 지속되고, 피부도 한결 매끄럽고 부드러워진다.

또한 찻물로 머리를 감으면 혈액 순환이 촉진되어 머리가 잘 자라고, 건강하면서도 아름다운 머릿결을 가꿀 수도 있다.

라벤더 홍차는 미용에 도움을 준다.

녹차는 빈혈을 예방할 수 있는가?

녹차에 풍부하게 함유되어 있는 엽산은 빈혈을 예방하는 효능이 있다. 엽산은 퓨린의 유도체이자 비타민 B군의 일종으로, 아미노산과 핵산의 합성에 필수적인 영양소이다. 체내에 엽산이 부족하면 거대적혈모구빈혈증(Megaloblastic anemia)이 발생할 수 있다.

연구 결과에 의하면, 녹차 5잔에 함유되어 있는 엽산의 양은 하루 권장량의 4분의 1에 해당된다고 한다. 찻잎에 함유되어 있는 엽산을 손실 없이 섭취하기 위해서는 끓는 물에 차를 우린 뒤 뚜껑을 잘 덮어 놓고(고급 녹차의 경우에는 뚜껑을 꽉 덮지 않는다), 20분간 그대로 두었다가 마시는 것이 가장 좋다.

차를 마시면 혈당을 낮출 수 있는가?

당뇨병은 고혈당을 특징으로 하는 내분비대사성 질환이다. 인슐린 부족으로 인해 체내 포도당의 이용이 저하되면서 탄수화물, 지방, 단백질 등의 대사에 장애가 생겨 발생한다.

차(특히 녹차)가 혈당을 낮추는 작용을 한다는 사실은 각종 임상실험을 통해 충분히 입증되었다. 또한 찻잎에 함유되어 있는 비타민 C와 비타민 B1도 당분의 대사작용을 촉진한다. 따라서 선천성 당뇨병 환자의 경우 보조 요법의 일환으로 녹차를 자주 마시는 것이 도움이 될 수 있다. 일반인들도 녹차를 자주 마시면 당뇨병을 예방할 수 있다.

감귤잎녹차는 혈당을 낮추는 효능이 있다.

차를 마시면 다이어트의 효과가 있는가?

찻잎에는 지방의 축적을 막아 주는 폴리페놀, 다당복합체, 카페인 등이 함유되어 있어서 혈액 속 중성지방의 농도를 효과적으로 낮춰 준다. 그중에서도 폴리페놀은 주로 세포 내의 콜레스테롤 합성을 억제하고, 다당복합체는 고밀도지단백질의 함량을 높여 주어 간을 통한 콜레스테롤의 배출을 촉진한다. 카페인은 혈관평활근을 이완시켜 혈관의 유효 지름을 넓히고 지방의 분해를 촉진하며, 위산과 소화액의 분비를 돕는다. 또한 찻잎에 함유되어 있는 엽록소는 위장의 콜레스테롤 흡수를 억제한다. 차를 마시면 이러한 요소들이 복합적으로 작용하여 지방을 분해시키고 혈중지질을 낮춰, 결과적으로 비만을 예방할 수 있다.

심장병, 고혈압 환자는 차를 마셔도 좋은가?

심장박동이 비정상적으로 빠르거나 심장 또는 신장의 기능이 약화된 환자들은 일반적으로 진한 농차(濃茶)를 삼가는 것이 좋다. 심장과 신장에 부담이 적은 연한 차를 마시되, 너무 많은 양을 마시지 않도록 주의해야 한다.

반면에 심장박동이 비정상적으로 느린 심장병 환자나 아테롬성 동맥경화, 고혈압 초기의 환자들은 고급 녹차를 자주 마시는 것이 좋다. 녹차는 혈액 순환을 촉진하고 콜레스테롤을 낮춰 주며, 모세혈관의 탄성을 강화하고, 혈액의 항응고성을 높이는 등의 증상 완화에 도움이 되는 작용을 하기 때문이다.

우롱진피매실차는 다이어트의 효능이 있다.

당뇨병 환자는 차를 마셔도 되는가?

당뇨병 환자는 주로 혈당이 높고, 입이 마르고 건조하며, 기력이 저하되는 등의 증세를 보인다. 각종 연구 결과, 차는 혈당을 낮추고, 갈증을 해소시키며, 체력을 강화시키는 등의 효능이 있다는 사실이 이미 입증되었다.

당뇨병 환자는 일반적으로 녹차를 마시는 것이 좋다. 차를 마실 때는 섭취량을 약간 늘릴 수 있고, 찻잎에 함유되어 있는 유효 성분의 농도가 체내에서 충분히 유지되도록 자주 섭취하는 것이 중요하다. 또한 차를 냉침해서 마시는 것이 혈당 억제에 더욱 도움이 되고, 차와 함께 호박으로 만든 음식을 먹으면 효과가 더 좋다. 이러한 식이요법을 1개월 정도 지속하면 증상을 개선시킬 수 있다.

간염 환자는 차를 마셔도 되는가?

현대의 약리학적 연구에 의하면, 찻잎에 함유되어 있는 400여 종의 화학 성분은 방사성 손상 치료와 조혈 기능 보호, 백혈구 증식에 상당한 효능을 보일 뿐만 아니라, 이질, 급성위장염, 급성전염성간염 등 각종 질병의 치료에도 활용될 수 있다고 한다.

한의학적 관점에서는 간염 급성기, 특히 황달성간염의 주요 원인으로 습열(濕熱)이 지목되는데, 차에는 열을 내려 주고 습한 기운을 제거하는 '청열이습(淸熱利濕)'의 효능이 있어 증상 완화에 효과적이다.

간염 환자는 진한 농차는 삼가고, 홍차보다는 녹차를 위주로 마시는 것이 좋다. 홍차는 가공을 거치면서 청열의 효능이 약해지기 때문이다. 또한 차를 마시는 시간대와 섭취량에 주의해야 한다. 특히 식전에는 차를 많이 마실 경우, 위액이 희석되어 소화 기능에 부담을 줄 수 있어 가능한 한 마시지 않도록 한다.

간염 환자는 농도가 연한 녹차를 마시는 것이 좋다.

위 질환 환자는 차를 마셔도 되는가?

위 질환은 원인에 따라 증세가 다양하게 나타나는데, 그중에서도 표층성 위염, 위축성 위염, 위궤양, 위출혈의 발병률이 가장 높다. 일반적으로 위 질환 환자는 약을 복용하는 기간 중에 차를 마시지 않는 것이 좋다. 그러나 약을 복용하고 2시간쯤 지난 뒤에는 농도가 약한 차 또는 설탕이나 우유를 넣은 홍차 정도는 마실 수 있다. 차는 염증을 가라앉히고 위점막을 보호하는 작용을 할 뿐만 아니라 궤양 증상의 완화에도 어느 정도 효과가 있기 때문이다. 또한 발암 물질의 일종인 니트로소화합물이 체내에서 합성되는 것을 저지하는 작용도 한다.

신경쇠약 환자는 차를 마셔도 되는가?

신경쇠약의 주요 증상으로는 수면 장애, 집중력 저하, 무기력증을 들 수 있다. 일반적으로 신경쇠약 환자들은 차의 각성 효과로 인해 수면에 어려움이 있을 것을 우려하여 차를 기피하는 경향이 있다.

그러나 실제로 변증 치료(한의학적 원리에 의하여 병증을 가리고 대책을 세우는 치료 과정)의 관점에서 보면, 밤에 숙면을 취하기 위해서는 낮 동안에 정신을 맑게 유지할 수 있는 방법을 찾는 것이 중요하다.

신경쇠약 환자는 오전에는 화차를 마시고, 오후에는 녹차를 마셔서 정신을 맑게 유지하고, 저녁 무렵에는 차(특히 처음 우려낸 차)를 더 이상 마시지 않고, 잠시 책이나 신문을 읽으면 편안하게 잠자리에 들 수 있다. 여러 날 동안 이와 같은 생활 방식을 유지한다면 증상이 완화될 수 있다.

우유를 넣은 홍차는 위 질환 환자에게 좋다.

요로결석 환자는 차를 마셔도 되는가?

의사들은 요로결석이 있는 환자에게 결석의 배출에 도움이 되도록 물을 많이 마실 것을 권장한다. 일부 환자들은 끓인 물 대신에 차를 마시기도 하는데, 이는 증상의 개선에 도움이 되지 않을 뿐만 아니라 오히려 증상을 악화시킨다.

요로결석의 원인이 되는 물질의 대부분은 옥살산칼슘으로, 식품으로부터 흡수한 옥살산과 칼슘의 양은 결석의 형성에 중대한 영향을 미친다. 따라서 요로결석 환자는 옥살산과 칼슘이 다량으로 함유되어 있는 식품은 섭취를 제한하고, 물을 충분히 마심으로써 결석이 형성되는 것을 방지해야 한다. 찻잎에는 비교적 많은 양의 옥살산이 함유되어 있다. 따라서 요로결석 환자의 경우 차를 적게 마시고, 끓인 물은 많이 마시는 것이 증상 완화에 도움이 된다.

청소년기의 여성이 차를 마실 때 주의해야 할 사항은?

청소년기의 여성은 차를 적게 마시고, 진한 농차는 삼가야 한다. 청소년기는 성장 발육이 왕성한 사춘기로 여성의 경우 초경을 겪게 되는데, 월경량은 대개 매달 10~20㎖에서 많게는 100㎖에 달한다. 월경혈 속에는 헤모글로빈과 메트헤모글로빈, 혈장단백질 등과 같은 인체에 유익한 성분들이 포함되어 있기 때문에 월경을 하는 여성은 평소에 음식물을 통해서 이러한 성분들을 충분히 섭취할 필요가 있다. 그러나 진한 농차는 장 점막에서의 철분 흡수를 방해하기 때문에 청소년기의 여성이 농차를 마시면 철분 결핍성 빈혈이 유발될 가능성이 크다.

어린이는 차를 마셔도 되는가?

대부분의 부모는 자녀에게 차를 주지 않는다. 차가 너무 자극적이고 아이의 입맛에도 맞지 않을 것이라고 생각하기 때문이다. 그러나 알맞은 양의 차를 섭취하는 것은 오히려 아이들의 성장 발달에 도움을 준다. 찻잎에 함유되어 있는 각종 성분은 체내의 소화와 흡수를 돕고, 신체 발육을 촉진하며, 충치를 예방하는 등의 효능이 있기 때문이다. 일반적으로 어린이들은 활동량이 많고 집중력이 약한 편인데, 차를 적당히 마심으로써 자율신경계의 조절 능력을 향상시킬 수도 있다. 또한 배뇨, 살균, 소염 등의 측면에서도 건강에 매우 유익하다.

어린이가 차를 마실 때는 하루에 작은 컵으로 2~3잔(찻잎은 잔당 0.5~2g) 이내가 적당하며, 낮 시간에만 마시고,

어린이가 스스로 차를 우려내고 마실 줄 알면 건강에 유익할 뿐만 아니라 정서적으로도 좋다.

연하게 우려낸 찻물을 따뜻하게 마시는 것이 좋다.

무엇보다도 어린이는 진한 농차를 마시지 않도록 주의해야 한다. 어린이가 농차를 마시면 비정상적인 흥분 상태가 유발되고, 소변 횟수가 잦아지며, 숙면을 취할 수 없게 된다. 또한 농차에 함유되어 있는 다량의 폴리페놀은 식품 중의 철분과 반응하여 체내의 철분 흡수를 방해하고, 결과적으로 철분 결핍성 빈혈을 초래할 수도 있다. 그 밖에도 차를 우려내는 시간이 너무 길어지면, 과다하게 침출된 타닌산이 단백질과 결합하여 침전물을 형성하면서 체내의 소화와 흡수를 저해하고 식욕 부진을 일으킬 가능성이 있다. 결론적으로 어린이가 차를 마실 때는 찻물의 농도와 우리는 시간을 잘 조절해야 하고, 취침 전에는 차를 마시지 않도록 주의해야 한다.

청소년이 차를 마시면 유익한 점은?

오늘날 상당수의 청소년들은 폭식, 편식과 같은 좋지 못한 식습관을 갖고 있고, 그로 인해 소화 불량과 영양 결핍을 초래하기도 한다. 이러한 청소년들에게 적당한 양의 차는 근육의 긴장 완화, 내장 기능의 강화, 소화액 분비의 촉진 등과 같은 작용을 함으로써 잘못된 식습관에서 비롯된 건강상의 문제를 개선하는 데 도움을 줄 수 있다. 또한 차에 함유되어 있는 카페인, 폴리페놀, 비타민 등의 성분은 지방 대사를 조절하여 음식물의 소화와 흡수를 촉진하기도 한다. 더욱이 청소년들은 차를 통해 성장 발육과 신진대사에 필수적인 각종 미네랄 성분을 섭취할 수도 있다.

그 밖에도 사탕과 같은 군것질거리를 즐기는 청소년들은 치아에 문제가 생기기 쉬운데, 차에 풍부하게 함유되어 있는 불소와 폴리페놀 화합물은 치아의 틈새에 세균이 증식하는 것을 억제해 충치 예방에도 도움을 줄 수 있다.

식후 1시간 정도 지나서 차를 마시면 소화를 돕고 충치를 예방할 수 있다.

월경 중에 차를 마셔도 되는가?

월경혈에는 다량의 헤모글로빈과 혈장단백질이 들어 있기 때문에 월경 중인 여성은 헤모글로빈의 주성분인 철분이 풍부하게 함유되어 있는 식품을 충분히 섭취하는 것이 좋다.

그러나 찻잎에는 철분의 흡수를 저해하는 폴리페놀이 30% 이상 함유되어 있고, 더군다나 진한 농차에 들어 있는 다량의 카페인은 신경계통과 심혈관계통에 자극을 줄 수 있다. 또한 월경 중에 차를 너무 많이 마시거나 농차를 마시면, 월경통이 유발되고 월경 기간이 연장되며, 월경혈의 양도 급증할 수 있다. 따라서 월경 중인 여성은 농차를 마시지 않는 것이 좋다.

임산부는 차를 마셔도 되는가?

임산부는 적당량의 차를 마실 수 있다. 단, 진한 농차는 삼가고, 맑고 연한 차를 마시는 것이 좋다. 임산부가 농차를 마시면, 찻잎 중의 카페인 성분이 태아에게도 전달되어 과도한 자극을 주게 되고, 태아의 성장 발육을 억제하기 때문이다. 또한 카페인은 임산부의 심장박동을 증가시키고, 빈뇨를 유발하여 심장과 신장에 부담을 주고, 가슴 두근거림과 불면증을 초래하여 체력이 저하되는 증세를 일으키기도 한다. 따라서 임산부는 차를 적게 마시는 것이 좋다.

수유기의 여성은 차를 마셔도 되는가?

수유기의 여성이 차를 너무 많이 마시거나 농차를 마시면, 카페인의 각성 작용으로 인해 수면을 취하지 못하고, 피로 해소에 어려움을 겪게 된다. 또한 카페인은 모유를 통해 신생아에게도 전달되어서 완전히 발육되지 않은 호흡기와 위장 기관들을 자극하고, 그로 인해 신생아가 이유 없이 우는 경우가 발생하기도 한다. 특히 농차를 야간에 마시면 산모와 아기 모두 수면을 취하기가 힘들어지고, 산모의 기력 회복과 신생아의 성장 발육에도 악영향을 미치게 된다.

또한 농차에 고농도로 함유되어 있는 타닌산은 수렴작용을 일으켜서 산모의 유선 분비를 억제하고, 유즙 분비에도 장애를 일으켜 모유를 통한 영유아의 정상적인 성장 발육을 저해한다.

갱년기의 여성은 차를 마셔도 되는가?

개인마다 편차가 있지만 여성들은 대개 45세를 전후로 갱년기에 들어서기 시작한다. 갱년기의 여성은 월경이 불규칙해지는 것을 비롯하여, 가슴 두근거림, 불면증, 초조, 신경질, 분노 등의 증상을 보인다. 따라서 갱년기의 여성이 차를 너무 많이 마시거나 농차를 마시는 것은 건강에 유익하지 못하다.

노인이 차를 마실 때 주의해야 할 사항은?

노년기에는 차를 적당히 마시면 건강에 유익하지만, 마시는 방법이 잘못되었을 경우에는 오히려 몸에 해롭기 때문에 자신의 건강 상태에 맞게 차를 마시는 것이 무엇보다도 중요하다.

노년기에 접어들면 소화 기능이 점차 감퇴된다. 이때 차를 많이 마시면 위액이 희석되어 음식물의 소화와 흡수를 방해할 뿐만 아니라 위장 질병에도 쉽게 노출될 수 있다. 노인은 카페인 성분에도 민감하기 때문에, 특히 찻물을 우리는 시간과 농도에 주의를 기울여야 한다. 그 밖에도 아침 식사 전에는 위장에 부담을 줄 수 있어 차를 마시지 않는 것이 좋고, 저녁에는 수면에 방해가 되지 않도록 차 대신에 끓인 물을 마시는 것이 좋다.

노인이 너무 많은 양의 차를 마시면 눈이 침침해질 뿐만 아니라, 불면증, 이명, 부정맥, 빈뇨 등의 이상 증세가 나타난다. 심폐 기능이 약한 경우에는 과도한 수분 흡수로 인해 심장에 무리가 가면서 가슴이 두근거리거나 숨이 가빠지는 등의 증상이 나타나기도 하며, 심한 경우에는 심장 쇠약을 유발하거나 악화시킬 수도 있다. 따라서 심장병을 앓는 노인은 맑고 연한 차를 따뜻하게 마시는 것이 가장 좋다.

노인이 농차를 자주 마시면, 차의 타닌산과 음식물에 든 단백질이 결합하여 소화 흡수가 어려운 단백질 덩어리를 형성하면서 변비 증상이 심해질 수도 있다. 또한 차의 이뇨 작용으로 인해 신장에 부담을 줄 뿐만 아니라, 요실금 증상을 악화시켜 더 큰 고통을 초래할 수도 있다.

민들레와 용정차를 혼합한 포공영용정차(蒲公英龍井茶)는
뇌를 건강하게 하고, 눈을 맑게 하는 효능이 있어 노인에게 좋다.

흡연자에게 녹차가 좋은 이유는?

담배의 니코틴 성분은 혈관을 수축시켜서 혈액 순환에 악영향을 미치고, 고혈압을 유발한다. 또한 흡연은 동맥경화를 악화시킬 뿐만 아니라, 체내의 비타민 C 함량을 낮춰 노화를 앞당긴다.

녹차는 담배 연기에 들어 있는 각종 발암 물질로 인한 DNA의 유도변이(誘導變異)를 억제하는 작용을 하고, 꾸준히 섭취하면 면역력을 높여 준다. 따라서 흡연자가 녹차를 마시면 어느 정도의 도움을 받을 수 있다. 그러나 이것은 일종의 보조적인 수단에 불과할 뿐이고, 흡연으로 인한 건강상의 피

맥문동녹차

해를 막을 수는 없다. 근본적으로 건강을 위해서는 금연을 하는 것이 가장 좋은 선택이다.

컴퓨터 작업자에게 녹차가 좋은 이유는?

컴퓨터에서는 몸에 해로운 전자파가 방출되어 장시간 사용하면 건강을 해칠 수 있는데, 이때 녹차를 마시는 것이 도움이 될 수 있다.

찻잎에는 주로 폴리페놀, 지방다당체, 비타민, 시스틴 등의 방사선 저항 작용이 뛰어난 물질

들이 함유되어 있다. 연구 결과, 10μg/ml의 폴리페놀은 200μg/ml의 비타민 E에 해당하는 항방사선 작용을 한다는 사실이 입증되었다. 한 실험에서는 찻잎에서 추출한 폴리페놀류 물질을 흰 쥐에게 투입한 뒤, 치사량에 달하는 방사성 스트론튬 90(90Sr)에 노출시켰다. 그 결과, 찻잎의 폴리페놀류 물질이 그중의 90%를 흡수하였고, 그 속도도 동위원소가 흰쥐의 골격에 도달하는 속도보다 빠르다는 사실을 밝혀 냈다. 이를 통해 찻잎의 폴리페놀류 물질은 생물체가 방사선을 흡수하는 위험성을 크게 줄이고, 체내에 누적된 스트론튬 90(90Sr)의 양도 낮춘다는 사실이 입증되었다. 차의 성분이 방사선 손상의 억제에 관해 작용하는 기제에 대해서는 보다 심층적인 연구가 필요하지만, 다수의 임상 실험을 통해 그 효과는 명확하게 입증되었다.

업무 중에 녹차를 마시면 방사선에 대한 걱정이 줄어들고 마음이 여유로워진다.

녹차는 어떤 업종에 종사하는 사람에게 좋은가?

일반적으로 녹차는 주로 앉아서 근무하는 사무직 종사자들에게 적합하다. 녹차를 마시면 머리가 맑아질 뿐만 아니라, 한방에서 말하는 서근활락(舒筋活絡), 즉 근육이 이완되고 경락이 소통되는 효능이 있어서 사고력과 판단력, 기억력을 높일 수 있다. 육체 노동자나 야외 근무자들도 녹차를 마시는 것이 좋다. 녹차가 두뇌 회전을 돕고, 체액 조절과 피부 보호에 도움을 주기 때문이다. 유독성 물질이나 방사선, 생물학적 제제(製劑)를 자주 접하는 근로자나 장시간 동안 컴퓨터를 사용하는 IT 업계 종사자들도 방사선이나 전자파 등의 물질로부터 건강을 지키기 위해서는 녹차를 마시는 것이 좋다.

차를 적게 마셔야 하는 경우는?

차를 마시는 것은 일반적으로 인체에 매우 유익하지만, 일부 특수한 경우에는 신중을 기해야 한다.

① 노약자는 차를 적게 마셔야 한다.

② 일부 질환이 있는 환자들은 차를 마실 때 주의해야 한다. 의학전문가들은 심각한 동맥경화, 고혈압, 궤양, 발열 증상이 있는 환자들은 신중하게 차를 섭취해야 한다고 권고한다.

③ 임산부는 차를 적게 마셔야 한다. 차에 들어 있는 카페인이 태아에게 자극을 주어 정상적인 성장 발육에 악영향을 줄 수 있기 때문이다.

다이어트에 도움이 되는 차는?

우롱차와 보이차가 지방을 낮추고 체중 감량에 효과적이라는 것은 널리 알려져 있는 사실이다. 그러나 현재 시장에서는 색다른 다이어트차로 티백 보건차가 각광을 받고 있다. 티백 보건차는 찻잎을 베이스로 하여, 결명자, 아가위, 연잎 등의 다양한 한약재를 배합하여 제조한 것이다. 대표적인 제품으로는 영홍감비차(寧紅減肥茶), 건미감비차(健美減肥茶), 칠주건미차(七珠健美茶), 상해건미차(上海健美茶) 등이 있다. 티백 보건차는 간편하게 마실 수 있는 장점이 있지만 제품마다 적용되는 증상이 다르고, 사람에 따라서 다이어트 효과에 차이를 보이기도 한다.

연령대에 맞게 차를 마시려면?

일반적으로 여성과 아동은 연하게 우려낸 녹차와 화차를 마시는 것이 좋다. 노인은 따뜻한 성질의 홍차를 마시는 것이 가장 좋고, 적당량의 녹차와 화차를 마시는 것도 좋다. 신체 발육이 왕성한 청소년은 영양분이 풍부한 녹차를 마시는 것이 도움이 된다. 건강한 중년은 적당량의 차를 취향에 맞게 마실 수 있다.

염장 식품을 먹은 뒤에 차를 마셔도 좋은가?

김치, 장아찌, 절인 고기, 포자반, 햄 등과 같이 소금에 절여 만든 염장 식품에는 대부분 많은 양의 질산염이 함유되어 있다. 질산염 성분은 때때로 발암성이 있는 제2급 아민과 반응하여 1급 발암 물질의 일종인 니트로소아민을 생성하기도 한다. 찻잎에 들어 있는 카테킨류 물질은 이러한 니트로소아민의 합성을 억제하기 때문에 염장 식품을 섭취한 뒤에는 카테킨이 풍부하게 함유되어 있는 고급 녹차를 마시는 것이 좋다. 녹차는 면역력을 강화시키는 효능도 있어서 여러모로 건강에 유익하다.

차를 사용하여 다크서클을 완화시키는 방법은?

눈 밑의 다크서클은 수면 부족을 비롯한 다양한 요인에 의해 발생되기 때문에 먼저 근본적인 원인을 찾아내어 치료하고 예방해야 한다. 일반적으로는 충분한 휴식과 수면을 취하고, 균형 잡힌 식사를 하며, 규칙적인 운동을 함으로써 다크서클을 완화시킬 수 있다. 또한 신선한 공기를 자주 접하여 스트레스를 해소하고, 직사광선에 노출되지 않도록 주의한다면 다크서클의 원인이 되는 멜라닌 색소의 침착도 줄일 수 있다.

찻잎으로 다크서클을 완화시키는 가장 간단한 방법은 티백을 차가운 물에 적신 뒤 양쪽 눈 위에 하나씩 올려놓고, 15분간 그대로 두는 것이다. 그 밖에도 깨끗한 손수건으로 얼음을 감싼 뒤 다크서클이 있는 부위에 올려 두는 방법도 있다. 이렇게 꾸준히 관리하면 다크서클이 완화되는 효과를 볼 수 있다.

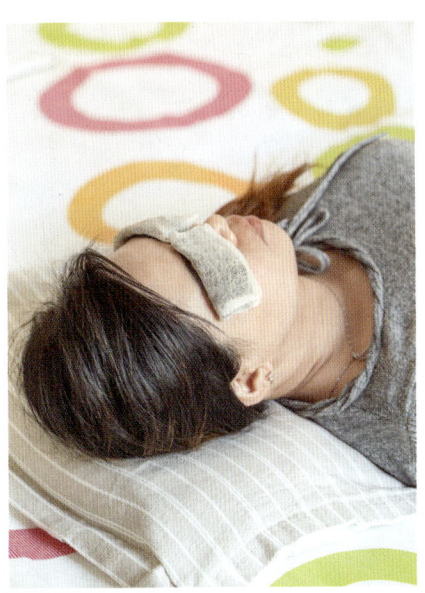

차가운 물에 적신 티백을 눈 위에 올려놓으면, 다크서클을 완화시킬 수 있다.

농차를 마시는 것은 몸에 해로운가?

농차는 정량 이상의 찻잎을 넣어서 우린 찻물을 말한다. 농차를 마실 때는 몇 가지 주의해야 할 사항이 있다. 예를 들면 농차는 밤에 마시면 수면을 취하기 힘들어진다. 또한 심장병이나 위궤양, 신경쇠약 등의 증세가 있거나 허약체질로 위가 차가운 사람은 농차를 마시면 증상이 악화될 수도 있다. 공복에 농차를 마시면 위에 부담을 주고, 심지어는 가슴 두근거림과 구역질을 동반하는 '차에 취하는' 증세가 나타날 수도 있다.

개완의 3분의 1 이상 찻잎을 넣으면, 농차가 쉽게 완성된다.

그러나 적당한 농도의 농차는 열을 내리고 독을 없애며, 폐를 윤택하게 하고 가래를 삭힌다. 또한 심장 기능을 강화시키고 이뇨 작용을 촉진하며, 숙취를 해소시킨다. 따라서 한방에서 말하는 '습열증(濕熱證)'이 있거나 흡연과 음주가 지나친 사람에게는 농차가 큰 도움이 될 수 있다. 그 밖에도 농차는 기름진 음식을 먹고 난 뒤의 느끼함을 없애 주고 소화를 촉진한다. 구강에 염증이 있거나 목이 부어서 통증이 있는 사람들도 농차를 마시면 소염 및 살균 작용을 통해 증상을 완화시킬 수 있다.

차를 마시면 치아가 변색되는 이유는?

장기간 진한 농차를 마시면 찻잎에 들어 있는 폴리페놀류 산화물이 치아의 표면에 부착되어서, 차호나 찻잔을 장기간 세척하지 않았을 때 '차때'가 끼는 것처럼 치아가 점차 노랗게 변색될 수 있다.

농차를 즐기면서 흡연까지 하는 사람이 치아의 변색을 막기 위해 양치질을 자주 하는 것은 큰 의미가 없다고 할 수 있다. 평소에 차를 즐기는 비흡연자의 경우에는 아침저녁으로 양치질을 꼼꼼히 하고, 적당량의 과일을 자주 섭취해 주면 치아가 변색되는 일은 발생하지 않을 것이다.

녹차는 폴리페놀의 함유량이 높아서 다른 차에 비해 치아가 쉽게 변색될 수 있다.

눅눅해진 찻잎으로 차를 우려내 마셔도 되는가?

찻잎이 눅눅해졌다면 우선 찻잎의 상태를 살펴보아야 한다. 습기를 머금은 기간이 짧아서 찻잎이 아직 변질되지 않은 경우에는 약한 불에 말리거나 덖어서 습기를 제거하면 차를 우려내 마실 수 있다. 다만 찻빛이 황색으로 변하거나 향기가 낮아지는 등 품질이 저하되었을 가능성이 크다. 습기를 머금은 기간이 길어서 찻잎이 이미 변질되었고, 심지어 곰팡이가 슬었다면 이러한 찻잎은 손을 쓸 수 없는 상태이기 때문에 차로 우려내서는 안 된다.

습기로 눅눅해진 찻잎의 모습.

과도하게 덖거나 곰팡이가 슨 차를 먹으면 안 되는 이유는?

과도하게 덖은 차는 음식물이 탔을 때와 마찬가지로 벤조에이피렌이 생성되었을 가능성이 크다. 벤조에이피렌은 체내에 장기간 축적될 경우 암을 유발하는 1급 발암성 물질이기 때문에 이러한 차는 마시지 않는 것이 좋다. 일반적으로 경미하게 탄 차는 일정 기간 동안 잘 보관하면 탄내가 자연히 없어지거나 약해진다. 이때 벤조에이피렌의 함량을 검측하여 식품허용기준치 이내일 경우에는 차를 마실 수 있다.

곰팡이가 슨 차는 마실 수 없다. 햇볕에 쬐어 바람에 말린 뒤 마시면 된다고 생각하는 경우가 종종 있는데, 이는 굉장히 위험한 발상이다. 곰팡이가 슨 차에는 각종 유해한 진균들이 이미 번식하여 다량의 독소가 분비되어 있는 상태이기 때문이다. 이렇게 변질된 차를 마시면, 복통, 설사, 현기증 등의 증세가 나타나고, 심각한 경우에는 일부 장기에 손상을 입히고 질병을 유발할 수도 있다. 단, 벽라춘이나 모봉과 같은 아주 가늘고 연한 차들은 백호, 즉 흰색의 솜털로 뒤덮여 있는데, 이러한 백호를 찻잎에 생긴 곰팡이로 오해하지 않도록 주의해야 한다. 품질이 우수한 녹차에 대해 아직 이해가 부족하다면 판단에 더욱더 각별한 주의를 기울여야 한다.

하루 동안 여러 종류의 차를 즐기는 방법은?

차를 잘 알고 즐기는 사람들은 하루 동안 알맞은 종류의 차를 시간대별로 배분하여 마신다. 이른 아침에는 연하게 우려낸 고급 녹차 한 잔으로 머리와 마음을 맑게 하고, 오전에는 향긋한 말리화차 한 잔으로 업무의 능률을 높인다. 오후에는 홍차 한 잔으로 피로를 해소하고, 늦은 오후에는 밀크티나 고급 녹차에 다과를 곁들여서 영양을 보충한다. 저녁에는 친지들과 함께 모여서 차호에 우롱차를 우려내 담소를 나누면서 마시며 여유를 즐긴다.

차를 마시면서 식사를 해도 되는가?

식사 중에는 최대한 차를 마시지 않도록 해야 한다. 찻물이 위액을 희석시키고, 찻물에 함유되어 있는 각종 성분이 음식물에 든 단백질과 반응하여 소화에 영향을 주기 때문이다. 특히 콩제품을 먹을 때는 더욱더 주의를 기울여야 한다.

오후에는 홍차를 마시는 것이 좋다.

식후에 곧바로 차를 마셔도 되는가?

느끼한 음식을 너무 많이 먹었을 때 곧바로 차, 특히 농차를 마시는 것은 바람직하지 못한 행동이다.

음식물이 식도를 지나 위에 들어오면 체내에서는 소화 과정의 첫 단계로 대량의 위산이 분비된다. 위산의 주성분은 염산으로 펩시노겐(소화 효소인 펩신의 전구 물질)의 활성을 촉진하고, 각종 병원균을 사멸시키는 역할을 한다. 식사를 한 뒤에 곧바로 차를 마시면 위산의 농도가 희석되고, 그로 인해 소화 효소의 활성이 저해되어서 음식물이 충분히 소화되지 못한 채 십이지장으로 넘어가게 된다. 이는 위에 부담을 줄 뿐 아니라 십이지장에서 이루어지는 영양분의 흡수도 방해하는데, 이렇게 장기간 반복될 경우에는 위장 등의 소화 기관에 질환을 일으킬 수도 있다. 또한 식후 바로 마시는 차는 위장에서의 철 성분 흡수도 저해한다. 따라서 식사를 한 뒤에는 한 시간 정도 지나서 차를 마시는 것이 가장 좋다.

식전과 식후에 차를 마시는 좋은 방법은?

식전에는 보이차나 홍차를 마시는 것이 좋다. 공복 상태에서 자극성이 강한 차를 마시면, 가슴 두근거림, 어지러움, 눈의 침침함, 신경질 등의 증세가 나타나고, 혈당이 낮아져서 더욱더 허기진 느낌이 들기 때문이다. 동시에 홍차와 보이차의 진한 붉은빛과 은은한 향기는 식욕을 돋워주는 작용도 한다. 식후에는 향이 강한 우롱차나 녹차, 화차 등을 마시는 것이 좋다.

무엇보다도 차를 마실 때는 식전이나 식후를 불문하고 식사 시간으로부터 한 시간 정도 여유를 두어야 건강에 도움이 된다.

하루에 차를 마시는 적당량은?

차를 마시는 양은 개인의 취향, 연령대, 건강 상태, 생활 환경, 업무 성격, 풍속 등의 여건을 고려하여 결정한다.

① 평소에 차를 즐기는 건강한 성인의 경우에는 하루에 10~15g의 차(매회 3~5g정도)를 마실 수 있다.

② 육체 노동직에 종사하는 사람은 체력의 소모가 많고 식사량도 많기 때문에 하루에 15~20g 의 차를 마실 수 있다. 고온의 환경에서 일하는 경우에는 차의 양을 적당히 늘리도록 한다.

③ 소고기나 양고기가 주식인 경우에는 고기를 섭취하는 양에 따라 차의 양도 조절할 수 있다.

④ 허약체질이나 신경쇠약증이 있는 사람은 하루에 3~5g의 차를 마시는 것이 적당하다. 공복 상태나 저녁 무렵에는 숙면을 위해 차를 마시지 않는 것이 좋다.

⑤ 방사선 및 기타 유독성 물질을 자주 접하는 사람들은 자기 방어의 방편으로 하루에 10~15g 의 차를 마실 수 있다.

그 밖에도 기름진 음식을 많이 섭취하거나 흡연 또는 음주량이 많은 경우에도 차의 양을 적당히 늘릴 수 있다. 임산부와 아동, 신경쇠약자, 심장 박동이 비정상적으로 빠른 환자들은 차의 양을 줄이는 것이 좋다.

식전에는 홍차를 마시는 것이 좋다.

식후에는 우롱차를 마시는 것이 좋다.

식후에 차로 입을 헹구면 좋은가?

식후에 치아 사이에 남아 있는 음식 찌꺼기는 효소와 세균의 작용으로 인해 단백질 독소, 아질산염 등의 발암 물질을 발생시키는 원인이 된다. 이러한 발암 물질은 구강 운동을 통해 소화 기관으로 전해져서 인체에 해를 끼친다.

그러나 식후에 찻물로 입을 헹궈 내면, 찻물에 들어 있는 불소 이온과 폴리페놀 성분이 구강 내 세균의 성장을 억제하고, 염증을 가라앉히며, 대장균이나 포도상구균 등의 번식을 억제한다. 또한 치아 사이에 낀 고기 찌꺼기를 수축시켜 치아로부터 빠져 나오게 한다. 이처럼 식후에 찻물로 입안을 헹구는 일은 건강에 유익하다. 특히 기름진 음식을 많이 먹었을 때는 더욱더 효과적이다.

당나라의 저명한 의학자인 손사막(孫思邈, 581~682)은 향년 102세로 생을 마쳤는데, 그의 생전에 어떤 사람이 '장수의 비법'을 물은 적이 있다. 그는 '음식을 절제하고, 잘게 씹고 천천히 넘기며, 과식하지 않고, 술을 과음하지 않고, 식후에는 차로 입을 헹군다'는 등의 장수의 비법을 전해 주었다고 한다. 이러한 일화를 통해서도 식후에 차로 입을 헹구는 일은 건강과 장수에 유익하다는 것을 알 수 있다.

차와 음식을 페어링하는 좋은 방법은?

차에 함유되어 있는 수많은 성분들은 음식물과 섞여 반응하면서 다양한 작용을 일으킨다. 따라서 차를 마시는 사람은 차와 음식이 서로 페어링되었을 때 어떠한 작용을 일으키는지에 대해 충분히 인식하고 있어야 한다.

예를 들면, 우육면(牛肉面)을 먹을 때는 녹차나 포종차를 마시는 것이 좋다. 우육면은 소고기와 사골을 넣고 오래 끓인 육수에 면을 넣은 중국 요리로 칼로리가 높고 대체로 매운 맛이 난다. 먹고 난 뒤에는 몸이 더워지고 머리에서는 땀이 나는데, 이때는 비교적 맑고 차가운 성질의 녹차나 포종차를 마셔야 균형을 맞출 수 있다. 닭고기나 오리고기를 먹을 때는 우롱차를 마시면 맛이 조화를 이루고 풍미가 탁월하다. 칼슘과 인이 풍부한 해산물을 먹을 때는 차를 마시지 않는 것이 좋다. 차에 함유된 옥살산이 음식물 중의 칼슘, 인과 반응하여 옥살산칼슘의 결석을 형성하고, 체내에 축적될 경우 쉽게 배출되지 않으며, 장기적으로 건강에 해를 끼치기 때문이다.

우롱차를 마시면 오리고기나 닭고기를 먹고 난 뒤의 느끼함을 없앨 수 있다.

하룻밤이 지난 차를 마셔도 되는가?

음식물 속에 든 질산염이나 아질산염류의 성분은 특정한 조건에서 제2급 아민과 반응하여 발암 물질의 일종인 니트로소아민을 형성한다. 일각에서는 하룻밤이 지난 차에도 이러한 아질산염이 생성되어 암을 유발할 수 있다고도 한다.

그러나 실제로 차에 생기는 아질산염은 극히 소량에 불과하며, 니트로소아민으로 전환되기 전까지는 암을 유발하지 않는다. 또한 차에 든 풍부한 폴리페놀과 비타민 C는 니트로소아민의 합성을 억제하기 때문에 하룻밤이 지난 차라도 변질되지 않았다면 마시는 데 아무런 문제가 없다. 물론 하룻밤이 지난 차를 마시라고 권장하는 것은 결코 아니다. 대부분의 음료는 신선한 상태에 마시는 것이 가장 좋고, 차도 예외는 아니기 때문이다. 차는 우린 뒤에 즉시 마시는 것이 가장 좋다.

마시고 남은 차는 다음 날까지 보관하지 않고 수우에 쏟아 버리는 것이 좋다.

물 대신에 차로 약을 복용해도 되는가?

중의학에서는 한약을 복용할 때 차를 마시는 일을 금기한다. 찻잎에 함유되어 있는 카페인, 테오필린, 폴리페놀, 테오브로민 등의 물질이 일부 약물 성분과 반응하여 약효에 영향을 줄 수 있기 때문이다.

물 대신에 차로 양약을 복용하면 안 되는 것도 같은 원리이다. 바르비탈, 디아제팜 등의 중추신경 억제제는 차에 들어 있는 카페인, 테오필린 등과 충돌을 일으켜서, 약물의 수면 및 진정 작용에 영향을 준다. 또한 심혈관 질환이나 신장염 증세를 앓는 환자가 복용하는 페르산틴은 차에 든 카페인과 반응하여 약효가 떨어진다. 중탄산나트륨의 경우에는 소다 성분이 폴리페놀과 화학 반응을 일으키면서 분해되어 아예 약효가 사라지기도 한다. 클로르프로마진 등을 비롯한 각종 항생 물질들도 차에 든 폴리페놀과 결합하여 불용성 침전물을 생성하면서 약물의 흡수를 방해한다.

결론적으로 말하면, 특별히 차와 함께 약을 복용해야 한다는 의사의 처방이 없는 한, 차와 함께 약을 복용하거나 약을 복용한 뒤에 차를 마시는 행동은 하지 않는 것이 좋다.

환으로 된 한약도 차와 함께 복용하지 않도록 한다.

차를 마시고 취할 수도 있는가?

차를 가끔 마시거나 공복에 많은 양의 차 또는 진한 농차를 마시면, 눈이 침침해지는 증상을 비롯해 가슴 두근거림, 두통, 전신 피로, 위장 장애 등의 '차취(茶醉)', 즉 차에 취하는 증세가 나타날 수 있다. 차취 현상은 찻물이 위액의 분비를 억제하고 소화를 방해하여 체내의 소화 기관에 부담을 주면서 발생한다. 이러한 증세가 있을 때는 사탕을 먹거나 설탕물을 마시는 것이 좋고, 약간의 죽을 먹으면 보다 더 효과적으로 증세를 완화시킬 수 있다.

차때는 몸에 해로운가?

차를 마시다 보면 차구에 종종 차때가 끼는데, 일반적으로 그 위험성에 대해서는 경각심이 낮은 듯하다.

차구 안쪽에 생긴 차때에는 카드뮴, 납, 수은 등의 금속성 물질이 포함되어 있고, 즉시 제거하지 않으면 차를 마실 때 체내로 흡수될 수 있다. 체내에 흡수된 금속성 물질은 음식물 속의 단백질, 지방, 비타민 등의 영양 성분과 반응하여 불용성 침전물을 생성하면서 영양분의 흡수를 방해한다. 또한 신경, 소화, 비뇨, 조혈 기관의 기능에 장애를 일으키고, 병증을 유발할 수도 있다. 따라서 평소에 차구 안쪽을 자주 점검하고 차때가 끼었을 경우에는 건강에 악영향을 주지 않도록 즉시 제거해야 한다.

열이 날 때 차를 마셔도 되는가?

중국에는 감기에 걸려서 열이 날 때 차를 마시는 풍속이 있다. 그러나 과학적으로 볼 때 열이 날 때 차를 마시는 것은 증상의 완화에 도움이 되지 않는다. 오히려 차에 함유되어 있는 테오필린과 타닌산은 열이 나는 환자에게 해로운 작용을 일으킨다. 테오필린은 혈액 순환에 관여하여 혈압을 상승시키기 때문에 열이 나는 환자가 차를 마시면 체온이 높아지게 된다. 또한 타닌산은 수렴 작용이 있기 때문에 땀의 배출에 직접적인 영향을 주어서 정상적인 열의 발산을 방해한다. 따라서 열이 나는 환자는 차를 마시지 않도록 주의해야 한다.

계절에 따라 차를 선택하는 적당한 방법은?

인체는 사계절의 기후 변화에 영향을 받는다. 따라서 차를 마실 때도 계절의 변화에 따라 알맞은 종류의 차를 마시는 것이 좋다.

봄은 몸에 생기가 넘치고 에너지가 발산되는 시기로, 향긋한 화차를 마시는 것이 좋다. 겨우내 체내에 축적된 한기를 발산시키고, 양기가 돌게 하며, 춘곤증을 없애 줄 수 있기 때문이다.

여름은 몸에서 땀이 많이 나면서 진액이 소모되는 시기로, 맛이 쓰고 성질이 찬 녹차를 마시는 것이 좋다. 녹차는 열을 내려 더위를 가시게 하고, 해독 작용을 하며, 갈증을 해소시킨다. 또한 녹차에는 폴리페놀, 카페인, 아미노산 등이 함유되어 있어서, 구강 점막을 자극하고 소화선의 분비를 촉진하며 진액을 생성한다. 녹차에 항백국이나 금은화 또는 레몬즙이나 박하즙을 몇 방울 떨어뜨리면 청량감을 배가시킬 수 있다. 그 밖에 고정차(苦丁茶)도 녹차와 비슷한 효능이 있기 때문에 여름에 마시기에 적합하다.

가을은 몸의 진액이 아직 균형을 회복하지 못한 시기이다. 주로 철관음, 봉황단총 등의 우롱차를 마시는 것이 좋다. 우롱차는 부분 산화차에 속하여서 그 성질이 차거나 덥지 않기 때문에 인체에 남아 있는 열기를 해소시키고, 진액의 균형을 회복시켜 가을철에 앓는 열성 질병인 '추조(秋燥)'를 예방해 준다. 또한 홍차와 녹차를 섞어서 마실 수도 있는데, 열을 내리고 더위를 가시게 하며, 가래를 삭히는 효능도 있어서 가을철에 마시기에 매우 좋다.

겨울은 몸에 음기가 가장 극성한 시기로, 성질이 따뜻한 홍차와 보이차를 마시는 것이 가장 이상적이다. 특히 단백질이 풍부하게 함유된 홍차는 소화를 돕고, 건강에 이로우며, 한기를 막아 주고, 면역력을 높여 주기도 한다.

봄에는 말리화차.

여름에는 금은화녹차.

가을에는 봉황단총.

겨울에는 홍차.

글로벌 시대에 맞는 티 전문가의 양성을 책임지는
한국티소믈리에연구원

한국티소믈리에연구원은 국내 최초의 티(tea) 전문가 교육 및 연구 기관이다. 티(tea)에 대한 전반적인 이론 교육과 함께 티 테이스팅을 통하여 다양한 맛을 배워 가는 과정으로 창의적인 티소믈리에와 티블렌딩 전문가를 양성하는 데 주력하고 있다.

티소믈리에는 고객의 기호를 파악하고 티를 추천하여 주거나 고객이 요청한 티에 대한 특성과 배경을 바로 알아 고객에게 추천하는 역할을 한다. 티블렌딩 전문가는 티의 맛과 향의 특성을 바로 알아 새로운 블렌딩티(Blending tea)를 만들 수 있는 전문가적 지식과 경험이 필요하다.

티소믈리에, 티블렌딩 교육 과정은 1급, 2급 자격증 과정과 골드 과정을 운영하고 있다. 사단법인 한국티(TEA)협회와 한국티소믈리에연구원이 공동으로 주관하고, 한국직업능력개발원이 공증하는 1급, 2급 자격증은 단계별 프로그램을 이수한 후 자격시험 응시가 가능하다. 골드 과정은 티소믈리에, 티블렌딩 1급 수료자를 대상으로 한 티 전문가 교육 과정이다. 골드 과정은 각 교육 과정의 깊이 있는 연구를 통해 티 전문가로서 갖춰야 할 전문 교육 프로그램을 이수하여 강사로 활동하거나 지식과 경험을 통합하여 티(TEA)비즈니스에 대해 이해할 수 있는 프로그램으로 티 산업의 다양한 영역에서 활동할 수 있도록 한다.

현재 한국티소믈리에연구원은 본원에서 교육 및 연구를 진행하고 R&D센터에서 교육 및 응용, 개발을 실시하고 있으며, 지금까지 수많은 티 전문가들을 배출해 왔다.

사단법인 한국티(TEA)협회 인증

티소믈리에 & 티블렌딩 & 티베리에이션 교육 과정 소개

- 티소믈리에 1급, 2급 자격증.
  - 사단법인 한국티협회와 한국티소믈리에연구원이 공동으로 주관.

- 티소믈리에 1급, 2급 자격증 과정
  - 티소믈리에 2급
  - 티소믈리에 1급

- 티소믈리에 골드 과정
  - 강사 양성 과정, 티 비즈니스의 이해 과정

- 티블렌딩 1급, 2급 자격증 과정
  - 티블렌딩 2급
  - 티블렌딩 1급

- 티블렌딩 골드 과정
  - 강사 양성 과정, 티블렌딩 응용 개발 과정.

- 티베리에이션 교육 과정
  - 티베리에이션 1급
  - 티베리에이션 2급

한국 티소믈리에 연구원

출간 도서

티 세계의 입문을 위한
국내 최초의 '티 개론서'

티의 역사·테루아·
재배종·티테이스팅 등

전 세계 티의 기원, 산지,
생산, 향미, 테이스팅을
과학적으로 체계화한 개론서이다!

티소믈리에가 만드는
티칵테일

티·허브·스피릿츠, 그 절묘한 믹솔로지!

역사상 가장 오래된 두 음료, 티와 칵테일을
셰이킹해 티칵테일을 만드는 실전 가이드!
다양한 향미의 티와 허브, 생과일,
칵테일의 환상적인 셰이킹을 소개한다.

세계 티의 이해
Introduction to tea of world

세상의 모든 티, 티의 역사와 문화,
티를 즐기는 세계인, 티 여행 명소,
다양한 티 레시피,
그리고 그 밖의 모든 티들을 소개한다.

티 아틀라스
WORLD ATLAS OF TEA

티 세계의 로드맵!
'커피 아틀라스'에 이은
〈월드 아틀라스〉 시리즈 제2권!

전 세계 5대륙, 30개국에 달하는
티 생산국들의 테루아, 역사, 문화
그리고 세계적인 티 브랜드들을 소개한다.

기초부터 배우는
101가지의 힐링 허브티

사단법인 한국티협회 '티블렌딩 과정' 지정 부교재

현대인들의 몸과 마음의 건강을 위한
힐링 허브티 블렌딩의 목적별, 상황별 101가지
레시피를 소개한다.

THE BIG BOOK OF KOMBUCHA
콤부차

북미, 유럽을 강타한 콤부차인 DIY 안내서!

이 책은 왜 콤부차인가에서부터 콤부차의 발효법,
다양한 가향·가미법, 콤부차의 요리법, 콤부차의 역사를
상세히 소개한다.

HERBS & SPICES
THE COOK'S REFERENCE

세계 허브 & 스파이스 대사전!

이 책은 총 283종의 허브 및 스파이스의
화려한 사진과 함께 향미, 사용법, 재배 방법 등을
완벽히 소개한 결정판!

기초부터 배우는 보이차
사단법인 한국티협회

'보이차(普洱茶) 마스트 과정' 지정 교재

최근 '발효차', '다이어트' 등을 키워드로
건강차의 열풍을 일으키고 있는 보이차(普洱茶) 세계의
입문자들을 위한 길라잡이 도서!

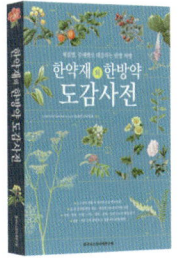

체질별, 증세별로 대응하는 한방 처방
한약재와 한방약 도감 사전

119종의 생활 속 한약재 도감 백과사전!

26종 증상별 변증 치료, 체질별 298종의 한방 처방,
내용, 외용 상비 한방약 등 생활 속의 한방의학!

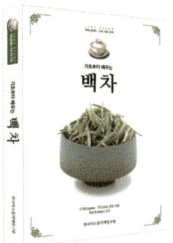

기초부터 배우는 백차
사단법인 한국티협회

'백차(白茶)' 교육 지정 교재

당송(唐宋) 시대 차의 원류에서 오늘날에 이르는
'중국 백차(白茶) 연대기'이자, 백차(白茶)의 개념과 유래,
백차 향의 기원과 저장 방법, 건강 효능,
그리고 우리는 방법까지 소개한 백차의 백과사전!

**한국
티소믈리에
연구원**

출간 교재

**대한민국 No. 1,
티 교육 및
전문 연구 기관**

**사단법인
한국티협회 인증**

티소믈리에 1급, 2급 자격 과정 교재

티소믈리에 이해 1 _ 입문

티소믈리에 2급 자격 과정 교재

티의 정의에서부터 티 테이스팅의 이해,
티의 역사, 식물학, 티의 다양한 분류,
허브티, 블렌디드 허브티 등의
교육을 위한 개론서.

티소믈리에 이해 2 _ 심화_산지별 I

티소믈리에 2급 자격 과정 교재

홍차의 이해에서부터 인도 홍차,
스리랑카 홍차, 다국적 홍차, 중국 홍차,
중국 흑차(보이차) 등의
교육을 위한 심화 교재.

티소믈리에 이해 3 _ 심화_산지별 II

티소믈리에 1급 자격 과정 교재

녹차의 이해에서부터 중국 녹차,
일본 녹차, 우리나라 녹차, 중국 청차(우롱차),
타이완 청차(우롱차), 백차, 황차 등의
교육을 위한 심화 교재.

티소믈리에 이해 4 _ 심화_올팩토리

티소믈리에 1급 자격 과정 교재

커핑(테이스팅)의 방법에서부터
식품 관능 검사, 맛의 생리학,
감각의 표현 기술, 올팩토리 등의
교육을 위한 심화 교재.

티블렌딩 1급, 2급 자격 과정 교재

티블렌딩 이해 1 _ 입문_블렌딩

티블렌딩 2급 자격 과정 교재

티블렌딩의 정의에서부터 홍차 블렌딩의
기본 기술, 다국적 블렌딩 홍차,
가향·가미된 홍차, 허브티 블렌딩 등의
교육을 위한 개론서.

티블렌딩 이해 2 _ 심화_블렌딩

티블렌딩 1급 자격 과정 교재

백차, 녹차의 블렌딩 기술에서부터
가향·가미된 녹차, 가향·가미된 홍차,
청차(우롱차), 흑차(보이차), 허브티 블렌딩,
한방차 블렌딩 등의 교육을 위한 심화 교재.

티블렌딩 테크닉
Tea Blending Technique

티 전문 유튜브 크리에이터,
'홍차 언니'의 티 블렌딩 실전 기술

전 세계 25개국의 클래식 블렌드 58종과 32개 브랜드의
블렌딩 티 94종, 홍차 언니의 블렌딩 티 레시피 35종을
비롯해 총 187종을 전격 공개!

티베리에이션 자격 과정 교재

티 베리에이션
Tea Variation

유튜브 티 전문 크리에이터 홍차 언니가
6대 분류의 티, 티잼, 과일, 시럽, 탄산수, 공부차,
토핑, 가니쉬 등을 활용해 직접 창조해 선보이는
112종의 티 베리에이션 레시피!

기초부터 배우는
중국차

2025년 9월 15일 초판 3쇄 발행

지 은 이   왕젠룽(王建榮)
번   역   김정경, 안유리
감   수   정승호
펴 낸 곳   한국 티소믈리에 연구원
출판신고   2012년 8월 8일 제2012-000270호
주   소   서울시 성동구 아차산로 17 서울숲 L타워 804호
전   화   02)3446-7676
팩   스   02)3446-7686
이 메 일   info@teasommelier.kr
웹사이트   www.teasommelier.kr
펴 낸 이   정승호
출판팀장   구성엽
디 자 인   이유진

한국어 출판권 ⓒ 한국 티소믈리에 연구원(저작권자와 맺은 특약에 따라 검인을 생략합니다)

ISBN 979-11-85926-48-3 (13590)

값 35,000원

이 도서의 국립중앙도서관 출판예정도서목록(CIP)은 서지정보유통지원시스템
홈페이지(http://seoji.nl.go.kr)와 국가자료공동목록시스템(http://www.nl.go.kr/kolisnet)에서
이용하실 수 있습니다.(CIP제어번호: CIP2018023110)

이 책은 저작권법에 따라 보호를 받는 저작물이므로 무단 전재와 복제를 금지하며, 이 책 내용의
전부 또는 일부를 이용하려면 반드시 저작권자와 한국 티소믈리에 연구원의 서면 동의를 받아야 합니다.